걸을수록 건강해지는

전국 걷기 명소 70

이유경 김진국 의사부부의

행복한 걷기예찬

김진국 지음

북앤에듀

들어가는 말

"걷기 칼럼니스트" 요즘 나의 소개에 따라다니는 별칭이다. 전국의 걷기 좋은 길을 찾아다니며 아름다운 꽃과 나무들을 친구삼아 이야기를 만들고 예쁜 모델이 되어주는 자연을 사진에 담아 작품으로 만들어내다 보니 어느새 이것이 나의 또 다른 직업이 되었다. 길을 나설 때는 부부가 아무리 바빠도 스케줄을 조율해서 꼭 함께 다닌다. 같은 병원에 근무하면서도 쉽지 않던 대화 시간도 늘리고, 병원 생활로는 부족한 운동도 보충할 요량에서다.

신장내과 의사가 되어서 환자들에게 입이 닳도록 하는 말이 있다. "싱겁게 드시고 담배 끊으시고 규칙적으로 운동하세요.", "운동은 시간 되실 때마다 걸어주시면 아주 좋습니다." 언젠가 여느 때처럼 한가한 주말에 동네 수리산의 맑은 공기를 마시며 천천히 수릿길을 걸어 내려와 시원한 나무 그늘에 앉아 커피 한 잔의 여유를 즐기다가 문득 이런 걷기 좋은 길들을 소개하면 어떨까 하는 생각이 스쳐 지나갔다.

2010년 9월 순천향 통합의료원보에 첫 걷기 칼럼을 시작하였다. 그 이후에 '함께 걸어 행복한 길'이라는 제목으로 강연도 하고 작품 사진으로 환우분들을 위한 힐링갤러리도 열었다. 2016년부터는 작품 사진으로 탁상달력을 만들어 환우분이나 지인들에게 선물로 드리고 있다. 지금까지 부부가 걸었던 길을 정리해서 책으로 내는 것이 우리 부부의 희망 사항이다. 이를 위한 준비 작업으로 2020년에는 탁상달력에 실린 길들을 소개하는 소책자를 만들어 달력과 함께 배포하였다.

바쁘다는 핑계로 몇 년을 미루고 2023년 새해가 되면서 올해는 꼭 자신과의 약속을 지키자는 결심을 했다. 우선은 지금까지 걷기 칼럼을 위해 다녀오고 글로 만들었던 120여 개의 코스를 정리하는 것이다. 정리된 120개 중에서 전국의 위치를 고려해서 골고루 분포하도록 70개 코스를 엄선해서 책에 담기로 맘먹었다. 글을 정리하면서 맞닥뜨린 일은 각 코스를 설명해 주는 지도를 그리는 것인데 고민 끝에 그림판 프로그램으로 마우스를 써서 시도해 보았는데 나름 성공적이다. 선정된 길을 대표하는 사진을 코스별로 신중히 골라서 70개의 길은 완성이다. 마지막으로 재미있는 꽃이나 나무 이야기, 또는 의사라는 나의 직업을 고려해서 건강 상식을 담는 것으로 글쓰기를 마무리한다.

마지막으로 출판을 위해 출판사를 고민하다가 우연히 박상흠 교수님이 선물로 주신 책의 출판사가 눈에 들어왔고, 이곳이 대한투석혈관학회 책을 발간한 우리에게 익숙한 출판사임을 알았다. 멋진 책으로 완성되기까지 헌신의 노력을 해주신 영업부의 김호암 과장님과 편집부 신은주 실장님, 서선영 과장님, 황인애 대리님, 박지아 주임님께 깊은 감사를 드린다. 이 글이 만들어지기까지 늘 함께 해준 아내 이유경 교수와 가끔씩 동반자가 되어주신 두 어머님, 현진이와 형철이, 병원 교직원분들께 고마움을 전하며 출판의 영광을 함께 하고 싶다.

2023년 9월

순천향대학교부속 부천병원 신장내과 김 진 국

추천사

『걷기예찬』의 목차와 내용을 살펴보면서 옛 현인의 다음 말씀이 떠올랐다: "욕망에는 천욕天欲과 인욕人欲이 있다. 바람을 노래하고 달을 희롱하며 꽃을 찾고 버들을 따르는 일은 천욕이다. (중략) 천욕은 지니지 않으면 안 된다. 지님으로 인해 인생의 향기를 더하게 되기 때문이다. (중략)"

김진국교수-이유경교수 부부는 의과대학교수로서 의업, 교육, 병원행정 등 결코 녹록하지 않은 일정 중에도 전국 팔도의 걷기 명소를 발굴하고 직접 탐방하면서 천욕의 지혜를 구하였다. 더 나아가 그 과정의 기쁨을 동시대에 살고 있는 우리 모두와 공유하고 또한 유익한 관련 정보를 직접 그린 안내도까지 첨부하여 세심하게 설명해 준다. 같은 대학에 근무하는 동료로서 본받고 싶고 또한 무척 감사하다.

개인적으로 나이가 들수록, 오랫동안 질병으로 고생한 지인들의 안타까운 소식을 들을 때마다 그리고 직업상 환자들을 진료할 때마다, 다른 무엇보다도 건강의 중요성을 매일매일 절감한다. 건강유지의 방법은 셀 수 없이 많이 소개되어 있고, 각각의 방법마다 다양한 결과들이 발표되고 있다.

그러한 방법들이 가시적이고 궁극적 효과로 이어지기 위하여 공통적으로 요구되는 것은 첫째 꾸준히 지속할 수 있는 적당한 재미가 있고, 둘째 체력적으로 무리하게끔 유혹하지 말아야 되며, 셋째 뼈·관절·근육에 가해지는 부하가 지나치지 않아야 하며, 넷째 다른 무엇보다도 경제적 부담이 적정해야 한다. 그리고 뜻이 맞는 동호인, 특히 평생 반려자인 부부가 같이 행할 수 있다면 그야말로 화룡정점이다. 책에서 소개한 걷기 명소를 찬찬히 따라가다 보면 전기한 내용 모두가 원만히 구현되는 점이 매우 흥미롭다.

인간은 진화 중 적응반응adaptive response이라는 효율적 생존 시스템을 만들어 살아남았다. 그런데 현대에는 아이러니하게도 그 시스템이 과잉 작동되면서 오히려 일명 스트레스성의 다양한 질병들의 단초가 되었다. 그 시스템에 의한 인체 손상을 줄이는 방법으로 추천되는 것 중 하나가 현재 집중, 특히 '실시간 오감五感집중'이다.

대중적으로 많이 추천되는 방법인 운동은 몸통과 사지를 힘차게 움직이다 보면, (체내 염증유도물질의 소진과 함께) 근육 · 전신피부 등에서 감지되는 느낌feeling에 자연스럽게 집중하도록 유도한다. 다른 하나는 의식적으로 안이비설신眼耳鼻舌身의 오감에 집중하여, 색성향미촉色聲香味觸의 느낌을 흐트러짐 없이 · 실시간으로 · 오롯이 경험하는 것이다. 상기한 두 과정을 지루하지 않고 재미있게 행할 수 있는 방법으로 권하는 것이 '여행'인데, 이 책에서 서술한 걷기 명소 여행기록 구석구석에는 오감의 말초에서 생생하게 느꼈던 경험이 실감 나게 담겨 있다.

오랜 동안 축적한 귀한 경험을 정성스럽게 다듬으시어 의사로서 그리고 의과대학교수로서의 책임인 대한민국 국민건강을 위하여 나누어 주시고 또한 천욕의 지혜도 일깨워 주신 부부 교수님께 존경을 표합니다.

2023년 9월

순천향대학교 천안병원 병원장 **박 상 흠**

나는 왜 걷게 되었는가?

열심히 걷고 있는 이들, 숲속 오솔길에서 또는 도심 골목길에서…. 왜 걷고 있을까? 맛있게 먹은 칼로리 소모를 위해? 그저 맘이 복잡해서? 미리미리 건강한 노년을 준비하려고?

내가 걷는 압도적 이유는 짝꿍 때문이다. 어느 날인가 내 짝꿍은 열심히 인터넷을 검색하고, 후기를 읽고, 뭔가 지도를 그려가며 걷기 좋은 길을 찾기 시작했다. 왜? 갑자기? 열심히 환자 진료해도 시간이 모자란 분이?

이제부터 아주 주관적인 순전히 내가 우주의 중심인 시각에서 나의 해석을 붙여본다.

어느 겨울, 나는 남편에게 전화를 걸었다. "나… 유방암이야…." 수술도 받고, 항암치료도 하고, 그렇게 그렇게 유방암 환자 역할을 충실히 수행하였다.

어느 날인가 걷기 좋은 길이 있다며, 같이 가잔다. 처음 시작은 약한 사람도 걸을 수 있는 길, 소위 피톤치드가 많이 나오는 나무들이 많은 길이었다. 그래서 혼자 생각했다. '이건 정말 감동이야~. 나의 온전한 회복을 위해 이렇게 노력하다니…. 나는 정말 시집 잘 갔다!' 그렇게 1년, 2년… 10년…. 매달 한 가지 테마를 잡아 새벽부터 운전해서 어딘가를 가고 열심히 걷고, 내 짝꿍은 그렇게 걸었던 길을 사진과 글로 열심히 기록하여 갔다. 나도 옆에서 걷다가, 사진도 찍어 보고, 찍은 사진 비교하며 나의 감각 없음에 절망해 가며, 그렇게 세월이 쌓였다.

지방 학회에 혼자 내려갔던 어느 날 신발을 갈아신고, 산으로 향하는 나를 발견했다. 심지어 산을 넘는다. 마침내 깨달았다. 아~ 이건… 내가 훈련을 당했구나!

그렇게 나는 걷게 되었다. 누군가에 이끌려 억지로 걷다가, 이제는 내가 걷는다. 한 걸음씩 걷다가 보이지 않게 된 출발점과 뻐근해진 다리에 뿌듯해하며, 누군가 길가에 둔 나무 지팡이에 의지하며, 발에 물집이 잡혀가며.

이젠 온전히 나의 의지로 걷게 되었다. 훗~ 그렇게 만들어진 듯하다.

지금 왜 걷느냐고 묻는다면? 맘이 편해져서다. 그리고 재미있다! 재미있는 시간을 쌓으면, 나의 인생을 평균하면, 재미있는 삶이 아닐까?

마지막으로 이 많은 길을 함께 경험할 수 있도록 이끌어준 이 책의 저자이자 나의 동반자에게 머리 숙여 감사드린다. 사랑합니다.

2023년 9월

순천향대학교 부천병원 진단검사의학과 **이 유 경**

걷기 자세, 코스 선정, 준비물

걷기의 효과를 제대로 내기 위해서는 자세가 중요하다. 가슴과 등은 활짝 펴면서 배는 집어넣고 턱은 당겨서 시선은 되도록 멀리한다. 몸에 힘을 빼고 팔꿈치를 90도로 유지해서 자연스럽게 앞뒤로 크게 흔들어준다. 발은 발뒤꿈치에서 발 중앙, 발가락 순으로 내딛고 보폭은 되도록 넓게 한다. 부드러우면서도 리드미컬하게 걸어주고 속도는 약간 빠른 걸음인 속보로 하면 보다 효과적이다.

신발은 자기 발에 잘 맞고 통풍이 잘 되면서 충격을 완화시켜 주는 것이 좋다. 두터운 양말을 신고 복장은 걷기 편한 복장으로 입는다. 땀이 날 때는 반드시 물을 마시고 운동 전후로 5분 정도씩 준비 운동과 마무리 운동을 한다. 겨울철에는 각종 준비물을 철저히 챙기는 것이 중요하다. 눈길에는 아이젠과 스패치를 챙기고, 장갑, 모자와 함께 손과 발을 따뜻하게 해줄 핫팩도 준비한다. 옷은 두꺼운 옷을 하나 입는 것보다 얇은 옷을 여러 벌을 겹쳐 입는 것이 좋다. 간식으로 열량이 높은 초콜릿과 수분이 많은 과일, 따뜻한 물을 준비하는 것도 필수다.

걷는 코스는 집이나 직장에서 가까운 공원이나 운동장을 이용하면 좋고 따로 시간을 내기가 힘든 경우에는 출퇴근 시간을 이용하여 걷는 것도 좋다. 시간 여유가 있는 주말이나 휴일에는 한 번쯤은 전국에 있는 걷기 좋은 길을 찾아가 걷는 것도 좋다. 마을의 온아함을 느끼며 걷는 올레길, 산을 품고 걸어보는 둘레길, 몸에 좋은 피톤치드가 풍부한 숲길, 멋진 바다 풍경을 볼 수 있는 해안길, 옛 역사를 되새겨 보며 걷는 옛길, 자연의 신비함을 공부하며 걷는 생태길 등 다양하다. 제주도 올레길을 비롯하여 전국 자치도마다 걷기 좋은 길을 개발하여 걸을 수 있는 코스는 아주 풍성하다.

걷기는 별도의 도구나 비용이 필요 없고 마음만 먹으면 언제든지 주위 어느 곳에서나 손쉽게 할 수 있는 매우 이상적인 운동이다. 걷기 운동이 여러 면에서 몸과 마음의 건강 유지에 좋은 것은 분명하지만 처음부터 무리해서 걷지 말고 점차 시간을 늘려가는 것이 좋다. 적절한 운동량은 '1530 요법'으로 1주일에 5일, 하루에 30분 이상 걷는 것이다. 1주일 운동량을 주말에 몰아서 하루에 하는 것은 위험을 초래할 수 있으므로 피해야 한다. 걸으면서 숨이 차거나 심장 박동이 너무 빠르게 느껴질 때는 휴식을 취하면서 상태를 관찰한다. 걷고 나서 전신적으로 피로감이 심하거나 다리 근육에 통증이 생긴다면 운동량을 더이상 늘리지 말고 관찰해야 한다. 통증이 지속되면 전문의의 진료를 받아보는 것이 좋다.

지도 보는 방법

검은 선	걷기 코스
갈색 선	연결된 다른 코스
노란 선	도로
파란 선	강, 개천, 호수
▲	산
●	호수, 해변
○ (빨강)	특별한 장소
□ (빨강)	다리
○ (초록)	숲, 공원, 광장
□ (회색)	건물, 주차장, 케이블카 등

- **순환코스**: 지나간 곳은 다시 거치지 않고 출발점으로 다시 돌아오는 코스
  회귀코스: 반환점까지 간 후에 다시 왔던 길로 되돌아오는 코스
  편도코스: 출발점과 도착점이 다른 코스로 대중교통으로 이동이 필요한 코스
- 소개된 길의 대부분은 출발지점과 주차장이 가까운 거리에 위치하나 일부 코스에서 주차장과 출발점의 거리가 먼 경우에는 코스 길이에 주차장의 거리까지 추가했습니다.
- 소요시간은 사진을 찍고 잠시 휴식의 시간이 포함된 시간으로 일반인의 걷는 시간보다는 여유 있는 시간입니다.
- 난이도는 대부분 평지이고 어르신을 모시고도 걷기에 수월한 코스가 하(下)이고 산악 등반 코스가 포함되면 난이도 상(上)으로 설정했습니다.
- 계절은 코스를 실질적으로 걷고 글을 쓴 시기를 표시한 것입니다.

본 책자에 표시된 주소와 주차장 위치 등의 내용은 2023년 5월을 기준으로 표시하였으며, 추후 사정에 따라 변경될 수 있음을 알려드립니다.

목차

봄 여름 가을 겨울

PART 1 서울/인천

PART

경기도 2

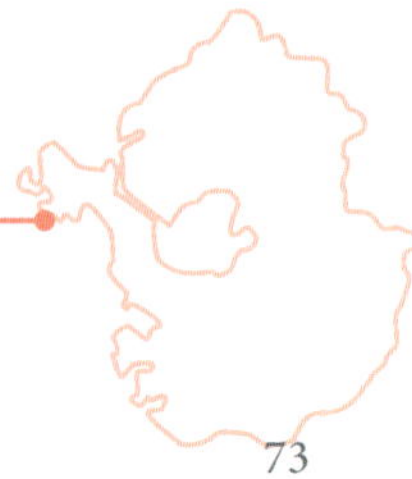

PART

강원도 3

PART

충청도 4

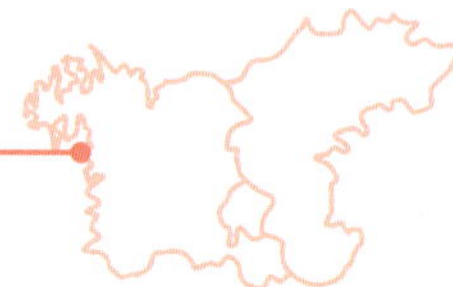

PART

전라도 5

PART

경상도 6

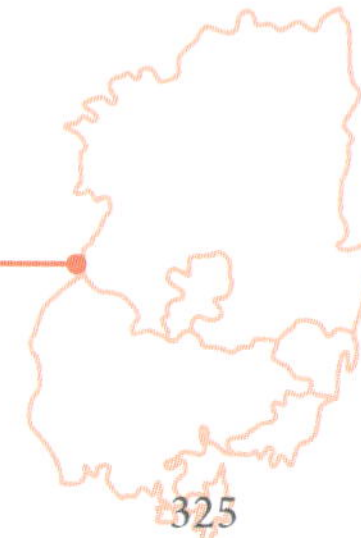

PART

제주도 7

PART 1

서울/인천

예쁜 수양벚꽃과 아늑한 담장길이 어우러진

현충원 담장길

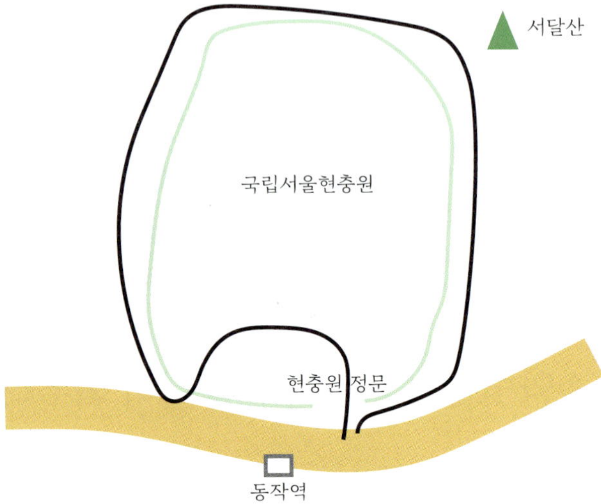

난이도 중 분류 숲/공원 계절 봄

코스 현충원 정문 - 산책로 입구 - 산책로 - 서달산 - 달마사 - 현충원 정문

길이 5.5km(순환코스) 시간 3시간

출발지점 현충원 정문(동작역 8번출구); 서울 동작구 현충로 210

주차장 동작주차공원주차장

3월의 꽃샘추위 때문에 올봄은 유난히 늦은 느낌이었지만 4월로 넘어 들면서 세상을 녹여주는 온난한 기운과 함께 봄의 전령사가 반갑게 찾아온다. 봄 하면 떠오르는 것은? 예전에는 강남에서 날아온 제비나 경칩과 함께 들리기 시작했던 개구리 노랫소리를 떠올렸다면 요즘은 개나리, 진달래 등의 봄꽃들을 우선 떠올릴 것이다. 그중에도 벚꽃은 진해 군항제로 대표되는 전국 곳곳의 축제를 주도하는 봄꽃 중의 여왕이라 할 수 있다. 서울에서도 제일 유명한 여의도 벚꽃축제와 함께 여러 곳에서 벚꽃축제가 열린다. 6월 호국영령의 달을 맞아 현충원

벚꽃을 감상하고 현충원을 둘러싼 담장을 따라 걸어볼 수 있는 길로 떠나본다.

아름다운 수양벚꽃과
숭고한 호국영령의 얼이 깃든 현충원 길

화창한 봄볕 아래 전철로 동작역에 도착해서 정문이 있는 8번 출구로 나오니 멀리 아름다운 풍광이 우리를 맞아준다. 현충원 정문으로 들어서니 벚꽃과 어우러진 대형 조형물인 충성분수대가 눈에 들어온다. 나라를 지키기 위해 목숨 바치신 군인과 애국지사분들의 혼이 깃든 모습과 우뚝 솟은 태극기 영상에 절로 고개를 숙인다. 겨레의 마당으로 이어지는 벚꽃이 만개한 길을 걷노라니 잠시 이곳이 바로 천국의 정원이 아닌가 하는 착각에 빠진다.

현충원의 벚꽃은 우리가 흔히 알고 있는 벚나무와는 다른 수양버들처럼 축축 늘어진 가지에 꽃망울이 달린 수양벚꽃이 대부분이다. 아름다운 길을 따라가니 현충문 옆의 충무정 정자 주변에 수양벚꽃이 절정을 이루고 있다. 이미 많은 사진작가의 카메라 셔터 소리가 바쁘게 들리고 나 또한 나도 모르게 분위기에 어우러져 유명 사진작가가 된다. 나름 작가로서 여러 장의 작품을 만들고 길을 따라 이동하니 개울가 주변으로 예쁘게 꾸며진 개나리 울타리 길이 우리를 반갑게 맞아준다.

멋진 전망대 풍광과 아늑한 분위기의 오솔길이 이어지는 담장길

현충원은 한강을 앞에 두고 서달산이 에워싸고 있는 전형적인 배산임수 지형이다. 현충원의 담장을 끼고 이어진 서달산 산책로는 현충원 측문 옆의 동작역 3번 출구 부위에서 시작된다. 산책로 시작점이라는 안내 표지판을 보고 계단 위를 바라보니 까마득히 끝이 보이지 않는다. 오르고 또 올라도 끝나지 않을 것 같았던 계단을 오르고 나니 진달래 사이로 멀리 한강이 시원하게 보인다. 잠시 숨을 고르면서 준비해 온 음료 한 잔을 마신 후 오른쪽 콘크리트 담장을 따라 난 오솔길을 걷기 시작한다. 오르막 내리막길을 반복하며 나무 사이로 봄 풍경을 감상하다 보니 삭막하기만 했던 콘크리트 벽이 사라지고 산뜻한 연두색 철책으로 바뀐다.

서달산 정상에 오르니 높이가 겨우 해발 179m라는 것이 믿기지 않을 정도로 전망대의 풍경은 아름답다. 마치 남산타워의 전망대에 있는 느낌이다. 사방으로 서울의 경치를 감상할 수 있는데 정면의 목동 신시가지를 기준으로 좌측으로는 관악산의 웅장한 모습이 보이고 우측으로는 한강 다리와 어우러진 아름다운 한강과 인왕산, 북한산, 도봉산으로 이어진 그림 같은 산세를 감상할 수 있다. 정상에서 내려와 달마사를 지나니 다시 담장이 반겨주고 인적이 드물어서 아늑한 분위기를 느낄 수 있다. 벚꽃 가로수들이 흐드러지게 피고 콘크리트 담장에는 담쟁이넝쿨이 삭막함을 가려주니 더욱 예쁜 길이 만들어진다. 담장길의 종점에 도착하여 3시간의 오솔길 여행을 마무리한다.

tip

걷는 시간에 따라 담장길 중간중간의 현충원 개방문으로 들어와서 코스를 조절할 수 있다. 현충원 장군봉에서는 이곳이 명당자리임을 인정할 수 있는 한강의 멋진 경관을 감상할 수 있으니 여유가 되면 들러봐도 좋다.

재미있는 나무 이야기

벚나무: 식물의 이름은 그 나무에서 열리는 열매의 이름을 따오는 경우가 많다. 우리가 잘 알고 있는 감나무, 사과나무, 모과나무 등이 그 예이다. 벚나무의 열매는 버찌로 처음에는 버찌나무라고 불렸다가 벚나무로 바뀐 것으로 보인다. 분홍빛 예쁜 벚꽃은 아쉽게도 개화 시기가 1주일 정도로 짧은데 매번 중간고사 시기와 겹쳐서 대학교 시절에는 학생들의 원망을 사곤 했다.

절경을 간직한 해안과 초록 숲길이 어우러진

/

장봉도 갯티길

난이도 상 분류 섬/산 계절 봄

코스 건어장해변 - 윤옥골 - 가막머리전망대 - 봉수대 - 장봉4리 - 건어장해변

길이 6.5km(순환코스) 시간 4시간

출발지점 건어장해변(마을버스 종점); 인천 옹진군 북도면 장봉리

주차장 영종도 삼목선착장주차장 주차 후 배로 이동

인천에 있는 장봉도(長峰島)는 이름 그대로 섬의 모양이 길고 봉우리가 많아 붙여진 이름이다. 인천국제공항이 있는 영종도의 삼목선착장에서 여객선으로 40분이 걸리는 곳으로 연간 35만 명이 방문하는 트레킹 명소다. '갯티'란 썰물 때 드러나는 갯벌 사이의 섬 둘레길을 뜻하는 순우리말이다. 장봉도 갯티길은 해안 절벽 위를 걷는 '장봉해안길'과 능선을 따라 걷는 '하늘나들길' 등 7개 코스로 구성되어 있다.

해안 비경과 백사장의 아름다움이 조화로운 장봉해안길

첫배인 7시 10분 장봉도행 여객선 주변으로 새우깡에 익숙한 몸짓을 보이는 갈매기들이 어디선가 나타나서 우리를 반겨준다. 신도를 거쳐 장봉도 선착장에 도착 후 마을버스를 타고 종점으로 이동한다. 마을 어귀의 벚꽃길 가로수들은 벚꽃축제 기간에 맞춰 꽃분홍색으로 물들었다. 해안길 입구에서부터 깎아지른 듯한 가파른 언덕에 걱정되지만, 여유를 가지고 출발한다. 조금씩 오를 때마다 멀리 보이는 멋진 바다 풍광에 나도 모르게 발걸음이 가벼워진다. 해안선을 따라 이어지는 오솔길을 걸으며 나무 사이사이로 보이는 푸른 하늘이 너무 아름답다. 찬란한 햇빛을 받은 진달래꽃잎들이 지나는 이들의 눈길을 잡아끈다. 수줍은 새색시처럼 살며시 연보랏빛 얼굴을 내밀은 각시붓꽃도 사진 모델이 되어준다.

확 트인 바다가 보이는 윤옥골 해변을 지나 본격적인 해안 절벽 위가 둘레길의 시작점이다. 바다 건너 두 섬이 구름 사이에 신비하게 숨어서 우리를 오라고 손짓한다. 길가에 지층이 겹겹이 쌓여 만들어진 바위 모양이 마치 책 같기도 하고 나무의 나이테 같기도 하다. 첫 번째 전망대에 다다르니 정말 멋진 해안 비경이 눈길을 사로잡는다. 푸른 봄 하늘에 신비스러운 구름무늬가 더해져 내 작품 사진의 가치를 더욱 높여준다. 낙조가 아름답다는 가막머리 전망대에 도착해서 추억의 증거를 남기고 잠시 휴식을 취한다.

아름다운 푸른 하늘과 초록 숲이 빚어내는 하늘나들길

이제부터는 이름만큼이나 아름다운 풍광이 초록 능선을 따라 이어지는 하늘나들길이다. 오솔길로 이어지는 길가에는 진달래와 함께 푸른 소나무들이 호위를 선다. 푸른 하늘이 점차 모습을 드러내더니 우리가 걸었던 해안길과 여러 섬의 모습이 어우러져 멋진 수묵화 한 점이 만들어진다. 반대편으로는 임도길에 늘어선 분홍빛 벚나무들과 초록 숲이 파란 바다를 배경으로 자태를 한껏 뽐내고 있다.

소나무의 호위를 벗어나자 연초록의 어린잎들이 해님의 사랑으로 반짝반짝 빛나는 초록 숲길이 이어진다. 이제 막 태어난 아기들의 여린 살갗을 떠오르게 하는 연초록빛 새순들이 기지개를 켜고 있다. 높이 솟은 금빛 바위에 올라서서 맘껏 맑은 공기를 마시며 아름다운 풍경을 추억 속에 담아본다. 나무 그늘 아래에서는 삼삼오오 준비해 온 간식을 먹으며 모두 감탄 연발이다.

천천히 능선길을 따라 내려가다가 갈라지는 삼거리에서 마을길로 향한다. 마을에 들어서니 언덕 한편에 과수나무꽃들이 만개하여 또 다른 볼거리를 만들어준다. 한적한 마을 길가에는 노란 민들레와 보랏빛 제비꽃이 봄소식을 알려준다. 버스 종점 가게에서 시원한 맥주 한 모금으로 봄볕에 탄 갈증을 모두 날려버린다. 소박한 정원에 핀 할미꽃을 감상하며 4시간, 6.5km의 섬 나들이를 마무리한다.

tip

장봉해안길은 언덕의 경사도가 심해서 난이도가 높은 편이다. 벚꽃 개화 시기에 열리는 축제 기간에는 벚꽃길 걷기 코스로 온 가족이 함께 걸어보는 것을 추천한다. 어르신이나 어린이와 간다면 자가용을 가지고 장봉도로 들어가는 것도 좋다.

재미있는 꽃 이야기

제비꽃: 주변 산지나 들, 길가에서 흔히 볼 수 있는 여러해살이풀로 예전에는 오랑캐꽃으로 불렸다고 한다. 봄이 되면 보랏빛 작은 꽃이 예쁘게 피어 봄소식을 전해주는 꽃으로 살짝 고개를 숙인 모습이 새색시처럼 청초하다. 이름의 유래는 제비가 돌아올 때쯤 피어서 제비꽃이라는 설과 제비를 닮아서 제비꽃으로 불렸다는 설이 있다. 꽃말은 '겸양'으로 겸손과 양보를 의미하며 꽃의 이미지와 아주 잘 어울린다.

성곽을 따라 멋진 풍광과 역사가 녹아 있는

한양도성길

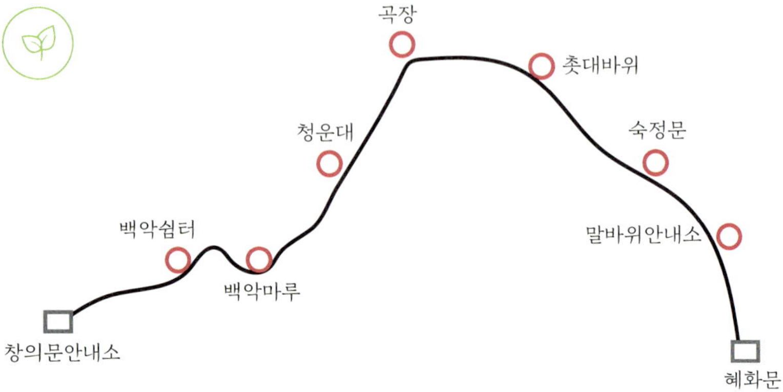

난이도 상 분류 산 계절 봄

코스 창의문안내소 - 백악마루 - 청운대 - 촛대바위 - 말바위안내소 - 혜화문

길이 4.7km(편도코스) 시간 3시간

출발지점 창의문안내소(버스 자하문고개, 윤동주문학관 하차); 서울 종로구 창의문로 118

주차장 편도코스로 대중교통 권장(중간지점인 청운대안내소 주차 가능)

600여 년 전 조선왕조의 수도로 정해진 서울은 명실공히 우리나라의 중심도시다. 한양도성은 수도인 한양을 수호하기 위해 북악산, 낙산, 남산, 인왕산으로 이어지는 능선을 따라서 전국에서 19만 7천여 명이 동원되어 축성되었다. 그 안에 지어진 다섯 궁궐은 경복궁, 창덕궁, 창경궁, 덕수궁, 경희궁으로 나라 경영의 중추가 되는 장소다.

도성을 따라 어우러진 아름다운 풍광이 함께하는 성곽길

북악산 한양도성 탐방길은 창의문에서 혜화문까지 4.7km로 다양한 역사와 아름다운 경관이 숨겨진 코스다. 경복궁역 3번 출구로 나와

창의문 안내소가 있는 자하문고개로 가는 버스에 오른다. 정거장에서 내려서 언덕을 지나 눈앞에 나타난 웅장한 모습의 성문은 바로 창의문이다. 한양도성에는 동서남북 4개의 4대문과 그 사이에 4소문이 있다. 북소문인 창의문(彰義門)에는 이름의 뜻대로 '옳은 것을 드러나게 하다'라는 의미가 있다. 창의문을 둘러보고 안내소에서 표찰을 받아 목에 걸고 오늘의 탐방을 시작한다.

성곽을 따라 걷기 편하게 만들어 놓은 나무계단을 따라 한 걸음씩 오른다. 끝없이 이어지는 성곽의 아름다운 선이 초록 숲과 어우러진 모습을 보니 감탄이 절로 나온다. 셀 수 없이 많은 계단을 오르며 숨이 차오를 무렵 성곽 너머로 보이는 북한산의 아름다운 풍광에 발걸음이 가벼워진다. 성곽 안쪽에는 초록 나무들 사이로 노란 민들레들과 함께 남보랏빛 꽃들이 눈길을 끈다. 바로 각시붓꽃으로 선비들이 쓰는 붓을 닮았다는 붓꽃의 한 종류로 크기가 작고 아담하여 그중에도 각시라 불린다. 예쁜 자태를 사진에 담고 이들의 응원에 힘입어 가파른 계단에 다시 도전한다. 해발 342m 정상에 있는 백악산 표지석을 배경으로 추억의 한 작품을 남기고 발걸음을 옮긴다.

전망대의 멋진 풍광과
한양도성의 역사가 스며 있는 성곽길

멀리서도 총 맞은 자국이 선명하게 보이는 1·21사태 소나무가 독야청청 도도히 서 있다. 1968년 무장공비들의 청와대 습격으로 벌어진 총격전의 흔적이 고스란히 남아 있는 곳으로 이로 인해 이 길이 폐쇄되는 운명을 맞았다. 소나무들이 만들어주는 멋진 산책로를 따라 걸으니 사방이 확 트인 청운대가 기다린다. 북악산 한양도성에서 가장 조망이 좋은 곳으로 남쪽으로는 경복궁과 광화문이, 북쪽으로는 멋진 북한산 봉우리들이 한눈에 들어온다.

성곽을 따라 주변 경치를 감상하며 걷다 보니 소나무들이 우거진 숲길을 지나 촛대바위가 나타난다. 높이가 약 13m나 되는 바위로 멀리서 보면 촛대를 닮았다 해서 붙여진 이름이다. 이곳 전망대에서는 멀리 남산을 필두로 서울의 도심이 한 폭의 풍경화처럼 아름답게 그려진다. 한양도성의 북대문인 숙정문이 엄숙하고 당당한 모습으로 지나는 사람들을 맞아준다. 말바위 안내소에서 표찰을 반납하고 와룡공원 방향으로 향한다. 잠시 성곽과는 헤어져서 초록 나무들이 만들어주는 건강한 숲길을 봄 햇살과 함께 걷는다.

다시 웅장한 성곽을 따라 만들어진 오솔길로 들어서 폭신한 야자매트를 밟으며 발의 피로를 푼다. 멀리 북정마을이 눈에 들어오고 와룡공원을 벗어나니 아스팔트 도심길로 들어선다. 아스팔트에 그려진 성곽 돌들의 지시에 따라 골목에 들어서니 방향이 헷갈린다. 잘 살펴보니 혜화문으로 가는 표지판들이 숨바꼭질하듯 여기저기에 숨어 있다. 심지어는 길바닥에도 멋진 황금 알림판이 있어서 우리를 안내해준다. 최종 목적지인 혜화문을 둘러보는 것으로 3시간여 한양도성길 탐방을 마무리한다.

tip

한양도성 순성길은 총길이 18,627km, 4개의 코스로 구성되어 있으니 가보고 싶은 곳을 선택해서 걸어보면 좋다. 종로구와 중구에는 미쉐린 가이드에서 선정한 식당을 비롯해 다양한 맛집들이 있으니 예약 후 가보는 것도 필수 코스다.

재미있는 꽃 이야기

산괴불주머니: 습한 산지에서 자라는 풀로 산의 개울가에서 흔히 볼 수 있는 두해살이풀이다. 꽃은 봄에 노란색으로 피며 작은 나팔 모양의 꽃들이 서로 어긋나게 붙어서 무리 지어 피는 화려한 모습으로 눈길을 끈다. '괴불주머니'는 주머니 끈 끝에 차는 세모 모양의 조그만 노리개를 일컫는 말이다. 가을에 같은 모양의 노란 꽃이 습한 산지에 피는 것은 선괴불주머니다.

아름다운 숲과 함께하는 도심 속 안락한 휴식처

안산 자락길

난이도 상 분류 산 계절 여름

코스 산책로 입구 - 안산방죽 - 산림욕장 - 무악정 - 능안정 - 산책로 종점

길이 5km(편도코스) 시간 3시간

출발지점 안산자락길 입구(버스 서대문구청 하차); 서울 서대문구 봉원동

주차장 편도코스로 대중교통 권장(서대문구청주차장 이용 가능)

안산 자락길이라 하면 보통은 경기도 안산에 있는 숲길 정도를 떠올릴 것이다. 그러나 서울 도심에 있는 산이다. 안산의 '안(鞍)'자는 널찍한 산책로가 말안장을 닮아 붙여진 이름으로 예전엔 길마재로 흔히 불렸다. 자락길의 가장 큰 매력 포인트는 도심 한복판에서 삼림욕을 맘껏 즐길 수 있는 것이다. 쌓인 스트레스를 해소하고 건강을 챙기는 휴식처로 많은 사람의 사랑을 받고 있다.

일순간에 복잡한 도심은 사라지고 숲의 천국으로 떠나는 여행

비가 지속되는 날씨에 우산과 우비를 챙겨 피톤치드가 많이 나온다는 오후 1, 2시에 도착할 수 있도록 여정을 맞춰 집을 떠난다. 홍제역 출구를 나서서 주룩주룩 내리는 비와 함께 안산 숲길 여행이 시작된다. 서대문 청소년수련관 건물 건너편으로 넓게 탁 트인 안산 산책로가 우리를 맞아준다. 산책로를 따라 오르면 자갈돌 가운데 나무판을 깐 산책로가 나타나고 길옆으로 조그마한 시냇물이 흐른다.

정자에는 비를 피해 한 가족이 요깃거리를 즐기며 한가로이 담소를 나누고 있는 모습에서 일상의 소소한 행복이 느껴진다. 순식간에 도심의 복잡한 거리 모습이 거짓말처럼 싹 사라지고 깊은 숲속을 거니는 상쾌한 기분이다. 가끔 나뭇가지 사이로 보이는 고가도로 위의 밀려 있는 차들이 이곳이 도심이라는 걸 확인해 준다. 산책로가 끝날 무렵 인공으로 조성된 돌계단 폭포와 푸르른 수생식물이 어우러진 아름다운 연못이 나타난다. 연못 위의 노란 꽃들 사이로 물 위에 소금쟁이들이 바쁘게 뛰논다.

산중턱을 가로지르는 아스팔트 도로를 건너 왼쪽 길로 잠시 걸으니 안산 숲길의 하이라이트인 산림욕장으로 향하는 계단이다. 천천히 몇 계단을 오르니 벌써 앞쪽에 하늘을 향해 쭉쭉 뻗은 메타세콰이어 나무들이 빽빽이 서 있다. 계단을 올라 산림욕장에서 나무들이 뿜어낸 피톤치드가 주성분인 상쾌한 공기를 만끽한다. 비가 그쳐서 우산은 필요 없지만 아쉽게도 나무의자에는 아직 물기가 가득해 앉아서 여유를 즐길 수는 없다. 맑은 날 나무의자를 벗 삼아 시간 가는 줄 모르고 책을 읽고 있는 모습을 상상하며 오늘의 아쉬움을 달랜다.

다양한 나무들의 향연과
능선의 아름다운 풍광이 어우러진 길

삼림욕장을 지나 갈림길이 나와서 봉화봉 약수터 방향으로 길을 향하니 양쪽으로 소나무와 쉬나무, 잣나무들이 우리를 반긴다. 잠시 걷다 보니 길 왼쪽으로 회색빛의 나무들이 즐비한 자작나무 숲길이 이어진다. 우리가 잘 알고 있는 팔만대장경도 이 나무로 만들어졌다는 설명이다. 다음 행선지인 무악정은 안산의 옛 이름인 무악산에서 따온 것으로 이곳에 올라 잠시 휴식을 취하고 발걸음을 옮긴다. 갈림길에서 안산천 약수터로 향하는 길을 걸으며 빗물을 머금은 소나무들을 사진에 담고 보니 또 다른 멋스러움이 느껴진다.

금화체력단련장의 이정표를 따라 능선길을 걷노라면 나무 사이사이로 아파트들이 보이고 멀리 몇몇 산봉우리들이 시선에 잡힌다. 능안정을 지나 능선길을 조금 걸으니 왼쪽으로 안산의 조망 명소가 잘 단장되어 있다. 흐린 날씨라 멀리까지는 볼 수 없지만, 인왕산과 서울

성곽, 북악산은 선명하게 보이고 서울 도심의 복잡한 건물 풍경도 한 눈에 들어온다. 길을 따라 내려오니 아파트들이 이곳이 도심임을 알려주었고 출발 후 3시간여의 자락길 걷기를 마무리한다.

tip

안산 자락길은 갈림길이 많아 다소 복잡하지만 그만큼 선택할 수 있는 걷기 코스도 다양하다. 시간 여유가 있다면 무악정에서 능선길 코스를 따라가 봉수대에서 안산 정상의 풍광도 즐길 수 있다.

재미있는 꽃 이야기

맥문동: 그늘진 곳에서 자라는 여러해살이풀로 사계절 내내 푸르름을 유지한다. 맥문동의 이름은 뿌리가 보리(맥)와 비슷하고 겨울(동)에도 죽지 않고 푸른 잎을 보여준다고 해서 붙여진 이름이다. 꽃은 5~8월에 피는데 보랏빛 작은 꽃들이 연이어 달려 있고 나중에 열매는 초록에서 검게 변해서 흑진주를 연상케 한다. 꽃말은 '겸손, 인내, 흑진주, 기쁨의 연속'이다.

도심 속 낭만의 여름밤을 즐기는 길

/

남산 둘레길

난이도 하 분류 숲 계절 여름

코스 남산도서관 - 북측 순환로 - 한옥마을 - 남측 순환로 - 남산서울타워 - 남산도서관

길이 10km(편도코스) 시간 4시간

출발지점 남산도서관; 서울 용산구 소월로 109

주차장 안중근의사기념관주차장 / 남산도서관주차장

서울타워를 중심으로 남산을 한 바퀴 돌아보는 코스인 남산 둘레길은 원래 자동차가 다니는 길로 예전에는 드라이브 코스로 유명했던 곳이다. 지금은 북측 순환로를 완전히 차단해 보행자들의 천국으로, 남측 순환로는 순환버스만 일방통행으로 다니는 것을 허용해 보행자

를 배려한 길로 바꾸었다. 해 질 무렵의 저녁 시간에 걸으면 한여름 무더위도 피하고 아름다운 서울 야경까지 볼 수 있어 일석이조다.

직장인부터 꼬마까지,
한국인부터 외국인까지, 함께 즐기는 길

차를 몰아 남산 공원주차장에 도착한 시간은 오후 6시 무렵, 구름이 적당히 해를 가렸지만 아직은 어둡지도 않고 간간이 바람도 부는 시간이다. 사실 남산은 내게 초등학교와 중학교 학창 시절의 정겨운 추억이 있는 곳이다. 현재는 서울과학전시관인 건물도 예전에는 내가 자주 찾던 어린이 회관이었다. 도서관을 뒤로하고 남산으로 향하니 제일 먼저 시원한 분수가 우리를 반겨준다.

빨리 도망가지도 않지만 그렇다고 쉽게 잡히지도 않으며 약을 올리는 비둘기를 따라다니느라 안간힘을 쓰는 꼬마의 모습이 귀엽다. 왕복 2차선의 탁 트인 길에 들어서니 다양한 사람들의 모습이 보인다. 양복 차림으로 퇴근하는 직장인들, 지도를 보며 열심히 고민하는 외국 관광객들, 깔깔깔 소리가 경쾌한 아주머니 부대, 제대로 된 복장을 갖춰 입고 진지하게 뛰고 있는 마라톤 동호회 회원들 등 사람 구경만으로도 걷기 즐거운 코스다.

여름 가뭄으로 길가의 시냇물은 모두 말라버렸지만, 다행히 척박한 땅 위에서도 예쁜 꽃들이 꽃망울을 터뜨려 지나가는 이들의 발걸음을 잡는다. 구름다리를 건너 한옥마을에 도착하자 여기가 한국인지 외국인지 분간이 안 갈 정도로 여러 나라 언어가 한데 뒤섞여 들린다. 중국어, 영어, 일본어, 알아들을 수 없는 말까지 다양하다. 남산 걷기 코스가 서울을 방문하는 외국인에게는 필수 관광지임이 분명하다.

한여름 무더위를 날리는 야간 보행, 아름다운 서울야경은 '덤'

남측 순환로로 넘어가니 전기 순환버스로와 보행자 길이 나란하다. 왼쪽으로는 한강과 함께 서울의 아름다운 전경이 한눈에 보인다. 사진 찍으면 제일 잘 나오는 장소라고 친절히 포토 아일랜드도 만들어 놨다. 산과 한강을 가로지르는 다리들, 그 사이로 어우러진 빌딩 숲이 아름답다. 여러 각도로 풍경 사진을 찍던 중 반가운 서울병원 모습도 눈에 들어온다.

야외식물원에 다다라 소나무 숲속 맑은 공기를 음미하며 천천히 걸어본다. 수많은 나무 계단을 올라 서울타워를 향한 시각은 8시로 어느새 해가 뉘엿뉘엿 진다. 데크 전망대에는 수많은 인파가 모여 수만 개의 사랑의 열쇠를 배경으로 사진 찍기에 여념 없다. 조금 더 어두워지길 기다려 서울타워 1층의 식당에서 식사를 마치고 2층 데크로 올라가니 좀 전보다 훨씬 많은 사람이 몰려 저마다 아름다운 서울의 야경을 카메라에 담고 있다.

한두 장의 사진을 남기고 인파를 피해 다시 남측 순환로로 향한다.

사진 촬영 명소인 포토아일랜드에서 못다 감상한 서울의 야경을 여유를 갖고 둘러본다. 이곳은 비교적 덜 붐벼서 이야기도 나누며 아름다운 서울 야경 감상이 가능하다. 색색이 변하는 서울타워의 변신도 덤으로 보여준다. 우리가 어느덧 2만 보, 4시간여의 남산 여행을 마치며 집으로 돌아가는 그 순간에도 자전거족들은 남산을 향해 올라가고 있다.

tip

남산 둘레길은 주변의 지하철역인 서울역, 명동역, 충무로역, 동대입구역에서 여유가 있으면 걸어서 가도 되고, 순환버스를 타고 둘레길 시작점이나 서울타워 주차장에서 내려도 된다. 서울타워에서 경치를 감상하며 식사를 즐기는 것도 좋고 명동역에서 남산으로 오르는 길에 있는 맛집 식당도 좋다.

재미있는 꽃 이야기

노루오줌: 전국의 산과 들에서 자라는 여러해살이풀로 습한 곳에서 자란다. 여름에 피는 꽃은 연한 분홍빛으로 멀리서 보면 전체 모양이 분홍빛 크리스마스트리를 연상시킨다. 화려하고 예쁜 꽃의 모양과는 달리 이름에 오줌이 붙은 이유는 뿌리를 캐어 들면 노루오줌 냄새 같은 역한 냄새가 난다고 해서 붙여졌다. 외국에서는 많은 품종이 개발되어 꽃다발 특히 웨딩부케로도 사용되고 있다.

Do not Enter

고궁의 멋과 아름다운 정원이 어우러진

/

고궁 나들길

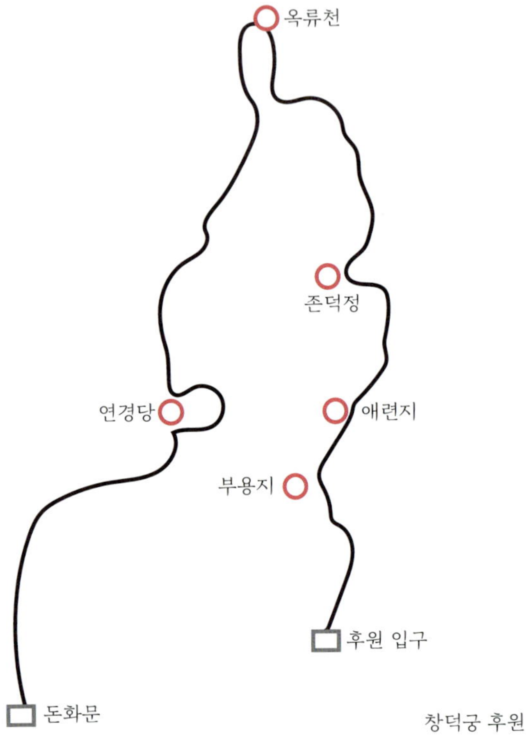

창덕궁 후원

난이도 하 분류 공원 계절 여름

코스 창덕궁 정문 - 후원 입구 - 부용지 - 애련지 - 존덕정 - 옥류천 - 연경당 - 돈화문 - 창경궁 연결문으로 이동 - 춘당지 - 창경궁 정문

길이 6km(편도코스) 시간 3시간

출발지점 창덕궁 정문(안국역 3번출구); 서울 종로구 율곡로 99

주차장 편도코스로 대중교통 권장(원서공원앞주차장 / 현대계동사옥주차장 이용 가능)

600여 년 전 조선왕조의 수도로 정해진 서울은 명실공히 우리나라의 중심도시다. 궁궐은 나라 경영의 중추가 되는 소중한 장소로 서울에는 경복궁, 창덕궁, 창경궁, 덕수궁, 경희궁 등 다섯 궁궐이 있다. 당

대 최고의 기술로 지어진 창덕궁과 종묘는 1997년 세계문화유산으로 등재되었으며 현재는 도심 속 고궁길로 전 세계 관광객들의 많은 사랑을 받고 있다.

아름다운 궁궐 정원의 자태와 숲 내음이 함께하는 길

창덕궁은 태종 때 건립된 왕궁으로 주변 지형과 조화를 이루도록 자연스럽게 건축하여 가장 한국적인 궁궐이라는 찬사를 받는다. 그중에도 궁궐 뒤편에 만들어진 정원인 후원은 고궁 아름다움의 극치다. 창경궁의 정문인 돈화문으로 들어가서 궁궐의 안과 밖을 구분해주는 금천(禁川)을 건너 왕궁으로 향한다. 국가의 중요한 의식을 치르던 인정전이 북한산을 배경으로 웅장한 모습을 드러낸다. 앞마당인 조정에는 신하들의 직급을 알려주는 품계석들이 일렬로 나란히 서 있다. 정전 안에는 인자하신 임금님이 앉아서 지금이라도 명령을 하사할 것 같다. 배경 그림은 어렸을 때 모았던 우표에서 보았던 반가운 명화다. 여기저기 화려한 한복을 입은 관광객들이 오색단청의 건물을 배경으로 작품을 만드느라 정신없다.

후원 입구에는 남녀노소 외국인 등 다양한 사람들이 기다리고 있다. 문화재 해설사분의 재미있는 역사 이야기를 들으며 언덕을 넘어서니 사각형 연못인 부용지의 풍광이 절경이다. 잠시 선비들이 정자에 둘러앉아 풍류를 즐기는 드라마의 한 장면을 떠올린다. 다음 장소는 숙종이 연꽃을 좋아하여 이름을 붙여주었다는 애련지다. 어디선가 나타난 너구리 한 마리가 겁도 없이 관객들 앞으로 다가선다. 자기로선 많이 익숙한 태도다.

갈림길 옆으로 푸른 나무들과 정자들이 조화를 이룬 관람지가 눈길을 끈다. 연못을 바라볼 수 있는 관람정에 서니 내 마음이 명경지수처럼 맑고 깨끗해진 느낌이다. 존덕정의 나무판에는 평생 왕권 강화를 위해 힘써왔던 정조의 기개에 찬 글귀가 빽빽이 적혀 있다. 마지막 방문지인 연경당은 사대부 살림집을 본떠서 만든 접견실이다. 음식을 준비하던 반빗간에는 당시 잘 나갔던 남자 셰프들이 연회를 준비하는 모습이 눈에 선하다.

드넓은 호수와 아름다운 야생화들이 반겨주는 산책길

후원 관람을 마치고 바로 옆 창경궁으로 향한다. 창경궁은 왕의 정사를 돌보기 위해 세운 것이 아니라 왕족의 생활공간을 넓힐 목적으로 지어졌다. 창경궁이 훤히 내려다보이는 언덕 끝으로 해시계인 앙부일구와 풍향과 풍속을 재는 풍기대가 반겨준다. 숲속 오솔길 안쪽으로 성종대왕의 태반을 보관하고 있는 태실비가 소나무들의 호위 아래 자리를 지키고 있다. 야자나무 매트가 깔린 길을 따라가니 커다란 호수가 모습을 나타낸다. 춘당지라 불리는 연못으로 주변에 숲도 울창하여 많은 새의 보금자리가 되어준다.

궁궐과는 어울리지 않는 매우 이색적인 유리 건물인 대온실은 우리나라 최초의 서양식 온실이다. 대온실 앞 자생화단은 우리나라의 아름다운 야생화들이 모인 천국이다. 현란한 주황색의 왕원추리꽃들이 늘어서 있고 꽃분홍색의 꼬리조팝나무꽃들도 뒤질세라 손짓한다. 지금은 흔적만 남아 있는 창경원 동물원의 한 장면이 옛 추억과 함께 떠오른다. 아이들과 맛있는 도시락을 싸서 나들이를 왔던 바로 그곳이다. 회상과 함께 아름다운 두 고궁을 둘러보는 3시간, 만여 보의 걷기를 마감한다.

tip

한여름에는 고궁의 밤 정취를 느끼면서 걸어 볼 수 있게 고궁 야간 특별관람이 진행된다. 많은 관람객이 몰리므로 미리 전화나 인터넷으로 예약하는 것이 필수다. 창덕궁 후원은 단풍도 아름다워 가을에 걸어도 좋은 코스다.

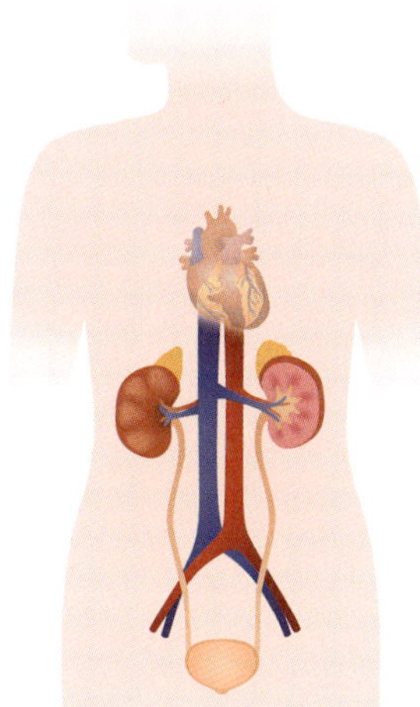

콩팥의 위치와 구조

우리 몸 깊숙이 등 쪽으로 좌우 2개가 있는 콩팥은 길이는 11~12cm 정도이며 무게는 양쪽을 합쳐 300g 정도다. 노폐물과 물을 걸러주는 모세혈관 뭉치인 사구체가 콩팥 하나에 백만 개씩 있어 이백만 개의 사구체를 가지고 있다. 하루 약 200리터 정도의 혈액을 걸러내서 99%는 재흡수되고 최종적으로 하루 1~2리터의 소변을 만들어낸다. 대한신장학회 홈페이지(https://www.ksn.or.kr)의 일반인 사이트에 가면 콩팥병에 관련된 유용한 정보가 다양하게 제공된다.

멋진 해안 비경과 초록 숲길이 어우러진

무의바다누리길

난이도 중 분류 섬 계절 여름

코스 인도교 - 부처깨미 전망데크 - 몽여해수욕장 - 명사의해변 - 하도정 - 인도교

길이 4km(누리길 2.5km + 주차장까지 왕복 1.5km)(순환코스) 시간 2시간

출발지점 소무의인도교 입구; 인천 중구 무의동

주차장 무의광명항 공영주차장

무의도(舞衣島)의 유래는 옛날에 선녀가 내려와서 춤을 추었다고 해서 붙여진 이름으로 큰 섬은 대무의도로, 작은 섬은 소무의도 불린다. 인천 영종도에서 대무의도로 연결되는 다리가 완성되어 바로 차로 갈 수 있는 육지가 되면서 트레킹 명소로 더욱 사랑받고 있다. 소무의도를 한 바퀴 둘러보는 무의바다누리길은 8구간, 2.5km로 구성되어 있다.

섬 전망대의 풍광이 영화 속 한 장면처럼 아름다운 길

영종도에서 무의도로 향하는 사거리 길에는 이른 아침부터 차들이 늘어서 있다. 배로 건너던 섬길이 다리로 연결되면서 무의도를 찾는 사람들이 더 많아진 것이다. 새로 만들어진 다리를 건너는 동안 주변 풍광은 하얀 안개로 가득하여 마치 구름 위에 떠 있는 느낌이다. 섬으로 들어서서 마을 도로를 따라가니 어느덧 주차장이다. 발걸음을 옮겨 소무의도 인도교에 다가서니 조금씩 안개가 걷히며 아치형 다리의 아름다운 풍광이 모습을 드러낸다.

다리를 건너면서 보이는 섬들의 풍경도 자욱한 안개와 어우러져 멋진 작품으로 우리에게 다가온다. 다리를 건너 소무의도에 들어서자 창고 벽면에 그려진 주인공이 오는 손님들을 반겨 맞아준다. '별이 빛나는 소무의도'라는 글귀를 보니 갑자기 오늘 밤 이곳에서 묵고 싶어진다. 작은 섬 소무의도에서 사랑하는 사람과 별 헤는 밤을 상상하니 저절로 입가에 미소가 그려진다.

마을 끝에 서 있는 빨간 느린 우체통을 만나보고 계단에 오르니 본격적인 숲길의 시작이다. 예쁜 초록 옷으로 단장한 떼무리길은 지나는 사람들을 혈기 왕성하게 만들어준다. 이름도 재미있는 부처깨미길로 이어져 이곳의 명소인 전망대로 향한다. 부처깨미는 주민들의 만선과 안전을 기원하기 위해 당제를 지내던 곳이란다. 전망대에 서니 바다 위의 배를 주인공으로 하고 섬과 물안개를 조연으로 해서 만들어낸 화면이 영화 속 명장면으로 그려진다.

커피 한 잔의 여유와 함께 섬마을의 추억이 쌓이는 길

둥근 자갈돌인 몽돌로 만들어진 몽여해수욕장은 아담하면서도 운치가 있다. 커피숍 2층 옥상에 올라가니 휴식하기 좋은 의자들이 일렬로 늘어서 손님을 기다린다. 냉커피 한 잔의 여유를 즐기며 담소를 나누다 보니 20여 분이 훌쩍 지난다. 해수욕장 마을 길가에 핀 강렬한 붉은빛 해당화가 지나는 사람들의 눈길을 끈다. 나도 모르게 '해당화가 곱게 핀 바닷가에서'를 흥얼거리며 제일 예쁜 꽃을 골라 사진에 남긴다.

해수욕장 끝에 있는 방파제로 모두 집결하여 일렬로 늘어서서 오늘의 인증샷을 만들어본다. CF 문구에서 나오는 것처럼 잘 빠진 뒷태를 자랑하며 양팔을 들고 한 장을 찍고 돌아서서 한쪽 팔을 들고 엄지척을 하며 또 한 장을 찍는다. 본격적인 등산코스의 시작으로 고개 하나를 넘으니 명사의 해변에서 귀여운 석상이 우리를 기다린다. 썰물로 빠져나간 해안가와 바위를 한 바퀴 둘러보고 정상으로 향한다.

안산 정상으로 오르면서 나무 사이로 보이는 해녀섬의 모습이 신비롭고 아름답다. 해녀들이 물질을 하다가 잠시 쉬어가는 쉼터로서의 역할은 끝났지만 지나는 사람들에게 마음의 휴식을 주는 곳으로 손색이 없다. 정상 정자에서 휴식을 취하고 작은 소나무길을 따라 조심조심 내려오니 저 멀리 다리와 함께 무의도의 풍광이 가까워진다. 커피 한 잔의 여유와 함께한 2시간의 걷기를 마치고 칼국수와 맛있는 전으로 오늘의 일정을 마무리한다.

tip

썰물 시기에 맞춰 가면 푸른 바다를 보며 즐길 수 있는 해안 트레킹 코스를 걸을 수 있다. 시간 여유가 있으면 대무의도의 큰무리 둘레길 코스를 걸어보거나 국사봉과 호룡곡산으로 이어지는 대무의도 등산 코스에 도전해 보는 것도 좋다.

재미있는 꽃 이야기

해당화: 장미과 활엽관목으로 해변의 모래밭이나 산기슭에서 자라고, 꽃이 화려하고 아름다우며 은은한 향이 좋아서 관상용으로도 많이 심는다. 향이 좋은 꽃은 향수의 원료로 사용되고, 꽃이 지고 나면 맺히는 황적색의 아름다운 열매는 식용이나 약용으로 사용된다. '해당화가 곱게 핀 바닷가에서'로 시작하는 '바닷가에서' 동요를 떠오르게 하는 해당화는 친숙하고 예쁜 이미지로 여러 노래 가사에 등장한다.

아름다운 풍경과 시대의 아픔이 함께하는

북한산 우이령길

난이도 중 분류 숲 계절 가을

코스 우이탐방지원센터 - 대전차장애물 - 유격장 - 교현탐방지원센터

길이 7km(편도코스) 시간 2시간 30분

출발지점 북한산우이탐방지원센터(북한산우이역 2번출구); 서울 강북구 삼양로181길 349

주차장 편도코스로 대중교통 권장(우이동 교통광장공영주차장 이용 가능)

서울이라는 번잡한 도심의 북쪽에 자리 잡은 북한산은 거대한 화강암으로 이루어진 암봉 사이로 맑은 계곡이 만들어져 산과 물의 아름다운 조화를 이룬 명산이다. 북한산 둘레길은 북한산 주변 산자락을 완만하게 걸을 수 있도록 만든 산책로로 1코스 소나무길부터 마지막 우이령길까지 전체 71.5km, 21개 코스로 구성되었다. 사람과 자연이 하나가 되어 걸을 수 있는 북한산 둘레길은 사시사철 사람들로부터 사랑을 받고 있다.

아름다운 단풍 숲길을 따라
시대의 아픔이 스며 있는 우이령길

우이령은 소의 귀를 닮았다는 북한산 우이암을 지나는 고개라서 붙여진 이름으로 우이령길은 도봉산과 북한산이 맞닿은 곳에 위치한 총 6.8km의 길이다. 1968년 무장공비의 청와대 침투사건으로 인하여 출입이 전면 금지되어 40여 년간 일반인의 출입이 없어 자연생태가 잘 보존되어 있고 화강암이 풍화되어 생긴 흙인 마사토로 길이 덮여 있어 맨발로 걷기에도 그만이다. 2009년부터 개방하여 하루 1,000명만 예약을 통해 걸을 수 있어 날씨 좋은 주말 오전에 가더라도 차분하게 자연을 음미하며 걸을 수 있다.

단풍이 아름다운 숲길로 가까운 서울에 있지만, 예약을 한 소수정예만이 걸을 수 있다는 말에 마음이 끌린다. 북한산 단풍이 가장 예쁘리라 했던 11월 초로 서둘러 예약을 마치고 그날이 오기만을 기다린다. 집을 나서니 걷기 딱 좋은 선선한 가을바람이 얼굴을 간질인다. 버스와 지하철을 번갈아 타고 내리니 북한산 둘레길을 알려주는 푯말이 전봇대 위에서 반갑게 맞아준다. 우이동 계곡 길을 따라 걸으면서 가쁜 숨이 쉬어질 쯤 본격적인 우이령길 시작인 우이탐방지원센터가 눈앞에 나타난다.

탐방지원센터에서 확인 후 30여 분을 걸어 오르자 단풍나무들이 어우러져 만들어낸 예쁜 산책길이 사람들의 발길을 잡는다. 새빨간 단풍나무와 황토빛의 떡갈나무, 고고히 푸른빛을 유지하는 소나무들이 어우러져 한 폭의 그림 같은 풍경을 만든다. 한 폭의 풍경화 같은 장면을 놓칠 수 없어 잠시 쉬면서 열심히 사진기에 담는다. 다시 걷기를 시작하고 얼마 후 말로만 듣던 우이령 고개가 나타났다. 6.25 전쟁의 부산물로 남아 있는 대전차 장애물이 우뚝 서 있는 곳이 말로만 듣던 우이령 고개다. '시대의 아픔을 같이 한 우이령길'이라는 설명이 마음속 깊이 와닿는다.

맑고 건강한 숲의 이야기와 함께 마음을 치유해주는 우이령길

고개를 넘어서자 멀리 5개의 봉우리가 오색찬란한 단풍을 배경으로 우뚝 서 있었다. 조금 아래에 있는 오봉전망대에서 오봉의 유래를 읽고 다시 바라보니 웅장한 규모와는 달리 정겨움이 느껴졌다. 오봉을 뒤로하고 중간중간 숲에 얽힌 재미있는 이야기가 적힌 안내판들을 읽으면서 걷다 보니 어느새 숲이 내게 말을 걸어오는 기분이다.

여러 나무가 섞여 있던 숲이 어느덧 푸른 숲으로 색을 달리하는가 했더니 솔향 가득한 길로 접어들었다. 안내도에는 '숲이 주는 혜택, 천연의 공기 청정기'라고 쓰여 있다. 과연 이게 서울 공기인가 싶을 정도로 맑고 건강하다. 나도 모르게 머리가 투명해지고 가슴이 확 트이는 느낌으로, 잠시 멈춰서 심호흡을 하며 좋은 공기를 몸 안 가득 담는다. 여유롭게 커피 한 잔을 마시며 담소하고 여러 풍경을 사진 속에 담으며 걷다 보니 종점인 교현탐방지원센터다. 점심을 갓 넘긴 시간, 기분 좋은 허기를 느끼며 2시간 반의 숲길 여행을 마무리한다.

tip

우이령길은 인터넷 예약(http://reservation.knps.or.kr)이 필수다. 최근 개통한 우이신설선 북한산우이역에서 접근하기 쉽다. 처음에 우이탐방지원센터까지 가는 길이 약간은 가파르지만, 여기만 오른다면 전혀 문제없이 즐길 수 있는 코스다.

콩팥의 기능

첫째 배설기능은 혈액을 걸러서 노폐물을 소변으로 배설시켜 주는 콩팥의 기본 기능이다. 둘째 몸 안의 수분, 전해질, 산염기를 조절하는 조절기능으로 체액량과 구성성분을 일정하게 유지시켜 주는 기능이다. 셋째 혈압을 조절하는 호르몬 분비, 적혈구를 만드는 조혈호르몬 생성, 비타민D를 활성화시켜 뼈를 튼튼하게 만드는 내분비 기능도 가지고 있다.

화려한 일출과 은빛 억새 축제가 어우러진

/

하늘공원 하늘길

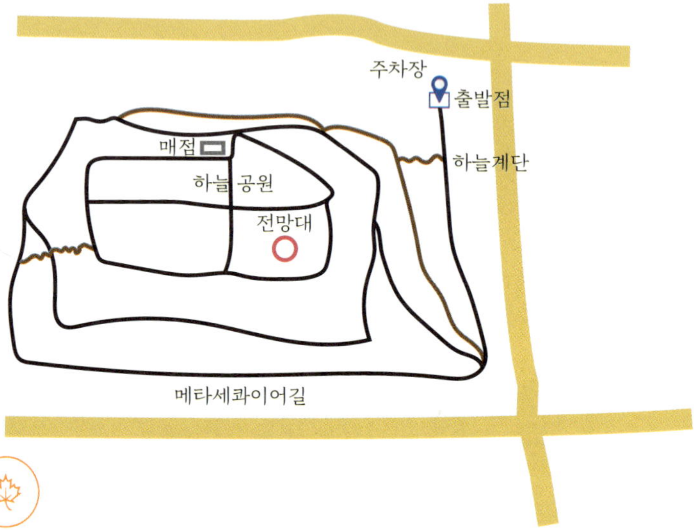

난이도 중 **분류** 공원 **계절** 가을

코스 하늘공원 입구 - 테마산책길(공원) - 전망대 - 하늘공원 둘레길 - 하늘공원 입구

길이 6.5km(순환코스) **시간** 2시간 30분

출발지점 하늘공원 입구(월드컵경기장역 1번출구); 서울 마포구 하늘공원로 95

주차장 하늘공원주차장(서울 마포구 하늘공원로 95)

서울 마포구 상암동에 있는 하늘공원은 난지도 쓰레기매립장을 자연생태계로 복원하여 2002년 월드컵 축구대회 개최에 맞춰 개원한 생태환경공원이다. 억새와 메밀 식재지, 순초지, 암석원 등 다양한 테마별 구성과 공원을 한눈에 볼 수 있는 전망대, 공원에 전력을 제공하는 풍력발전기 등으로 구성되어 있다.

은빛 억새와 분홍빛 핑크뮬리가 함께하는 멋진 나들이길

서울의 일출 명소인 상암동 하늘공원의 일출 시각에 맞춰 새벽부터 준비를 서두른다. 주차장에 도착해서 공원을 가로질러 올라가는 지그재그 나무계단을 따라 열심히 오르면서 보니 멀리 남산타워 주변이 붉게 물들었다. 이제 곧 해님이 행차하실 시간임을 미리 알려주는 노을 신호다. 잠시 후 붉게 물든 하늘을 배경으로 산봉우리 위로 머리를 조금씩 내밀던 해님은 어느 순간 솟아올라 온몸을 드러낸다.

얼굴 가득 미소 짓는 해님과 인사를 하고 표지판을 따라 하늘공원 입구로 향한다. 입구 길가에는 가을의 상징인 코스모스꽃들이 손을 흔들며 반갑게 맞아준다. 심해진 일교차로 꽃잎에 내려앉은 이슬방울들이 햇빛을 받아 보석처럼 초롱초롱 빛난다. 억새들의 호위를 받으며 길을 걷노라니 서울이 아닌 강원도 높은 산 위에 억새밭에 온 느낌이다. 멀리 떠오르는 해님의 조명으로 은빛 억새들의 꽃잎이 더더욱 아름답다.

억새들 사이로 오솔길을 따라 걷다 보니 어디선가 들려오는 새들의 노랫소리가 점점 커진다. 누군가의 작품으로 만들어진 예쁜 둥지가 여러 개 매달려 있고 둥지마다 새들이 삼삼오오 모여서 열심히 노래한다. 옆길로 들어서니 요즘 많은 사람에게 사랑받고 있는 분홍빛 핑크뮬리 정원이 눈길을 사로잡는다. 한편에서는 전문사진작가들이 출사를 나와 작품을 만들고 다른 한편에서는 연인들이 사랑의 추억을 열심히 담고 있다.

강과 산을 따라 이어지는
멋진 풍광을 감상하며 걷는 길

역광에 반사되는 분홍빛 핑크뮬리와 은빛 억새의 환상적인 풍광을 잠시 넋을 놓고 바라본다. 보이는 것만큼 마음에 들지는 않지만 아름다운 모습을 사진으로 남기고 억새길을 따라 전망대로 향한다. 전망대에 올라 끝없이 펼쳐진 억새 군락과 푸른 하늘이 어우러진 가을 풍경을 한가로이 감상한다. 한강을 따라 이어지는 다리들과 도심의 모습, 반대편으로 북한산을 중심으로 그려지는 풍경화를 천천히 상상 속에 그려본다.

공원 입구로 나와서 아스팔트로 이어지는 둘레길을 따라 발걸음을 재촉한다. 온 가족이 자전거를 타고 소풍을 나온 듯 꼬마 자전거부터 어른 자전거까지 줄지어 지나간다. 마라톤 동호회 회원들의 활기찬 모습에 나도 모르게 절로 힘이 난다. 내리막길로 내려와서 철문을 나오니 다시 하늘공원으로 승천하는 계단이 우리를 오라고 손짓한다. 끝이 보이지 않던 나무계단을 하나둘씩 오르니 어느덧 425라는 표시와 함께 공원이 보인다.

한강의 아름다운 경치가 훤히 내려다보이는 쉼터에서 잠시 숨을 고르고 길을 따라 걷기를 이어간다. 길의 좌측에는 억새, 우측에는 한강이 멋진 풍광을 만들어 손님들의 발걸음을 가볍게 해준다. 나무들 사이사이로 푸른 하늘과 한강 너머 빌딩들이 어우러져 우리에게 멋진 작품을 선물해준다. 주차장으로 가는 길에서 전기차를 타고 올라오는 아이들과 손 흔들며 인사를 나누며 3시간, 만여 보의 하늘공원 걷기를 마무리한다.

tip

주차장에서 하늘공원 입구까지는 유료로 운행하는 맹꽁이 전기차로도 이동할 수 있다. 반딧불이나 누에를 체험해 보고 싶으면 사전접수 후 생태교육시설을 방문해 봐도 좋다. 하늘공원을 대표하는 억새 축제를 비롯해 다양한 행사가 시기에 맞춰 개최된다.

콩팥질환의 예방

무엇보다도 고혈압 환자는 철저하게 혈압을 조절하고 당뇨 환자는 철저하게 혈당을 조절하는 것이 중요하다. 짜게 먹는 식습관을 개선하고 적절한 단백제한 식이를 하며, 금연과 절주를 하고 적절한 운동으로 비만이 되지 않도록 한다. 임의적인 약제 복용이나 민간요법은 피하고 꼭 필요하면 반드시 담당의사와 상의한 후 복용해야 한다. 대한신장학회 홈페이지(https://www.ksn.or.kr)의 일반인 사이트에 가면 콩팥병에 관련된 유용한 정보가 다양하게 제공된다.

아름다운 정원과 숲길, 석양이 어우러진

월미공원 나들이

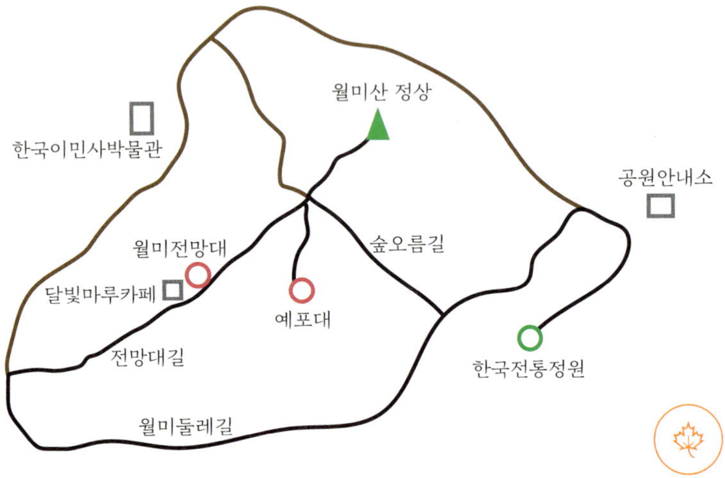

난이도 중 분류 공원 계절 가을

코스 한국전통정원 - 월미둘레길 - 전망대길 - 월미산 정상 - 숲오름길 - 한국전통정원

길이 2.5km(순환코스) 시간 1시간 30분

출발지점 월미공원전통정원; 인천 중구 북성포길 46

주차장 월미공원1주차장 / 월미도공영주차장

월미공원은 과거부터 군사적으로 중요한 역할을 하는 지역으로 6·25전쟁 시에는 인천상륙작전의 첫 상륙지점이었다. 울창한 숲이 잘 보존된 월미산과 전통문화가 조화롭게 어우러진 인천을 대표하는 문화관광공원이다. 2019년 한국관광공사가 제시한 한국인이 가봐야 할 곳 한국관광 100선에 선정된 곳으로 남녀노소 모두의 사랑을 받고 있다.

멋진 한국 전통정원과 초록 숲길이 조화로운 월미둘레길

한국 전통정원에 들어서니 안동 하회마을의 풍산류씨 종갓집인 양진당을 재현해 놓은 웅장한 풍채의 건물들이 늘어서 있다. 마당에서 화살을 던져서 통 안에 넣는 투호놀이를 즐기는 사람들의 표정이 제법 진지하다. 마주 보고 서로 박자를 맞춰가면서 널을 뛰지만, 마음같이 되지 않고 널빤지에서 떨어지기 일쑤다. 뒷마당까지 한 바퀴 둘러보고 담장을 따라 예쁘게 핀 구절초들의 배웅을 받으며 습지원으로 향한다.

습지원의 나무다리를 따라 걷다 보니 멀리 코스모스 너머로 작은 동산 위의 정자가 푸른 가을 하늘을 배경으로 멋진 풍경을 그려준다. 분홍빛 코스모스를 가까이 바라보니 노란 꽃술을 중심으로 환히 빛나는 꽃잎들이 정말 아름답다. 정자로 오르는 둘레길 주변으로 황금빛 억새들이 햇살을 받아 더욱 찬란히 빛난다.

수세미와 호박이 지붕에 주렁주렁 매달려 있는 터널을 지나 토끼원에 들어서니 가족과 함께 나들이 온 아이들이 토끼와 놀고 있다. 어디선가 많이 본 듯한 연못이 있는 정원을 사진에 담고 안내판을 보니 창덕궁 후원에 있는 애련지다. 또 다른 커다란 연못이 있는 정원의 모습은 창덕궁 후원에 있는 부용지임을 바로 알아챈다. 전통정원을 벗어나 전망대로 향하는 둘레길 바닥에는 재미있는 그림이 갈 길을 안내한다. 군사시설 같은 콘크리트 건물인 숲속의 쉼터에 들어서니 아름다운 자연을 담은 사진들이 아늑한 분위기를 만든다.

붉게 물든 노을을 감상하며 여유를 즐기는 공원 전망대

예쁜 새들의 노랫소리와 함께 향긋한 나무 향기가 가득한 숲길을 따라 걸으니 몸과 마음이 편안한 느낌이다. 돈대삼거리 갈림길에서 테마파크와 바다 풍광을 감상하고 산마루길로 방향을 튼다. 정상 광장에 도착해서 잠시 숨을 고르고 둘러보니 갈림길이 여럿이다. 화포를 쏘던 자리인 예포대에 올라 돌담 너머 바다 풍경을 천천히 둘러본다. 예포대 중앙에는 지금 당장 포탄을 발사할 것 같은 당당한 모습의 화포가 모델이 되어준다.

정상 광장으로 내려와 아름다운 석양을 감상하기 위해 월미산 정상으로 향한다. 산책로 길가에 세워져 있는 하얀 글자들이 붉게 물들어 가는 하늘과 함께 마음에 따뜻하게 다가온다. 그중에서도 '니가 젤 좋

아'라는 말이 제일 내 마음을 끈다. 월미산 정상에 도착해서 붉게 물들어 있는 노을 사이로 얼굴을 숨기는 해님의 모습을 열심히 사진에 담는다. 마침 이곳을 지나는 배 한 척이 모델이 되어 파도를 헤치며 지나간다.

정상 광장으로 내려와 멋진 야경을 감상할 수 있는 월미전망대로 자리를 옮겨서 저물어 가는 석양을 아쉬워하며 사진에 담는다. 주변이 점차 어두워지면서 전망대 위로 모습을 드러낸 반달의 모습이 애련하다. 달빛마루카페에서 야경과 함께 차 한 잔의 여유를 즐기고 정상 광장으로 돌아온다. 최단 코스로 숲길을 가로질러 내려가는 숲오름길과 숲열림길을 따라가니 울창한 수풀 사이로 잘 정비된 나무계단이 우리를 전통정원으로 안내해준다.

tip

지하철 1호선 인천역 옆 월미바다역에서 월미바다열차를 타고 월미공원으로 이동할 수 있다. 어르신이나 어린이를 동반한 경우 물범셔틀카로 공원안내소에서 전망대까지 이동이 가능하다. 월미문화관에서는 다양한 한국 전통문화를 즐기며 체험할 수 있다.

재미있는 꽃 이야기

코스모스: 멕시코 원산인 한해살이풀로 관상용으로 많이 심고 전국 각지에서 축제가 열려 가을의 상징이 된 꽃이다. 6~10월에 피는 꽃은 흰색, 연분홍색, 붉은색 등 여러 색깔이 있으며 흰꽃과 분홍꽃은 순결과 순정적인 사랑을 의미하고 붉은꽃은 열정적인 사랑을 의미한다. 그리스어로 질서와 조화를 지닌 우주라는 뜻이 있는 코스모스의 중심부의 노란 꽃을 자세히 보면 수많은 별을 품은 우주 같은 신비한 모양이다.

PART 2

경기도

봄의 향기를 머금은 화려한 진달래꽃의 향연

부천 둘레길

난이도 중　　분류 공원　　계절 봄

코스 소사역 - 원미산 정상 - 진달래동산 - 종합운동장 - 산울림청소년수련관 - 까치울역

길이 7.5km(편도코스)　　시간 2시간 30분

출발지점 소사역(6번출구); 경기 부천시 소사로 272

주차장 편도코스로 대중교통 권장(소원지하노외공영주차장 이용 가능)

우리 병원이 있는 부천을 감싸며 한 바퀴 돌아보는 부천 둘레길은 6개 구간으로 구성되어 있다. 1코스 향토유적 숲길에서부터 최근에 추가된 6코스 범박동 순환길까지 총 48km의 걷는 길이다. 부천시를 둘러싸고 있는 산과 공원, 하천과 들판의 아름다운 자연경관을 하나의 길로 연결하고 다양한 문화와 이야기를 심어놓은 길이다. 부천시민은 물론 걷기를 좋아하는 많은 사람에게 사랑받고 있다.

멋진 시 한 편의 여유와 아름다운 풍경을 감상하며 걷는 길

문득 '사라진 우리의 봄, 어디 갔어, 어디 갔어.' 인기 개그 프로그램의 유행어가 떠오른다. 불과 수주 전만 해도 쌀쌀하다며 왜 이리 봄이 안 오느냐고 원망했는데 오늘은 따뜻하다 못해 때 이른 무더위가 느껴진다. 병원 건너편 버스 정거장에서 시내버스를 타고 소사동 주민센터로 향한다. 둘레길 제1코스인 향토유적 숲길의 출발점이다. 시작점에 있는 나무 계단을 오르기 시작하니 숲속 이곳저곳에 나무들이 시를 품고 있다.

나무들이 품고 있는 시 아래에 상자 안에는 책들이 가지런히 보관되어 있다. 나무 그늘에서 잠시 쉬면서 책 한 권을 읽는 여유를 즐기라는 배려다. 저 멀리 배부른 엄마 손을 꼭 잡은 꼬마가 엄마보다 한 발짝 앞서 걸으며 기세등등 엄마를 끌고 온다. 그러더니 잠시 쉼터에 앉아서 의미 모를 시를 당황스럽게 바라본다. 어느새 당당한 기백이 온데간데없이 사라져버린 꼬마의 모습이 너무나 귀여워 나도 모르게 입가에 미소를 짓는다.

쉼터에서 출발해 원미산 정상에 있는 원미정까지 가는 길에 큰 고비가 숨어 있다. 그러나 이 천국의 계단만 오르면 정자에서 부천의 전경을 한눈에 바라볼 수 있는 호사를 누릴 수 있다. 원미산 정상에서 바라본 부천의 랜드마크인 쌍둥이 빌딩과 빌딩을 감싸고 있는 빌딩 숲이 부천 시내 전체를 감싸고 있는 산들과 어우러져 멋진 작품으로 다가온다. 저 멀리 종합운동장은 진달래와 함께 한 폭의 풍경화로 아름답게 그려진다.

예쁜 꽃과 사람이 어우러지는 아름다운 진달래꽃 축제의 길

진달래 한두 그루가 보이기 시작하더니 어느덧 전체가 붉은빛으로 물든 언덕이 눈앞에 보인다. 여기가 바로 진달래 동산이다. 이곳에서는 매년 4월이면 가족들이 다 함께 즐길 수 있는 '원미산 진달래꽃 축제'가 열린다. 축제인 만큼 진달래꽃과의 추억을 남기려 사진을 찍으려는 사람들로 넘쳐난다. 분홍빛 진달래 물결과 모여든 인파의 모습이 어우러져 장관을 이룬다. 사람들 틈에서 우리도 진달래와 함께 추억의 사진을 몇 장 남긴다.

큰 키의 진달래 밑에서 옹기종기 모여 앉아 준비해 온 간식거리를 먹으며 이야기를 나누는 표정들이 모두 행복하다. 아이들은 나무 뒤에 숨어 자기를 찾아보라며 숨바꼭질한다. 조금 넓은 공터에는 소풍 나온 어린이들이 둘러앉아 맛있는 김밥을 먹으며 웃음꽃을 피우고 있다. 우리도 잠시 나무의자에 앉아 차 한 잔의 여유를 즐겨본다.

하늘을 향해 쭉쭉 뻗은 나무들 사이로 저 멀리서 어린 꼬마들의 힘찬 구령소리가 들려온다. 청소년 수련관이 우리에게 가까워졌음을 의미한다. 수련관에서부터는 베르내천을 따라 길이 이어진다. 길가에는 벚꽃 가로수와 복숭아꽃, 배꽃이 어우러져 있어 말 그대로 황홀한 감동이 밀려온다. 밤골마을을 지나 오늘의 종점인 부천식물원에 도착해서, 시와 꽃이 함께한 2시간 반, 일만 삼천 보의 걷기를 마무리한다.

tip

시간 여유가 있으면 도당수목원이나 부천식물원을 들려보는 것도 좋다. 둘레길 숲 해설 프로그램을 이용하면 재미있는 설명과 함께 숲 체험을 할 수 있다. 밤골 먹거리촌에서는 다양한 맛집이 있어 선호하는 메뉴로 먹거리를 즐길 수 있다.

생활 속 건강상식

걷기는 성인병 예방에 아주 효과적이다. 식사 후 짧은 시간만 걷기에 투자해도 당뇨병 발병 위험을 크게 줄여준다. 식후 15분 정도의 걷기가 음식을 섭취한 후에 혈당이 위험한 수치까지 상승하는 것을 막아준다.

선조들의 얼이 스며 있는 문화유산의 길

화성 성곽길

난이도 중 분류 공원 계절 봄

코스 팔달문 - 창룡문 - 방화수류정 - 장안문 - 화서문 - 서장대 - 팔달문

길이 5.3km(순환코스) 시간 2시간

출발지점 팔달문; 경기 수원시 팔달구 정조로 780

주차장 화성행궁주차장 / 창룡문주차장 / 장안동공영주차장

수원화성은 왕궁의 남부지역을 방어하기 위한 군사시설로 우리나라 성곽 건축 기술이 집대성된 곳이다. 비운의 사도세자로 잘 알려진 장헌세자의 아들인 정조대왕이 아버지에 대한 효심으로 묘를 화성 현륭원으로 옮기면서 만든 계획도시다. 1997년 세계문화유산에 등재되었으며 현재는 화성행궁과 함께 산책과 관광 코스로 많은 사람의 사랑을 받고 있다.

어여쁜 봄꽃의 향연과 성곽의 웅대함이 어우러진 길

봄의 상징인 벚꽃이 만개하는 시기에 맞춰 걸어보기로 하고 수원역으로 향한다. 옛날 경기도청 자리에서부터 미소를 머금은 얼굴로 꽃분홍의 나무들이 반겨 맞아준다. 아직은 이른 시간이라 사람들은 많지 않으나 아침 운동을 하시는 어르신들의 발걸음이 가볍다. 초록 터널 안에서 봄바람에 날리는 꽃눈을 맞으며 동심으로 돌아가 눈송이를 잡으려 애써본다.

갈림길에서 우측으로 성곽을 따라 내려가 팔달문으로 향한다. 차들이 다니는 대로 한가운데 웅장하게 서 있는 팔달문의 모습을 보니 당찬 느낌이다. 남수문 옆으로 동남각루를 시작으로 성곽 높이 5~8m, 둘레 5,744m의 성곽길이 이어진다. 성곽 담벼락 밑으로 따뜻한 봄볕에 피어난 예쁜 야생화들이 지나는 사람들의 눈길을 끈다. 끝이 보이지 않는 성곽 중간중간에는 적을 감시하고 공격하기 위한 포루와 치성들이 불뚝불뚝 밖으로 튀어나와 있다. 잠시 포루에 올라 밖을 바라보며 잡념은 버리고 희망찬 생각에 잠겨본다.

창룡문에 다다르자 눈앞에 탁 트인 벌판에 화살 과녁이 눈에 들어온다. 과거 군사들이 무예를 연마하고 훈련하는 장소였던 연무대이다. 우리나라 전통 활쏘기인 국궁을 체험해 볼 수 있는 곳이다. 수원화성에서 가장 특이한 건물인 둥근 모양의 동북공심돈 주변에는 사진을 찍으려고 북새통이다. 공심돈은 군사가 안으로 들어가 적을 살필 수 있게 만든 망루의 일종이다. 안내소 앞에 여러 나라에서 온 관광객들의 모습을 보니 마음이 뿌듯하다.

선조들의 풍류와 기개를 품고 있는 아름다운 성곽길

동북포루로 향하는 길에 만개한 벚꽃들 밑에서 등교하는 학생들이 교복을 입고 밝은 표정으로 사진 작품을 연출한다. 벚꽃을 감상하며 발걸음 옮기니 화성의 명물인 방화수류정이 반겨준다. 군사를 지휘하는 지휘소와 주변 아름다운 풍광이 조화를 이룬 정자의 기능을 모두 가지고 있는 곳이다. '꽃을 찾고 버들을 따라 노닌다(訪花隨柳)'라는 뜻을 지닌 방화수류정은 보는 방향에 따라 다른 모습을 보여주어 독창적인 건축물로 평가받고 있다.

장안문 옆 북동적대에는 당장이라도 발사될 것 같은 화포가 적진을 향해 놓여 있다. 현장학습을 나온 아이들이 신기한 듯 화포를 바라보며 열심히 적고 사진도 남긴다. 화서문으로 향하는 길에 멀리 팔달산 꼭대기에 서장대와 어우러진 봄꽃의 풍경이 절경이다. 서장대로 오르는 길 한편 야생화 공원에서는 화성의 축조 현장을 작은 인형으로 만들어 보여준다. 선조들이 힘을 합쳐 서로 도와가며 다양한 기구를 이용해 성을 쌓는 모습이 생생하다.

마지막 고비인 돌계단을 오르고 또 오르니 정상에 우뚝 솟은 서장대가 모습을 드러낸다. 사방 100리가 한눈에 보이는 이곳은 성 주변을 살피면서 군사를 지휘하던 수원화성의 지휘본부다. 멀리 바라보이는 성곽길 풍경을 감상하고 효원의 종으로 향한다. 타종하면서 나와 가족을 위한 소원을 빌어 보는 체험을 할 수 있는 곳이다. 수원의 명물인 지동시장의 순대볶음으로 3시간여의 성곽길 나들이를 마무리한다.

tip

시간 여유가 있으면 화성행궁을 꼭 들려보기를 권하며 5월부터 10월까지는 야간관람도 가능하다. 어르신이나 아이들과 함께라면 화성어차(관광열차)를 타고 둘러보는 것도 좋다. 수원화성 만들기, 국궁체험, 효원의 종 타종 등 다양한 체험프로그램이 있다.

재미있는 꽃 이야기

민들레: 봄이 되면 산이나 들에서 흔히 볼 수 있는 여러해살이풀로 노란색 꽃이 핀다. 흔히 보는 노란민들레는 대부분 서양종이나 보기 드문 흰민들레는 토종이다. 유명한 노래로 '민들레 홀씨 되어'가 있는데, 홀씨는 과학적으로 틀린 말이다. 꽃씨가 바람에 날리는 것을 보고 홀씨라고 하였지만, 홀씨는 버섯같이 꽃이 피지 않는 식물의 번식법이므로 씨앗이라고 해야 맞는 말이다. 하지만 '민들레 씨앗 되어'는 왠지 이상하다.

초록 숲 내음 속에 왕릉의 역사가 함께하는

융건릉 숲길

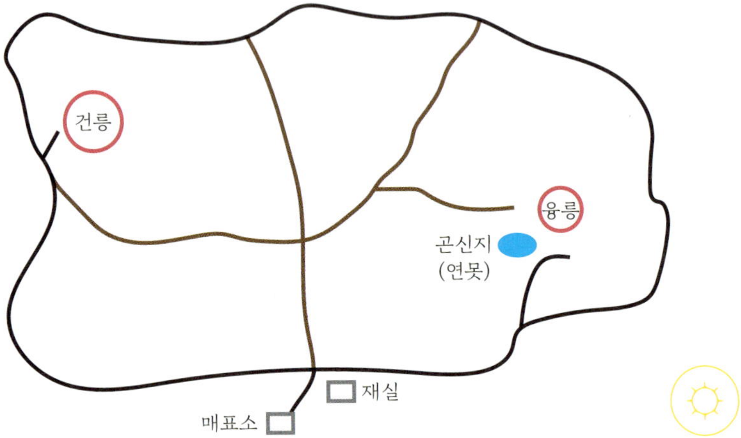

난이도 중 분류 공원 계절 여름

코스 융건릉 입구 - 융릉 - 산책로(숲길) - 건릉 - 역사문화관 - 융건릉 입구

길이 3.5km(순환코스) 시간 1시간 30분

출발지점 융건릉 매표소; 경기 화성시 효행로481번길 21

주차장 융건릉공영주차장

오백 년 역사의 조선 왕릉은 42기 능 모두가 훼손되지 않고 온전히 잘 보존되어 있으며, 인류의 문화유산으로 탁월한 가치를 인정받아 2009년에 세계문화유산으로 등재되었다. 그중 융건릉은 우리가 흔히 사도세자로 알고 있는 장조와 황후의 능인 융릉과 아들인 정조와 황후의 능인 건릉이 나란히 모셔져 붙여진 이름이다.

맑은 정기와 함께
초록 나무들의 호위를 받으며 걷는 숲길

신선한 아침 공기와 함께 입구부터 맑은 정기가 샘처럼 길 위에서 솟아나는 기분이다. 길가의 나무들도 건강한 기운을 내뿜으며 오는 손님들을 행복하게 맞아준다. 융릉으로 향하는 길가에 물기를 가득 머금은 소나무들은 하늘 높은 줄 모르고 쭉쭉 뻗은 자태로 지나는 사람들의 눈길을 끈다. 밤새 내린 비로 단단히 다져진 길을 살며시 지르밟는 소리가 재미있다. 오솔길을 따라가서 돌다리를 건너니 융릉의 웅장한 자태가 시선을 압도한다.

홍살문을 중심으로 융릉의 풍광을 사진으로 남기고 산책로로 향한다. 두 능의 배후에서 이들을 든든히 지켜주는 영산의 능선을 따라 걷는 산책코스로 숲의 정기를 받으며 걷기 좋은 길이다. 처음에는 아름드리 소나무들이 길을 따라 호위를 서서 숲길을 만들어 주더니 어느 순간부터 밤나무들이 임무를 이어간다. 밤나무 밑으로 흙길에는 떨어진 밤나무 꽃송이들이 의미를 알 수 없는 상형문자를 만들어 메시지를 전한다.

다시 능선길을 따라 푸른 소나무들의 호위를 받으며 산새들의 노랫소리에 맞춰 가벼운 발걸음으로 행진한다. 능선의 끝에 다다르자 누군가가 소원을 빌며 열심히 쌓아 올린 돌탑이 예쁜 모습으로 인사를 한다. 내리막길을 따라가다가 나무에 매달린 열매를 보고 궁금해서 바로 앱으로 찾아본다. 이것이 바로 열매를 빻아 물에 풀면 물고기가 떼로 죽어 떠오른다는 때죽나무의 열매다.

아름다운 왕릉과 위대한 임금의 역사가 어우러진 명품길

건릉에 도착해서 홍살문을 사각 액자 삼아 작품으로 만들고 능 주변을 따라 천천히 발걸음을 옮기며 생각에 잠긴다. 비 온 후 햇살을 받아 더욱 초록이 두드러진 커다란 왕릉 앞 풀밭에서 한가히 앉아서 차 마시는 모습을 그려본다. 커다란 소나무 그늘 밑 의자에 앉아서 책을 펴고 독서 삼매경에 빠진 모습도 떠오른다. 단체로 온 방문객들에게 열심히 이곳의 역사를 설명해 주시는 한 신사분의 열띤 강연에 잠시 함께한다.

건릉을 뒤로하고 입구로 향하는 길에 들어서니 쭉쭉 뻗은 가로수들이 길을 안내해준다. 확 트인 넓은 길에 초록 나무들이 이어지는 이 길은 어디에 내놓아도 명품길로 손색이 없다. 가족들과 소풍을 나온 아이들이 서로 내기를 하듯 앞서거니 뒤서거니 하며 신나게 뛰어온다. 또 다른 아이는 할머니와 아빠의 손을 잡고 비행기 타기를 하며 얼굴에 미소가 가득하다. 우리 아이들의 어린 시절을 떠올리면서 이것이 바로 "소확행"이라고 중얼거린다.

입구에 있는 역사문화관에 들러 뒤주에 갇혀 슬픈 생을 마감한 후 추존된 장조와 황후인 혜경궁 홍씨의 이야기를 천천히 읽어 내려간다. 이런 사도세자의 아들로서 당당히 살아가신 정조는 지극한 효성으로 수원 화성을 건설하고 매년 화성행차를 하였으며 행차 때마다 백성과 소통하신 위대한 임금이었다. 마지막으로 능을 관리하였던 능참봉이 머물렀던 재실을 둘러보고 2시간여의 아름다운 왕릉 숲길 나들이를 마무리한다.

tip

융건릉은 9시부터 입장이 가능하고 마감 시간은 시기에 따라 다르다. 융건릉에 대한 해설을 함께하고 싶으면 시간에 맞춰 해설사 안내소로 가면 된다. 융건릉 앞에는 한정식을 비롯한 다양한 메뉴의 맛집이 있어 골라 먹는 재미도 있다.

생활 속 건강상식

최근 우울증 환자가 꾸준히 증가하고 있다. 하지만 걷는 것만으로도 우울증을 예방할 수 있다. 걷는 것이 우울증의 원인이 되는 근심을 잠시 잊고 관심사를 다른 곳으로 돌려주며 몸에 좋은 호르몬을 증가시켜 증상을 완화 시켜준다.

아름답고 세련된 가을 정취와 함께하는

아침고요수목원

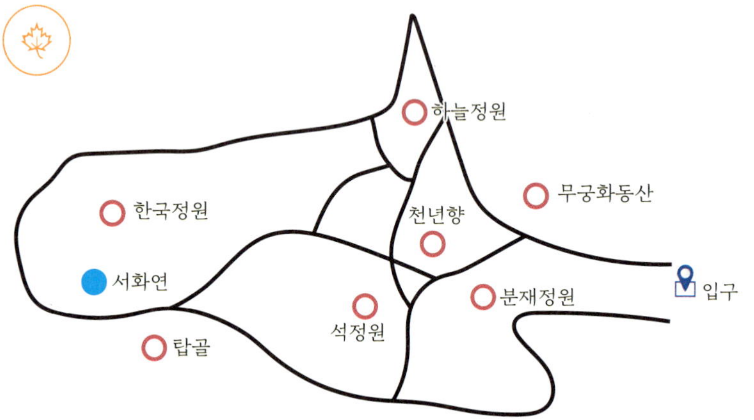

난이도 하 분류 공원 계절 가을

코스 입구 - 침엽수정원 - 선녀탕 - 하늘정원 - 한국정원 - 서화연 - 하경전망대 - 능수정원 - 분재정원 - 무궁화동산 - 온실 - 입구

길이 5km(순환코스) 시간 2시간 30분

출발지점 아침고요수목원 매표소; 경기 가평군 상면 수목원로 432

주차장 아침고요수목원주차장

'아침고요수목원'은 대한민국의 아름다움을 담은 한국정원에 대한 필요성을 느낀 설립자 부부가 한국의 미를 세계에 알리고자 만든 곳이다. 30여 년의 역사를 지닌 수목원 안에는 희귀한 야생화를 비롯한 총 5,000여 가지 식물을 22개의 아름다운 주제정원 안에 가꾸어 놓았다. 수목원의 분위기가 마치 '고요한 아침의 나라'를 연상케 하는 이곳에서는 계절별로 많은 축제와 전시회가 열린다.

'고요한 아침의 나라'를 떠올리게 하는 아름다운 정원 여행

도심의 가로수들이 색동옷으로 갈아입는가 했더니, 어느새 낙엽비로 변해 우수수 떨어진다. 새롭게 깔린 운치 있는 낙엽 양탄자를 밟고 지나가다 보니 어디론가 훌쩍 떠나고 싶은 마음이 절로 든다. 하지만 좋은 날씨 탓에 어느 곳을 가도 구름떼처럼 인파가 몰려들 생각을 하고 새벽부터 부지런히 움직여 가평에 있는 '아침고요수목원'으로 향한다. 삭막한 고속도로 방음벽에 기어오른 담쟁이넝쿨들이 붉게 물들

면서 한 폭의 수채화가 되었고, 도심을 벗어나자 경춘고속도로를 따라 멀리 보이는 산들이 아름다운 풍경화가 되었다. 정시에 도착해 조용한 수목원을 만끽하리라 기대와는 달리 나와 같은 생각을 한 부지런한 사람들이 먼저 도착해 고요한 수목원에 이미 활기를 더해주고 있다.

수목원으로 들어서면서 한 곳도 놓치지 않고 모두 둘러보리라 마음먹은 우리는 지도를 보며 열심히 계획을 세운다. 먼저 정겨운 초가집이 빨갛게 예쁜 가을 단풍과 어우러진 고향집 정원을 지나 푸르름을 자랑하는 침엽수 정원으로 향한다. 개울을 따라 내려가 보니 작은 폭포와 함께 풍광이 아름다워 선녀가 목욕하고 올라갔다는 선녀탕이 눈에 들어온다. 지금은 선녀 대신 떨어진 나뭇잎들이 선녀탕에서 유유자적 한가로이 물놀이를 즐긴다.

우아하고 세련된 국화와 한국정원의 가을 정취가 함께하는 길

하늘정원 뒤로 멀리 하얀 첨탑의 숲속에 작은 교회가 보인다. 아침고요산책길로 이어진 빽빽한 잣나무 사이의 오솔길에서 삼림욕을 즐기니 안식과 평화로움이 느껴진다. 흙길을 따라 걸으니 한국정원으로 이어지고, 한국정원에는 구절초·쑥부쟁이·개미취로 분류되는 들국화 전시회가 열리고 있다. 제아무리 봄이 꽃의 계절이라고 하지만 가을 국화의 우아함과 세련됨은 따라올 수 없을 것 같다.

잠시 휴식 삼아 전통찻집에서 산수유차와 산머루차를 마시며 담소를 나누며 여유도 즐겨본다. 찻집 앞의 서화연 연못은 정자와 함께 너무나 아름다운 가을 풍광을 뽐내며 지나는 사람들의 눈길을 끈다. 물위에 비친 형형색색의 가을 풍경의 모습은 한 폭의 아름다운 수채화다. 봄에는 연분홍 벚꽃으로 어우러져 더욱 아름답다고 하니 내년 봄에 꼭 다시 한번 이곳을 찾으리라 마음의 약속을 한다.

입구 쪽에 다다르니 축축 늘어지는 나무들로 만들어진 능수정원이 반긴다. 수양단풍나무의 제각각 조금씩 다른 단풍색이 함께 어우러진 모습에 나도 모르게 감탄이 나온다. 분재정원의 화분 속에는 또 다른 작지만 색다른 세계가 녹아 있고, 무궁화동산의 계단으로는 단풍 폭포가 흐르고 있다. 이처럼 아침고요수목원 20여 곳의 정원은 각각 저마다의 아름다움을 뽐내며 지나가는 사람의 발목을 잡는다. 이곳저곳 정원의 아름다움을 놓치지 않고 감상하면서 3시간의 단풍 나들이를 마감한다.

tip

날씨가 좋은 휴일에는 교통 혼잡을 피해 가능한 개장 시간에 맞춰 일찍 방문하는 것이 좋다. 전철이나 버스로 청평까지 가서 청평터미널에서 버스를 타고 이동하는 것도 가능하다. 막국수나 닭갈비 맛집에서 식사를 한다면 가을 여행의 묘미를 배가시켜 줄 수 있다.

재미있는 나무 이야기

향나무: 향을 가진 나무라는 의미로 이름이 붙여진 향나무는 소나무, 은행나무와 함께 가장 오래 사는 대표적 나무로 주변에서 흔히 볼 수 있다. 지금의 거의 쓰지 않는 연필이 주로 향나무 만들어졌고 연필을 깎으면서 느낄 수 있는 나무 향이 정말 좋았던 것으로 기억된다. 나무에서 풍기는 고귀한 느낌의 향기 때문에 실질적으로 거룩한 의식에 사용되는 향을 만드는 재료로 사용되고 있다.

아름다운 숲길과 멋진 예술 작품이 어우러진

대공원 숲길

난이도 중 분류 숲/공원 계절 가을

코스 동물원호주관 삼림욕장 출입구 - 얼음골숲 - 원앙이숲 - 밤나무숲 - 북문 입구

길이 10km(대공원숲길 7km + 대공원역까지 왕복 3km) (순환코스) 시간 3시간 30분

출발지점 동물원호주관 삼림욕장출입구(대공원역 2번출구에서 출발); 경기 과천시 대공원 광장로 102

주차장 서울대공원주차장 / 서울동물원주차장

절기 처서가 지나자 새벽 공기는 이제 제법 선선해졌지만 낮에는 습한 찜통더위가 마지막으로 있는 힘을 다해 기승을 부리는 듯하다. 맑고 푸른 숲의 공기가 그리운 우리는 문화테마의 한 코스로 과천현대미술관도 감상하고 상쾌하게 걸을 수도 있는 서울대공원 삼림욕장으로 향한다.

초록 숲속 나무들과 삼림욕을 즐기며 걷는 대공원 숲길

서울대공원 삼림욕장은 청계산의 북서쪽 서울대공원 동물원을 에워싸고 있는 둘레길 코스로 길이는 약 7km다. 대공원역에서 동물원 입구까지 코끼리 열차가 운행하지만, 아침에 부는 시원한 바람과 함께 과천저수지의 아름다운 풍경을 감상하며 걸어본다. 동물원에 들어가니 우리를 제일 먼저 반기는 홍학들이 저마다 아름다운 자태를 뽐내며 모델처럼 우아한 발걸음으로 다가온다.

삼림욕장 출입구를 지나 처음에는 생각보다 가파른 언덕에 숨을 고르며 천천히 나무계단을 올라간다. 하지만 숲속 나무들이 뿜어낸 피톤치드 향을 마음껏 마시며 삼림욕을 즐기니 어느덧 고갯마루다. 첫 번째 휴식 공간은 선녀못이 있는 숲이다. 예전에 마을 사람들이 낮에는 빨래를, 밤에는 목욕을 했던 곳이란다. 다음 목적지인 시원한 얼음골 숲이 우리를 반겨 맞아준다. 안내판의 설명에 따라 숨을 크게 한번 들이쉬니 땀으로 범벅이 된 내 몸속 깊은 곳까지 얼음골의 시원함이 전해지는 느낌이다.

어느덧 오늘 코스의 반을 지나는 지점인 쉬어가는 숲에 이르러 차가운 약수로 목을 축이고 잠시 명상에 잠긴다. 이어지는 맨발로 걷는 구간에서는 부드러운 흙길을 살며시 밟으며 멀리서 들려오는 새소리와 매미 소리 반주에 맞춰 나도 모르게 흥얼거린다. 졸졸 흐르는 계곡 물소리에 맞춰 물봉선들이 활짝 웃고 있고, 밤나무 숲에 다다라 맹수사 샛길로 길을 돌려 내려오니 쭉쭉 뻗은 나무 아래 보랏빛 맥문동꽃들이 만개해 있다. 여름 햇살 아래 꽃들이 활짝 피어 여기저기 산호랑나비들이 꿀을 찾아 헤맨다.

멋진 작품과 아름다운 자연이 함께하는 과천현대미술관

동물원을 벗어나 미술관 입구로 들어서니 확 트인 야외조각장이 있는 푸른 정원이 눈에 가장 먼저 들어온다. 정원 한가운데 서서 뭔가를 계속 중얼거리는 조각상은 과연 무슨 말을 하고 있는지 궁금하다. "반갑습니다! 어서 오세요~" 아마도 반갑게 관람객들을 맞아주는 소리가 아닐까 싶다. 미술관 안으로 들어서니 우리에겐 친숙한 작품인 백남준의 비디오탑 '다다익선'이 천장을 찌를 듯 우뚝 서 있다. 1988년 서울올림픽을 기념하여 만든 작품으로 개천절인 10월 3일을 상징하는 1,003대의 텔레비전 수상기를 원형으로 쌓아 완성한 비디오아트의 대작이다.

다시 야외조각상들이 있는 정원으로 이동해서 푸른 초원으로 달려가고 싶어 하는 붉은 적토마를 사진에 담고 파란 하늘과 잘 어우러진 여러 조각상을 하나하나 감상하며 걷는다. 나무 그늘 밑 벤치에서 도시락을 먹으며 즐거워하는 아이들의 해맑은 표정이 아름답다. 이 모습에 우리 아이들과 함께 미술관 옆 동물원에서 즐거웠던 지난 여름날의 추억들이 떠올라 나도 모르게 입가에 미소가 드리워진다. 야외정원에 있는 카페에서 시원한 커피와 함께 주변 풍광을 감상하며 대공원 일정을 마무리한다.

tip

삼림욕장 코스는 총 4개 구간으로 구성되어 있는데 중간중간에 샛길이 있으므로 체력이나 시간을 고려해서 선택하면 된다. 계단을 오르는 것이 부담스럽다면 평지인 동물원 외곽길을 걷는 것도 좋다.

재미있는 꽃 이야기

물봉선: 이름에 '물'자가 붙은 것처럼 습기를 좋아해서 졸졸 계곡물이 흐르는 소리가 들리는 곳에 가보면 볼 수 있다. 열정을 떠오르게 하는 자주색의 꽃이 피며 꽃의 색깔에 따라 노란 물봉선이나 흰 물봉선도 있다. 꽃자루에 달린 꽃이 예쁘고 특이해서 옆에서 보면 나팔을 연상시키는 재미있는 모양이다. 꽃이 지고 난 후 열매가 봉선화 연정의 노랫말처럼 손을 대면 톡 하고 튀어나온다.

가을 단풍의 절경과 함께하는

국립수목원 숲길

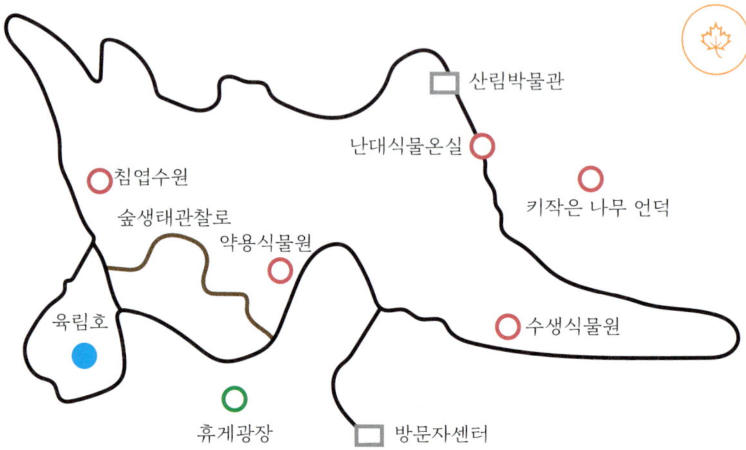

난이도 하 분류 공원 계절 가을

코스 입구 - 수생식물원 - 난대식물온실 - 침엽수원 - 육림호 - 약용식물원 - 입구

길이 7km(순환코스) 시간 3시간

출발지점 국립수목원 방문자센터; 경기 포천시 소흘읍 광릉수목원로 415

주차장 국립수목원주차장

광릉(光陵)은 조선 제7대 왕인 세조와 정희왕후 윤씨의 능으로 유네스코 세계유산으로 등재된 조선왕릉 중 하나이다. 광릉과 인접한 국립수목원은 소중하고 아름다운 광릉숲 보전대책의 성과 있는 추진을 위하여 신설된 국내 최고의 산림 연구기관이다. 우리나라 최대의 산림 보고인 광릉숲은 그 가치를 인정받아 2010년 유네스코 생물권 보전지역으로 선정되었다.

곱게 물든 단풍과 함께
다양한 식물원이 이어지는 수목원길

광릉 숲을 보기 위해 방문 날짜를 미리 잡고 30일 전에 일찌감치 예약한다. 장맛비 같은 가을비가 연일 내려서 걱정을 많이 했지만, 다행히 해님이 반겨준다. 도착해서 예약 확인을 하고 입구로 들어서니 붉게 물든 단풍길이 우리의 발길을 이끈다. 어르신 한 분이 작품 사진을 만드시느라 열중이다. 우리를 보시더니 단풍이 아름다운 곳을 한 수 가르쳐 주신다.

수생식물원으로 들어서니 호수 위의 식물들이 수면에 비친 구름과 어우러져 갈대 양탄자를 타고 하늘을 날 듯하다. 화목원 길에는 노랗게 물든 은행나무 가로수들이 가을바람에 낙엽을 뿌리며 자태를 뽐낸다. 관목원으로 들어서니 언덕 위의 나무들이 우리를 오라 손짓한다. 나무 계단을 한 걸음씩 옮겨 전망대에 오르니 한 폭의 멋진 풍경화가 눈에 들어온다.

난대식물 온실에 들어서니 화려한 색감의 보랏빛 꽃들과 사뿐히 나비가 내려앉은 하얀 꽃들의 축제가 한창이다. 한편에는 식물표본 액자들이 전시되어 계절을 넘어선 꽃들을 감상하는 재미가 쏠쏠하다. 소리 정원에서는 새들의 노랫소리와 어우러진 졸졸 개울물 소리와 솔솔 부는 바람 소리를 감상하며 잠시 발걸음을 멈춘다. 산토끼, 뱀, 애기족제비, 참새발, 왕지네, 과연 이들이 무엇일까? 양치식물원에 있는 다양한 고사리들의 이름이다. 희귀식물 보존원에는 백두산이나 한라산, 울릉도에만 있는 희귀식물들이 이곳으로 이사를 왔다.

울긋불긋 단풍과
푸른 전나무 숲이 아름다운 수목원 숲길

초록 모자를 눌러 쓴 쭉쭉 뻗은 키다리 나무들과 사이사이에 붉게 물든 단풍나무들이 만들어준 단풍 수채화를 감상하며 광릉 숲길 여행을 시작한다. 예전에 산림동물원이 있었던 곳에 가까워지니 백두산 호랑이와 곰들의 모습이 아련히 떠오른다. 백두산 호랑이 앞에서 호랑이를 배경으로 사진을 찍으며 저마다 용맹함을 과시하던 사내아이들이 지금쯤은 어디에 있을지 궁금해진다. 아름다운 오솔길 옆 나무 의자에 앉아 잠시 휴식에 잠긴다.

전나무 숲길로 들어서니 수목원 가을 단풍의 아름다움에 건강한 숲 향기가 더해져 마음을 더욱 가볍게 해준다. 푸른 하늘의 하얀 뭉게구름들은 전나무 뒤에 몸을 숨기며 숨바꼭질을 하잔다. 육림호 호수를 천천히 한 바퀴 돌아보다 붉게 물든 호수면 위에 가을 하늘이 만들어낸 환상의 작품을 넋 놓고 바라본다. 호수길 끝에는 기념식수로 심어졌던 웅장한 은행나무 한 그루가 푸른 하늘을 배경으로 모델이 되어준다.

넓은 휴게광장에는 나들이 온 아이들이 낙엽을 밟고 뛰놀며 시간 가는 줄 모른다. 나무 밑에서는 가지런히 늘어선 노란 가방들이 주인들이 오길 기다리며 줄을 서 있다. 숲 생태 관찰로에서 공부를 열심히 하고 나니 숲의 소중함과 고마움이 마음속 깊이 살아난다. 관찰로 중간에는 지난 태풍의 피해 현장을 그대로 보존하여 자연의 경이로운 현상을 보여준다. 마지막으로 아담하게 꾸며놓은 어린이정원을 둘러보고 3시간여의 일정을 마감한다. 점심시간이 지난 시간에 시장을 반찬 삼아 잘 차려진 광릉돌솥밥으로 천고마비의 계절을 만끽한다.

tip

국립수목원은 반드시 사전예약이 필요하며 화요일에서 토요일까지 입장이 가능하다. 국립수목원 홈페이지에 들어가면 식물교실 등 다양한 교육프로그램에 대한 정보를 알 수 있으니 시간이 되면 관심 있는 프로그램에 참여해도 좋다.

생활 속 건강상식

꾸준한 걷기 운동은 심장을 튼튼하게 한다. 걷기는 대표적 유산소 운동으로 관절에는 큰 무리가 없고, 심장혈관과 근골격계를 강화해 심장병을 예방한다. 따로 운동 시간을 내기가 어렵다면 출퇴근 시간에 조금씩 걷는 것만으로도 효과가 있다.

태고의 아름다운 풍경을 고이 간직한

두물머리 물래길

난이도 하 분류 강 계절 가을

코스 입구 - 느티나무쉼터 - 두물경 - 갈대쉼터 - 양수대교 - 양수역 - 세미원 - 입구

길이 8km(순환코스) 시간 3시간

출발지점 두물머리 입구; 경기 양평군 양서면 양수리

주차장 두물머리느티나무주차장 / 두물머리공영주차장

두물머리는 남한강과 북한강이 만나 하나가 되는 곳이라 하여 붙여진 이름이다. 인기 드라마에 등장하여 더욱 유명해진 두물머리는 400년 수령을 자랑하는 느티나무와 황포돛배로 경치가 아름다워 한편의 수묵화를 보는 느낌이다. 요즘같이 일교차가 심한 날씨에는 신비로운 아침 물안개까지 볼 수 있어 사진 동호인들 사이에서도 최고의 출사지로 손꼽힌다.

한 폭의 아름다운 수묵화를 떠올리게 하는 두물머리 길

아침 물안개 위로 떠오르는 멋진 일출을 보기 위해 새벽부터 서둘러서 양수리로 향한다. 해가 뜨기 전에 여유 있게 도착했다고 생각했으나 좋은 자리에는 벌써 자리 잡은 사진작가들이 수두룩하다. 수면 위로 피어오르는 하얀 물안개를 사진에 몇 장 담아보며 해님이 나타나길 기다린다. 잠시 후 강 너머 푸른 하늘을 붉게 물들이더니 산 능선 위로 머리를 삐죽 내밀며 반갑게 인사한다. 붉게 물든 강물 위의 황포돛배와 물에 잠긴 고사목의 나란히 선 풍경은 보는 사람들을 황홀경에 빠지게 한다.

두물머리의 명물인 커다란 사각 액자 포토존에서 강물과 나무를 모델 삼아 작품을 몇 개 만들어 본다. 예전에는 나루터였던 이곳은 겸재 정선 선생이 독백탄을 그린 명소로 태고의 아름다움이 그대로 간직된 소중한 곳이다. 산책로를 따라 넓게 트인 두물경 광장에 다다르니 바닥에 그려진 해동지도가 눈길을 끈다. 강가에는 바람에 따라 춤추는 금빛 물결의 갈대들이 화려한 조명 아래 자태를 뽐내며 늘어서 있다.

연구소 담장길을 따라 길가의 코스모스들을 만나고 나니 강 위에 비친 양수대교가 기다린다. 가을을 알리는 낙엽들이 떨어져 쌓인 환경생태공원에는 가을의 향기가 가득하다. 철교로 올라 자전거 도로를 따라 양수역으로 발길을 옮긴다. 화창한 가을 날씨를 즐기려고 나온 자전거 애호가들이 행복한 표정으로 길을 앞서간다. 시골의 한적한 풍광 속의 배추밭에는 김장철이 다가왔음을 알리듯 속이 꽉 찬 배추들이 일렬로 늘어서 있다.

맑은 물과 예쁜 꽃의 아름다운 조화로 만들어진 세미원

양수역 앞에 갈대밭 나무 데크 길로 들어서니 황금빛 갈대 사이로 누런 소시지 같은 열매가 달린 부들이 눈에 들어온다. 데크 길이 끝나고 흙길로 바뀌니 흰 들국화들이 길가에 늘어서 우리를 응원해준다. 은행나무 밑 벤치에는 노란 나뭇잎 방석이 오는 사람을 기다린다. 길을 건너 세미원 찻집으로 가서 차 한 잔의 여유를 즐기며 잠시 휴식 시간을 갖는다.

태극 문양의 세미원 입구를 지나 시냇가의 징검다리를 건너니 분수대가 보인다. 자세히 보니 항아리로 만들어진 장독대 분수다. 숨 쉬는 도자기인 옹기는 물을 정화시켜 주는 의미도 있고 옛날 어머니들이 장독대 앞에서 자손을 위해 빌던 그런 의미를 담아 만들어졌다. 여름에는 아름다운 연꽃들이 가득할 연못에는 앙상한 가지와 꽃대만이 남아 있지만 나름 멋스럽다. 소풍 나온 아이들은 낙엽을 밟으며 신나게 뛰놀고 있다.

마음을 씻는 길인 세심로(洗心路)의 바닥은 돌로 만든 빨래판이다. 주변의 아름다운 풍광을 감상하며 천천히 걸으면서 마음을 정화시키라는 의미다. 물을 보며 마음을 씻고 꽃을 보며 마음을 아름답게 하라는 세미원의 가르침이 담긴 길이다. 세심로가 끝나면 두물머리로 건너갈 수 있는 배를 이어서 만든 배다리가 나타난다. 상춘원에 들어가서 봄의 정기를 느끼고 금강전도를 돌로 만들었다는 조형물을 감상하는 것으로 오늘의 걷기 일정을 마감한다.

tip

세미원에는 연꽃문화 체험교실 등 교육프로그램이 있어 예약 후 이용이 가능하다. 세미원 홈페이지에서 연꽃문화제나 수련문화제 행사 시기를 확인 후 방문하면 아름다운 연꽃과 수련을 감상할 수 있다.

생활 속 건강상식

꾸준한 운동은 치매 예방에 효과적이다. 노년기가 되기 전부터 평소에 지속적으로 운동을 한 사람은 치매 발생 확률이 많이 감소한다. 운동을 하게 되면 뇌로 전달되는 혈류의 흐름이 더욱 좋아지기 때문이다.

깊어가는 가을 속에 멋진 단풍이 어우러진

화담숲 단풍길

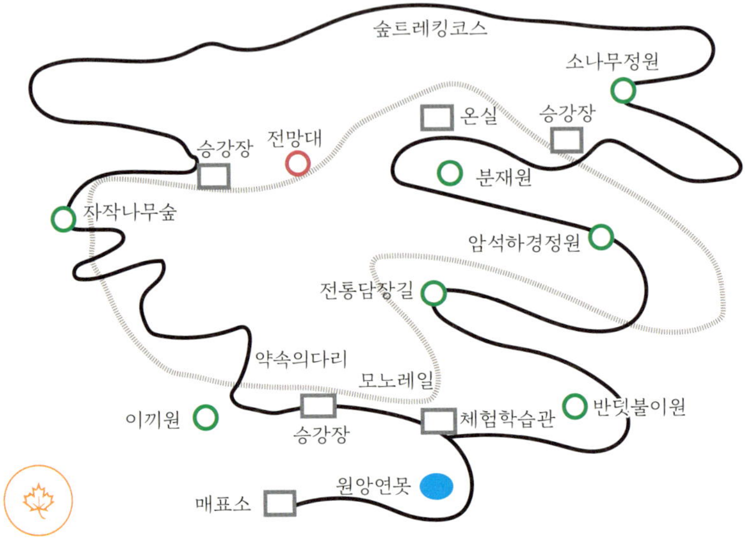

난이도 중 분류 공원 계절 가을

코스 입구 - 원앙연못 - 이끼원 - 약속의다리 - 자작나무숲 - 숲트레킹 - 소나무정원 - 분재원 - 전통담장길 - 반딧불이원 - 입구

길이 7.5km(순환코스) 시간 3시간

출발지점 화담숲 매표소; 경기 광주시 도척면 도척윗로 278-1

주차장 화담숲주차장

가을이 절정으로 넘어가는 시기에 가을의 상징인 아름다운 단풍을 감상하며 건강한 숲길을 걸을 수 있는 곳으로 화담숲이 적격이다. 화담숲은 약 5만 평의 면적에 16개의 테마원과 다양한 동식물이 공존하는 수목원으로 사계절 언제든지 방문하기 좋은 곳이다. 이곳을 세우신 설립자분의 취지대로 일상의 피로를 날려버리고 재충전할 수 있는 건강숲길이다.

가을의 아름다운 단풍과
은빛 자작나무가 어우러진 산책길

단풍철 주말에는 사람들이 많이 몰리는 것을 고려해서 이른 아침부터 서둘러서 화담숲으로 향한다. 매표소로 향하는 길에서부터 가을의 단풍 감성이 가득하여 나도 모르게 발걸음이 빨라진다. 수목원으로 들어서자 이곳에 오는 손님들을 반겨 맞아주는 천년 화담송이 멋진 자태를 뽐내며 인사한다.

모노레일 승강장에 나이 지긋한 어르신들과 미소 가득한 아이들이 엄마 손을 꼭 잡고 애타게 기다리고 있다. 이끼원 옆으로 지그재그로 만들어진 나무 데크를 따라 맑은 공기를 마시며 천천히 발걸음을 옮긴다. 계곡을 건너가는 하트 모양의 빨간 약속의 다리에는 함께 온 부부와 연인, 친구들이 사랑의 징표를 남기느라 정신없다. 온 세상을 물들인 단풍과 어우러진 다리의 멋진 풍광은 한 폭의 아름다운 수채화로 다가선다. 다리에서 바라본 단풍 위로 우리 부부의 예쁜 그림자가 드리워진 사진을 작품으로 만들고 산길로 향한다.

탐매원 탐방길의 거대한 물레방아는 자기 몸을 열심히 돌려 생산한 전기로 지나는 사람들의 눈길을 끈다. 언덕을 오르니 저 멀리서 은빛 자작나무들이 늘어서 우리를 빨리 오라고 손짓한다. 아직은 유명한 자작나무숲에 비하면 나무들이 어리긴 하지만 이들도 언젠가는 울창한 숲을 만들어줄 것을 기대해본다. 전망대에 도착해서 커피 한 잔의 여유와 함께 아름답게 물든 화담숲의 전경을 천천히 감상한다.

황홀한 색감의 단풍 풍광을 감상하며 걷는 화담숲 단풍길

숲 산책길로 들어서니 출발점부터 붉은 단풍나무들을 중심으로 가을옷으로 갈아입은 다양한 나무들의 색감이 어우러져 멋진 단풍길을 만든다. 산길을 오르는 동안 황홀한 단풍 풍경에 나도 모르게 흠뻑 빠져 사진기의 셔터를 정신없이 눌러댄다. 정상 쉼터를 지나 나지막이 내려가는 하산길에는 야자매트가 길을 따라 S자로 깔려 있다. 하산길의 작은 여유와 미끄럼 방지를 위해 S자로 했으리라는 상상을 하며 매트를 따라 발걸음을 옮긴다.

소나무 정원에 들어서니 숲길에서는 볼 수 없었던 수많은 인파가 눈앞을 가득 메운다. 멋진 자태의 소나무들은 서로 자기를 모델로 찍으라는 듯 지나는 사람들을 붙잡는다. 파란 하늘과 붉은 단풍을 배경으로 나란히 서 있는 한 쌍의 나무가 내 작품의 모델이 되어준다. 연못 속 비단잉어와 수면 위에 비치는 아름다운 풍경을 찍으려는 사람들이 연못 앞에 줄지어 서서 기다린다.

분재원에는 신비하고 고귀해 보이는 분재들이 셀 수 없이 전시되어 지나는 사람들의 감탄을 자아낸다. 장미원과 수국원에는 가을의 상징인 국화들이 산책길을 화려하게 꾸며 지나는 사람들의 발걸음을 가볍게 해준다. 낙엽 가득한 반딧불이원과는 여름 방문을 약속하고 마지막 추억의 정원길에서는 옛 추억을 되새기며 출구로 향한다. 이곳 곤지암의 명물인 소머리국밥을 먹으며 3시간, 만 3천 보의 행복한 걷기를 마무리한다.

tip

가을 성수기에는 온라인 사전예약제이므로 방문 전 홈페이지에서 확인 후 예매가 필수다. 어르신이나 어린이와 함께라면 모노레일을 이용한 다양한 코스의 선택이 가능하다. 다양한 체험프로그램은 온라인 예약 후 이용할 수 있다.

생활 속 건강상식

걷기는 나이가 들면서 발병이 증가하는 고혈압에도 아주 좋다. 꾸준한 걷기 운동으로 혈액 순환을 증진시켜 수축기, 이완기 혈압을 낮출 수 있다. 또한 현대인의 고민거리 중에 하나인 복부 비만도 효과적으로 줄일 수 있다.

사계절 아름다운 풍경을 음미하며 걷기 좋은

군포 수릿길

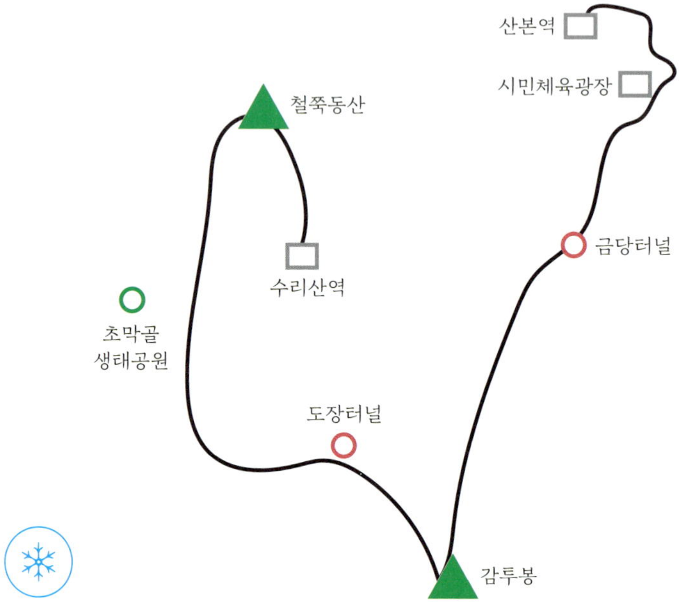

난이도 중 분류 숲 계절 겨울

코스 수리산역 - 철쭉동산 - 능내정 - 관모봉 - 밤바위정 - 산본역

길이 4km(편도코스) 시간 2시간 30분

출발지점 수리산역(3번출구); 경기 군포시 번영로 385

주차장 편도코스로 대중교통 권장(철쭉공원공영주차장 가능)

수리산은 군포시를 대표하는 산으로 엄마의 품속처럼 도시를 둘러싸고 있다. 산봉의 형상이 독수리 같아 수리산이라 하는 설도 있고, 신라 진흥왕 때 세워진 절이 신심을 닦는 성지라 하여 수리사라고 하였는데 그 후 산의 이름을 수리산이라 칭하였다는 설도 있다. 구름산책길, 풍경소리길, 바람고개길, 당숲길, 안골길, 꽃편지길 등 이름만 들어

도 아름다운 수릿길 코스는 도시의 쾌적한 산책길을 걷는 것 같다가도 어느새 정겨운 시골길을 걷는 듯한 변화무쌍함을 선사한다. 그런 만큼 사계절 언제나 걷기 좋은 길이다. 봄에는 철쭉동산과 벚꽃길, 여름에는 짙푸른 녹음으로 우거진 둘레길, 가을은 산본역 주변을 물들이는 은행나무길, 겨울에는 걷기 편한 임도로 조성된 수릿길이 좋다.

봄 햇살과 함께 드넓은 언덕을 붉게 물들이는 철쭉동산

이번에 걷는 수릿길은 4호선 수리산역을 시작점으로 철쭉동산을 거쳐 둘레길을 걸어보고 다음 역인 산본역으로 가는 일명 지하철 코스다. 수리산역에서 나와 우측으로 인도를 따라 조금 걸으니 조선 인조 때 문신인 이기조 선생의 묘가 보이고 코스의 시작인 철쭉동산이 이어진다. 아직 꽃이 피기에는 이른 시기라서 철쭉 가지에 달린 꽃봉오리들은 잔뜩 움츠려 따뜻한 봄날이 오기를 기다린다. 햇살을 많이 받은 일부 나무들은 금방이라도 꽃망울을 터뜨려서 온 세상을 붉게 물들여 줄 태세다. 철쭉이 만개하여 붉게 물든 동산에서 아이들과 함께 열심히 사진을 찍었던 모습을 상상하며 계단을 오른다.

언덕을 올라 좌측으로 난 오솔길을 따라 나무들의 호위를 받으며 슬기봉 방향으로 천천히 발걸음을 옮긴다. 산길은 해님의 사랑에 따라 다양하여 사랑을 듬뿍 받는 양지 바른길은 뽀송뽀송 말랐고 사랑이 부족한 그늘진 길은 아직도 꽁꽁 얼었다. 많은 길이 기온이 올라가면서 물을 흠뻑 먹은 질퍽한 진흙길로 변해 산책을 나온 이들이 모두 바닥만 보고 까치발을 하며 총총히 발길을 옮긴다. 상쾌한 나무의 내음을 즐기며 가파른 언덕을 오르고 올라 능내정 정자가 보이면 둘레길과 합류되는 지점이다.

능선길을 따라 자연 풍광을 음미하며 걷는 수리산 둘레길

능내정 삼거리에서 감투봉으로 방향을 틀어 능선을 따라가다 보니 감투봉에 다다름을 알려준다. 지친 다리를 잠시 쉬어가는 곳으로 잘 꾸며진 쉼터에 앉아 커피 한 잔을 마시며 여유를 즐긴다. 오래전부터 전해 내려오는 감투봉 아가씨의 슬픈 전설이 쓰인 글을 읽고 오솔길을 따라 발걸음을 옮긴다. 진흙으로 뒤범벅된 나무 계단을 조심스럽게 밟으며 낙엽 사이에 떨어져 뒹구는 밤송이들을 사진에 담아본다. 초여름이 되면 이 길은 달콤한 아카시아 향기와 함께 떨어진 아카시아 꽃잎들로 새하얀 세상으로 바뀐다.

수리산 둘레길 표지판을 따라 걸으면서 자연과 묘하게 어우러진 아파트 빌딩 숲을 감상하다 보면 운동기구들이 잘 정렬되어 있는 밤바위정이 우리를 반긴다. 조금 숨을 고르고 능선을 따라 오르니 산불감

시탑이 우뚝 서 있다. 이곳이 바로 수리산과 산본 시내를 한 번에 조망할 수 있는 전망 좋은 명소이다. 바로 아래 운동장에는 저마다의 여가를 즐기는 사람들의 활기찬 모습이 개미처럼 작게 보인다. 저 멀리 보이는 수리산의 슬기봉과 태을봉, 산본 시내 빌딩 숲과 시원하게 뻗은 도로를 배경으로 사진 작품을 만들고 얼마 남지 않은 목적지로 향한다. 마지막 계단을 조심조심 내려와 2시간 반, 4km의 수릿길 걷기를 마무리한다.

tip

매년 개최되는 철쭉축제 시기에 맞추어 철쭉동산을 방문하면 아름다운 철쭉과 함께 다양한 행사를 즐길 수 있다. 군포시청 홈페이지(http://www.gunpo.go.kr)에서 문화관광 – 테마명소에서 수릿길 자료를 볼 수 있다.

재미있는 꽃 이야기

노루발: 산속 그늘진 곳에서 자라는 여러해살이풀로 사계절 내내 푸르름을 유지한다. 노루발은 봄에 하얗게 피는 작은 꽃 모양이 노루 발굽을 닮아서 붙여진 이름이다. 작고 가냘픈 노루발꽃은 유심히 보지 않으면 지나치기 쉬우나 뿌리를 뻗으면서 옆으로 퍼져나가므로 군락을 이뤄 피는 경우가 많다. 겨울에도 눈 속에서 푸른 잎이 그대로 달려 있다가 봄이 되면 묵은 잎이 떨어지고 새잎이 돋아나서 푸르름이 지속된다.

사계절 숲의 아름다움 속에 봄을 찾아가는

물향기수목원

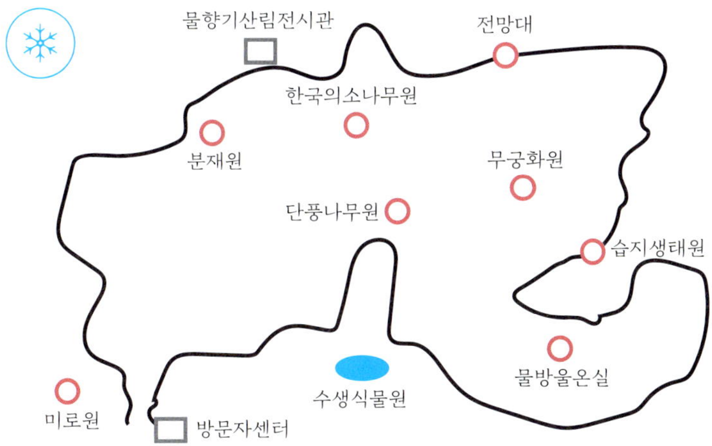

난이도 하　　분류 공원　　계절 겨울

코스 입구 - 수생식물원 - 물방울온실 - 습지생태원 - 무궁화원 - 전망대 - 소나무원 - 산림전시관 - 분재원 - 미로원 - 입구

길이 6km(순환코스)　　시간 2시간 30분

출발지점 물향기수목원 방문자센터(오산대역 2번출구); 경기 오산시 청학로 211

주차장 물향기수목원주차장

'물과 나무와 인간의 만남'이라는 주제로 만들어진 수목원이 있다. 바로 경기도 오산시에 있는 '물향기수목원'이다. 듣는 대로 맑은 물이 흐르는 곳이라 하여 생긴 이름이라고 한다. 매서운 추위로 몸을 움츠리게 했던 동장군이 물러서기 시작한 3월, 우리 가족은 이곳으로 누구보다 먼저 봄을 찾아 나선다.

온실의 화려한 꽃들과 개울가의 버들강아지가 반겨주는 길

2006년에 개장한 물향기수목원은 수생식물원, 단풍나무원, 습지생태원, 한국의 소나무원, 무궁화원 등 19개의 주제원으로 조성돼 있다. 보유하고 있는 식물은 가시연꽃과 미선나무 등 1,930여 종을 망라한다. 전철역에서 가까워 교통이 편리한 물향기수목원으로 봄나들이를 떠나기로 하고 느긋하게 전철에 오른다. 오산대역에 내려 계단을 향해 걸으니 역 이름부터 부제가 물향기수목원이다.

입구에 들어서니 나무를 다듬어 만든 공작, 딱따구리 등 각종 조각품이 우리를 맞이한다. 길을 따라 예술가들이 아름다움을 노래하고 시를 쓴 글귀들이 어울려 있다. 우리도 이곳에 서서 김소월의 '진달래꽃'을 합창으로 읊어본다. 아직은 황량해 보이는 수생식물원 호수 위에는 철새들이 무리를 지어 노닐며 적막함을 달래주고 있다.

물을 형상화해 만든 물방울온실에 들어서니 계절이 철을 잊은 듯하다. 사계절 내내 만날 수 있는 아열대 식물들이 저마다 화려한 색을 자랑하며 피어 있다. 폭포와 연못, 푸른 야자수 나무와 바나나 나무까지 밀림이 따로 없다. 한쪽에는 작은 사막을 연상시키는 선인장들이 늘어서 있다. 온실을 나와 습지생태원 길을 따라 걸으니 양지바른 개울가에 갯버들이 뽀송뽀송 솜털을 드러낸다. 가장 먼저 봄소식을 알려주는 봄의 전령사들이다. 어릴 적 버들강아지로 장난치던 나의 모습을 떠올리며 입가에 미소를 짓는다.

사계절 숲의 위대함을 오감으로 느끼는 물향기산림전시관

무궁화원을 지나니 우거진 소나무들 사이사이로 봄 소풍을 나온 가족들이 둘러앉아 있다. 숲속 쉼터에 마련돼 있는 나무탁자에 둘러앉아 우리 가족도 커피와 간식을 먹으며 '쉼표'를 찍는다. 잠깐의 휴식 후 전망대를 올라 경치를 감상하고 소나무들의 호위를 받으며 호습성 식물원으로 향한다. 저 멀리 숲속에서 자연탐방을 나온 아이들이 낙엽 밑, 돌 틈에서 무엇인가를 부지런히 찾고 있다. 아마도 동심의 세계에서만 찾을 수 있는 보물일 것이다.

아름다운 숲속에서 교향악을 감상하기 위해 물향기산림전시관으로 들어선다. 수백 년 살아온 나무의 나이테가 세계의 역사와 한국의 역사를 보여주고 있다. 물향기수목원의 사계를 담은 사진전도 인상적이다. 사진을 보니 이곳에 계절별로 찾아와 나무와 꽃의 향연을 함께하고 싶은 마음이 몽글몽글 피어오른다.

숲의 향기와 맛, 소리와 감촉을 인간의 오감으로 느끼게 해주는 전시실도 눈길을 끈다. 피톤치드향을 직접 맡아보니 정신이 맑아지는 느낌이다. 아기자기하고 예쁘게 꾸며진 분재원을 지나 작은 나무 조각들을 깔아 놓은 길을 밟아본다. 이어서 나무로 벽을 만들어 미로를 만든 미로원이다. 가운데 목표점이 나무 사이사이로 보이지만 길은 생각만큼 찾기 쉽지 않다. 마지막까지 나무 조각상의 배웅을 받으며 물향기수목원에서 만난 봄과의 재회를 소망해 보며 3시간여의 일정을 마감한다.

tip

숲해설가의 해설프로그램과 다양한 체험학습 프로그램이 있어 예약 후 이용이 가능하다. 계절에 따라 다양한 야생화를 감상하거나, 곤충생태원에서 자연학습을 할 수 있어 가족 나들이에 아주 좋다.

재미있는 나무 이야기

갯버들(버들강아지): 양지바른 냇가나 강가에서 흔히 자라나는 갯버들은 겨울 추위를 뚫고 나와 봄소식을 알려주는 봄의 전령사다. 햇살을 받아 더욱 찬란하게 빛나는 병아리 솜털처럼 보송보송한 은빛 털은 지나는 사람들에게 한 번쯤은 만져보고 싶게 한다. 버들강아지라는 이름은 바람에 살랑살랑 흔들리는 모양이 강아지의 꼬리처럼 귀엽게 보인다고 하여 붙여진 이름으로 실질적으로도 갯버들보다는 버들강아지로 더 잘 알려져 있다.

PART 3

강원도

아름다운 해안 절경과 마을 풍광이 어우러진

동해 해파랑길

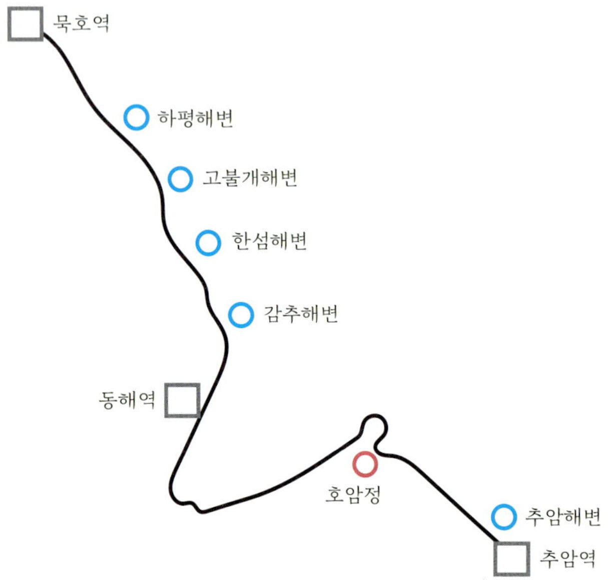

난이도 중 분류 바다 계절 봄

코스 동해역 - 호암정 - 추암해변 - 식사 후 택시로 이동 - 한섬해변입구 - 묵호역

길이 12km(편도코스) 시간 3시간 30분

출발지점 동해역; 강원도 동해시 동해역길 69

주차장 편도코스로 대중교통 권장(동해역주차장 / 묵호역주차장 이용 가능)

해파랑길은 남쪽 부산에서 동해안을 따라 북쪽 고성까지 멋진 해안을 감상하며 걸을 수 있는 길이다. '해파랑'이란 단어는 동해에 떠오르는 해와 푸르른 바다색인 파랑을 조합하여 만든 합성어이다. 해파랑길 33코스는 총길이 13.6km로 추암해변에서 동해역을 거쳐 묵호역까지 바다와 강, 숲과 함께 정겨운 마을 길이 이어진다.

푸른 강물을 따라
드넓은 동해로 이어지는 아름다운 길

KTX를 타고 종착역인 동해역에 내려서 걷기 준비를 마치고 천천히 출발한다. 일정은 코스를 반으로 나눠서 2시간씩 걷고 아이들과 함께 맛있는 식사와 이야기를 나누는 것으로 꾸민다. 해파랑길 표지판을 보고 철길 옆 샛길로 들어서니 흙내음이 느껴지는 정겨운 시골길이다. 길가에 핀 작은 민들레꽃들이 활짝 미소를 지으며 지나는 사람들을 반겨준다. 시골길이 지루해질 무렵 고가도로 밑을 지나 푸른 하천을 따라 잘 정비된 산책로로 이어진다.

전천(箭川)은 과거 두타산성에서 쏜 화살들이 이곳 하천 둑으로 가득히 떠내려와 붙여진 이름이다. 산책로에 들어서자 강을 따라 시원하게 뚫린 길과 푸른 하늘이 어우러져 멋진 풍광을 보여준다. 강가에 핀 야생화를 주인공으로 작품을 만들고 작은 다리를 건너 바다를 향해 발걸음을 옮긴다. 강가에 강태공들은 여유를 즐기며 낚시를 드리우고 좋은 소식이 오기만을 한가로이 기다린다.

하천이 바다를 만나는 지점에는 조국광복을 기념해서 세워진 호해정이 늠름한 모습으로 동해를 바라보고 있다. 언덕을 오르니 군사시설인 초소와 철조망이 길을 따라 길게 늘어서 있다. 보초를 서는 군인으로 돌아가서 철조망을 따라 오르막 내리막을 반복하면서 철조망 너머 풍경을 유심히 살핀다. 산길이 끝나고 도로를 따라 언덕을 넘으니 멀리 추암조각공원이 보이고 건너편에는 반가운 식당 간판이 눈에 들어온다.

멋진 바닷길과
아기자기한 어촌의 풍광이 어우러진 길

살이 포동포동한 대게찜과 푸짐한 해물로 배를 채우고 추암해변으로 향한다. 해변 입구 모래밭에는 청둥오리들이 경주하듯 뒤뚱뒤뚱 걸으며 데이트 중이다. 일출 명소 중에 하나로 애국가의 배경 화면으로도 등장하는 촛대바위의 독존적 모습이 정말 아름답다. 언덕을 올라 출렁다리 전망대에서 바라보이는 동해 풍경에 감탄을 연발하며 조심스럽게 다리로 전진한다. 유리 바닥 아래로 내려 보이는 바다를 신기한 듯 바라보는 아이의 모습이 진지하다.

조각공원을 나와서 동해역을 지나 감추해수욕장 입구까지는 택시로 이동한다. 도로 옆 바닷바람을 막아주는 해송들 사이로 반가운 해파랑길 표시가 보인다. 향긋한 숲 내음과 함께 소나무 낙엽들이 만든 푹신한 오솔길이 이어진다. 숲길이 끝나고 도로 옆 산책로를 걸으며 나무에 핀 꽃을 모델 삼아 열심히 셔터를 누른다. 정자가 있는 언덕으로 올라가 바다를 배경으로 가족사진을 남기고 천천히 바다 내음을 음미한다.

철길을 건너서 하평해변을 지나 부곡돌담마을 해안숲공원에서 시간의 여유로움을 맘껏 즐긴다. 솔방울을 가지고 멀리 던지기도 하고 발로 차서 맞추기도 하면서 가족 모두 동심으로 돌아간 느낌이다. 어릴 적 추억을 떠오르게 하는 정겨운 마을 골목길을 따라 걸으니 묵호항역의 돌하르방이 우리를 맞아준다. 골목길 여행을 마치고 저녁으로 해물찜을 맛있게 먹으며 즐겁고 행복한 걷기를 마무리한다.

tip

시간 여유가 있으면 묵호항 북측에 있는 논골담길 벽화마을과 도째비골 스카이밸리를 들러 멋진 전망을 감상해 보는 것을 추천한다. 가족들과 강릉역에서 삼척해변역까지 운영하는 바다열차를 타보는 것도 좋다.

재미있는 꽃 이야기

큰개불알풀(큰봄까치꽃): 이른 봄에 들이나 길가를 자세히 보면 코발트색의 작은 꽃들이 군락을 이뤄 피어 있는 것을 볼 수 있다. 열매가 맺힌 두 쪽 모양이 개의 음낭을 닮았다고 해서 붙여진 이름이다. 아름다운 꽃을 가진 식물의 이름이 어감이 나빠 봄소식을 알려주는 반가운 꽃이라는 의미로 큰봄까치꽃으로 불린다. 꽃말은 봄까치꽃이라는 이름에서 연상할 수 있는 '기쁜 소식'이다.

아름다운 꽃들과 멋진 풍광이 어우러진 숲길

산우에 바닷길

난이도 상 분류 산/바다 계절 봄

코스 정동진역 - 183고지 - 당집 - 패러글라이딩활공장 - 안인해변 종점

길이 9.4km(편도코스) 시간 4시간 30분

출발지점 정동진역; 강원 강릉시 강동면 정동역길 17

주차장 편도코스로 대중교통 권장(정동진역공영주차장 이용 가능)

해파랑길은 동해의 떠오르는 해와 푸른 바다를 길동무 삼아 함께 걷는다는 뜻으로 이름만 들어도 푸르름이 느껴진다. 해파랑길 36코스는 총길이 9.4km로 정동진역에서 안인해변까지 산길로 이어지는 코스로 이름도 '산우에 바닷길'이다.

아름다운 초록 봄단풍과 야생화들을 감상하며 걷는 숲길

정동진역에 내리니 바다가 바로 보이는 역사에 외로이 서 있는 나무 한 그루가 오는 손님들을 정겹게 맞아준다. 정오를 지나지 않은 시간이지만 이곳의 명물인 초당순두부로 맛있게 점심을 먹고 오늘의 산행 준비를 단단히 한다. 산우에 바닷길이라는 예쁜 이름과는 달리 출발지점부터 급한 경사로 돌계단이 이어지며 험난한 코스임을 경고한다. 하지만 아름다운 숲길로 바로 들어서니 맑은 숲속 공기와 산바람이 불어와서 발걸음을 가볍게 해준다.

길가에 예쁘게 핀 연분홍의 산철쭉꽃은 신비한 자태로 지나는 사람들의 눈길을 사로잡는다. 자연조명인 햇빛을 받은 나무들은 연초록 터널을 만들어 멋진 산책로가 되어 준다. 낙엽 사이사이로 조심스럽게 고개를 내민 보라색 각시붓꽃이 모델이 되어주고 노란 뱀딸기 꽃들도 우리에게 손짓한다. 능선에서 바라다보는 산들의 색상이 정말 다양하다. 얼핏 보면 초록이지만 연한 초록에서부터 진한 초록까지 조금씩 다른 색감으로 산이 물들었다. 가을 단풍처럼 화려하지는 않지만, 초록으로 물든 경치를 보고 내가 만든 신조어는 '봄단풍'이다.

쉬지 않고 걷기를 이어가서 출발 2시간 만에 첫 번째 갈림길인 제1 삼거리에 도착한다. 천천히 숨을 고르며 언덕을 오르니 본격적으로 등산을 하는 코스로 나무 기둥과 밧줄로 만든 난간이 길을 안내한다. 이름을 알 수 없는 산봉우리에서 먼 산을 배경으로 추억을 남기고 난간에 의지해서 조심조심 발걸음을 옮긴다. 소나무 숲길을 지나 갑자기 길이 넓어지면서 주변이 환해지더니 다시 오솔길로 바뀌고 중간 지점인 당집이 나타난다.

푸른 바다와 산세가 어우러진 멋진 전망이 인상적인 숲길

당집 옆에 마련된 의자에 앉아서 커피 한 잔을 마시며 잠시 휴식을 취하고 기념사진도 남긴다. 사거리 교차점에서 약간은 가팔라 보이는 언덕으로 직진해서 오늘 코스의 최고점인 괘방산 전망대로 향한다. 턱 끝까지 차오르는 숨을 가다듬으며 전망대에 오르니 멋진 선물이 우리를 기다린다. 정동진 해안과 멋진 건물들이 주인공이고 푸른 바다와 초록 산림이 배경이 되어 영화의 한 장면처럼 아름다운 풍광을 만든다.

나무계단을 따라 다시 숲길로 들어서니 길가에 고개를 숙인 하얀 꽃들이 지나는 사람들의 궁금증을 자아낸다. 예쁘게 사진을 찍어 네이버에 물어보니 귀여운 이름의 애기나리란다. 숲길을 벗어나 커다란 바위들이 늘어선 삼우봉에서 끝없이 펼쳐지는 푸른 바다를 바라보며 명상에 잠긴다. 봉우리에서 내려가는 길에 반대편에서 올라오는 아이의 반가운 인사를 받으니 쌓인 피로가 눈 녹듯 사라진다.

소나무들의 호위를 받으며 산성길을 지나 숲길로 들어선 길가에는 보랏빛 제비꽃들이 바람에 몸을 맡겨 손 흔들며 인사한다. 넓은 활공장에서 바라다보이는 황홀한 풍광에 당장이라도 행글라이더를 타고 뛰어내리고 싶은 마음이 가득하다. 마지막 쉼터 주변에 만발한 붉은 줄딸기꽃들을 보고 상상 속의 산딸기에 나도 모르게 침이 넘어간다. 종착점까지 무사히 5시간여의 걷기를 마치고 강릉으로 가서 맛있는 회국수로 걷기 일정을 마무리한다.

tip

시간 여유가 있으면 정동심곡바다부채길을 들러 멋진 바다와 기암괴석을 감상해 보는 것을 추천한다. 가족들과 정동진역 주변 공원과 박물관을 둘러보거나 레일바이크를 타보는 것도 좋다.

생활 속 건강상식

운동으로 근육이 뼈를 잡아당길 때 뼈를 자극하여 골밀도를 증가시키고 뼈 조직의 재형성을 촉진하여 뼈를 튼튼하게 해준다. 꾸준한 운동을 통해 뼈와 관절을 지지해주는 근육을 강화시키는 것은 관절 손상과 골절 예방에도 효과적이다.

웅장한 산맥과 푸른 바다를 함께 품은 길

/

강릉 바우길

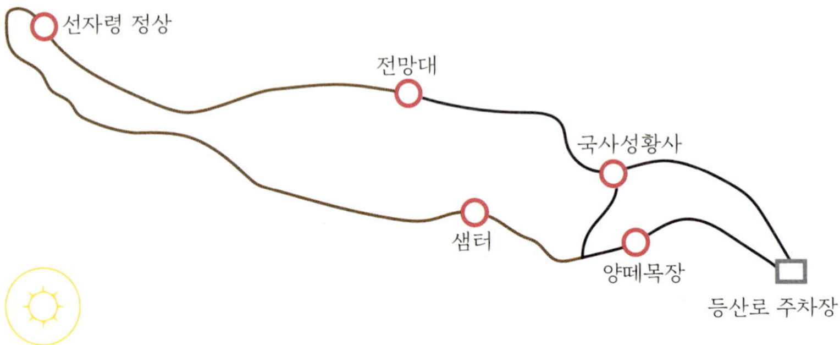

난이도 중 분류 숲 계절 여름

코스 주차장 - 양떼목장 - 국사성황사 - 전망대 -국사성황사 - 주차장

길이 5.5km(회귀/순환코스) 시간 2시간 30분

출발지점 신재생에너지전시관주차장; 강원 평창군 대관령면 경강로 5754

주차장 신재생에너지전시관주차장 / 대관령 마을휴게소주차장

바우는 바위를 가리키는 강원도 말로 사람을 친근하게 부를 때 감자바우라고 부르는데서 유래되었고, 다른 의미로 바우(Bau)는 바빌로니아 신화에 나오는 죽을병을 낫게 하는 건강의 여신으로 이 길을 걷는 모든 사람들이 건강해지길 바라며 이름을 지었다고 한다. 있는 길을 그대로 살리고 의미를 더한 정도로 자연에 대한 간섭을 최소화해서 조성된 길로 한마디로 날 것 그대로의 느낌이다. 바우길 코스는 총 연장 약 400km로 강릉바우길 17개 구간, 대관령바우길 2개 구간, 울트라바우길, 계곡바우길, 아리바우길로 구성되어 있다.

사연 따라 길 따라
그윽한 솔향기 가득한 바우길

바우길은 많은 구간이 금강소나무와 해송 숲길로 이루어져 그윽한 솔향기를 맡으며 주변 경치를 만끽할 수 있다. 시골 마을길을 따라 걷는 4구간 사천둑방길은 시골 내음을 느끼면서 곳곳에서 굴산사나 명주군왕릉 등 유적지를 만날 수 있다. 10구간 심스테파노길은 병인박해 때 이 길을 통해 천주교를 전파하기 위해 힘썼던 순교자를 기리는 길이고, 2구간 대관령 옛길은 신사임당이 어린 율곡의 손을 잡고 걸었고 송강 정철이 이 길을 걸어 관동별곡을 썼던 유서 깊은 길이다. 자연의 아름다움과 함께 역사와 문화의 향취를 느끼며 뜻깊은 시간을 보낼 수 있는 코스다.

바우길의 모든 코스가 욕심이 나긴 했지만 구 영동고속도로 대관령 휴게소 신재생에너지 전시관에서 시작하는 순환 코스인 1코스부터 걸어본다. 1코스의 끝인 선자령 정상이 해발 1,157m라는 말에 일말의 고민도 없이 포기할 수도 있다. 그러나 출발지인 신재생에너지 전시관이 해발 840m이니 실상 300m 정도만 오르면 정상이다. 특히 1코스를 거꾸로 도는 길은 비교적 바닥이 고르게 되어 있어 많이 걷지 못하는 어르신들에게 적당하다. 1코스를 모두 돌아보자면 4-5시간이 걸리므로 코스를 약간 변형하여 중간에 2구간 시작점으로 돌아서 국사성황사를 거쳐 전망대까지 다녀오는 약식코스를 선택한다.

숲길을 들며 나며 대관령을 탐하는 선자령 풍차길

신재생에너지 전시관에 차를 세우고 대관령 양떼목장 길을 옆에 끼고 돌면 출발점이다. 조용한 숲속 길로 접어들면 우뚝 솟은 소나무와 이름을 알 수 없는 야생화들이 어우러져 지나는 사람들에게 인사를 한다. 언덕을 넘어 갈대길 끝자락으로 대관령 목장지대와 잇닿아 있다. 끝이 보이지 않는 푸른 초원을 바라보며 양떼를 몰고 다니는 목동이 되는 상상의 나래를 끝없이 펼친다.

다시 숲길로 접어들면 갈림길을 알리는 표지판이 나오고 국사성황사로 방향을 틀어 성황사를 잠시 구경하면서 숨을 고른다. 계단을 올라 갈림길에서 선자령 쪽으로 콘크리트길을 따라 발걸음을 옮긴다. 흙길로 접어들어 눈을 흩뿌린 듯한 하얀 들꽃들을 헤치고 오르니 멀리 능선 위로 우리나라 최대의 풍력 단지가 시야에 들어온다. 파란 하늘을 배경으로 뭉게구름과 어우러진 커다란 바람개비들이 장승처럼

늘어서 손을 흔든다.

갈림길의 표지판에서 우측의 언덕을 따라 오르니 이번 걷기의 목표점인 전망대가 반겨준다. 기구를 타고 푸른 하늘 위에 떠서 아름다운 풍광을 감상하는 착각 속에 빠지게 한다. 초록 산봉우리 사이로 영동고속도로와 마을 풍경이 한눈에 들어온다. 휴식과 함께 추억의 사진을 남기고 되돌아서 성황사 사거리에서 대관령 방향으로 향한다. 보랏빛 개미취 군락의 환호를 받으며 대관령을 향해 나무 계단을 내려오면 종점으로 2시간 반의 걷기를 마무리한다.

tip

바우길 홈페지이지(http://www.baugil.org)에 들어가면 코스에 대한 지도와 안내가 정리가 잘 되어 있다. 각 코스의 특징을 보고 걷고 싶은 길의 선택이 가능하다. '다함께걷기' 공지를 보고 걷고 싶은 길을 함께 걸어보는 것도 좋다.

재미있는 꽃 이야기

동자꽃: 고산지대의 깊은 골짜기나 산의 정상 초원에서 자라는 여러해살이풀이다. 동자꽃들은 산을 오르는 사람에게는 곧 정상에 다다름을 암시해 발걸음을 가볍게 해준다. 눈에 잘 들어오는 주홍색 꽃잎이 우아한 자태를 뽐내며 늘어서 있다. 옛날 깊은 산속에 노승과 동자승이 살았는데 겨울에 산을 내려간 노승이 눈이 많이 와서 돌아오지 못하고 동자승이 노승을 기다리다가 죽어서 묻힌 자리에 다음 해 여름에 꽃이 피어 이를 동자꽃이라 했다는 슬픈 전설이 내려온다.

아름다운 야생화와 숲길이 만드는 천상의 화원

곰배령길

난이도 상 분류 산 계절 여름

코스 입구 - 강선마을 - 전망대 - 곰배령 정상(반환점) - 강선마을 - 입구

길이 10km(회귀코스) 시간 4시간

출발지점 점봉산산림생태관리센터; 강원 인제군 기린면 곰배령길 15

주차장 점봉산산림생태관리센터주차장

강원도 인제에 있는 해발 1,110m의 곰배령은 배를 하늘로 향하고 누운 곰처럼 생겼다 하여 붙여진 이름이다. 100여 종이 넘는 야생화들이 사시사철 피고 지고를 반복하는 야생화 천국이다. 곰배령이 자리한 점봉산은 산림유전자원 보호구역으로 지정되어 일반인의 출입은 제한적이다. 곰배령에 들어갈 수 있는 인원은 인터넷 예약 선착순으로 450명뿐이다.

숲해설가와 함께하는 나무터널

곰배령의 시작점인 설피(雪皮)마을에서 다음날 산행을 위해 숙박을 한다. 겨울에 신던 덧신인 설피란 이름이 붙은 것만 봐도 얼마나 눈이 많이 내리는 지역인지를 짐작하게 한다. 작년에도 눈이 어른 한 키는 쌓였다는 펜션 주인장의 과장 섞인 말이 그대로 미덥다. 숙소의 보일러 트는 법부터 가르쳐 주시는데, 집에서 한여름의 더위에 시달렸던 것을 생각하면 아이러니하게 느껴진다.

곰배령 입구에 있는 생태관리센터에서 신분증을 확인 후 입산허가증을 받아 숲속 여행을 시작한다. 입구에서부터 울창한 나무들로 숲그늘이 만들어진 나무터널을 따라 계곡의 물소리를 음악 삼아 천천히 걷는다. 나무 중에 나무라 할 수 있는 근육질의 서나무, 나무껍질을 섬유로 사용하여 이름이 붙여진 피(皮)나무, 나뭇잎이 2개면 가위요 이것이 소나무, 5개면 보자기 이것이 잣나무라는 숲해설가분의 열강이 귀에 쏙쏙 들어와 박힌다. 길가에 고인 물에는 알에서 부화한 도롱뇽의 유생들이 노닐고 있다.

강선마을을 지나 예쁘게 놓아진 징검다리를 건너면 본격적인 산행이다. 좁은 오솔길 양쪽으로 조릿대들이 늘어서서 반겨주고 멀리서 들려오는 작은 폭포수 소리에 발걸음이 가벼워진다. 주변의 울창하고 푸른 나무숲과 나무 아래 군락을 이룬 관중들의 행렬은 이곳이 진정한 원시림임을 말해준다. 초록빛 잎들 사이로 각양각색의 꽃들이 살포시 얼굴을 내밀고 있다. 헉헉 거친 숨소리로 숨이 턱 밑까지 찼다고 느껴질 무렵 머리 위의 나무 그늘이 서서히 사라지고 푸른 하늘이 반겨준다. 곰배령 대평원에 다다랐다는 신호다.

곰배령 대평원서 만나는 천상의 화원

곰배령 정상의 야생화 정원에는 형형색색의 야생화들이 어우러져 신이 내린 아름다운 꽃밭을 만들어 놓았다. 꽃들을 보호하기 위해 설치한 나무 데크를 따라 천천히 한 바퀴 돌며 야생화들과 어우러진 풍광을 사진에 담는다. 비록 꽃집의 꽃들처럼 화려하지는 않지만 수수하고 정겨운 꽃들의 모습은 깊은 여운을 남긴다. 예쁜 웃음을 떠올리게 하는 분홍빛의 둥근이질풀, 화려함을 뽐내는 주황색의 동자꽃, 나물로 잘 알려진 노란색의 곰취와 흰색의 참취, 보랏빛 꽃으로 길게 늘어선 긴꼬리산풀, 순백의 흰꽃을 자랑하는 어수리와 톱풀, 봉선화처럼 건드리면 씨앗이 사방으로 퍼져나가는 물봉선, 엷은 남보라빛의 수줍은 얼굴을 가진 금강초롱까지 정말 다양한 꽃들의 천국이다.

야생화들의 아름다운 세계를 맘껏 즐기고 내려오면서 시원한 산바람을 맞으니 무더위가 달아나는 느낌이다. 건강한 숲 내음을 마시며 올라갈 때 놓치고 지나간 풍경을 감상하다 보니 강선마을 입구가 나타난다. 텃밭에 빽빽이 늘어선 노란 곰취꽃들과 울타리에 핀 화려한 원추리꽃이 천상의 화원을 내려온 아쉬움을 달래준다. 입구에 있는 야생화 정원에서 예쁜 꽃 이름들을 다시 되새기며 10km, 4시간여의 행복한 일정을 마감한다.

tip

예약은 점봉산산림생태관리센터 홈페이지에서 가능하고 진동리에서 숙박을 하면 예약을 대행해 준다. 곰배령에서 나는 산나물로 만든 산채비빔밥이나 산나물전, 곰취전을 맛보는 것이 필수인데 구수한 옥수수 막걸리와 함께하면 금상첨화다.

재미있는 꽃 이야기

고려엉겅퀴(곤드레): 한국 특산종으로 7~10월에 붉은 자주빛 꽃이 피는 여러해살이풀이다. 곤드레는 바람이 불면 줄기가 이리저리 흔들리는 모습이 술에 취한 사람과 비슷하다고 해서 붙여진 이름이다. 식물성 단백질을 풍부하게 함유하고 있어 예로부터 구황식물로 사용되었다. 현재도 무침으로 곤드레나물을 만들거나 찜기에 쪄낸 후 밥 위에 올려 양념장으로 비벼 먹는 곤드레밥으로 많은 사람의 사랑을 받고 있다.

야생화들의 천상화원과 아름다운 숲길이 빚어낸

만항재길

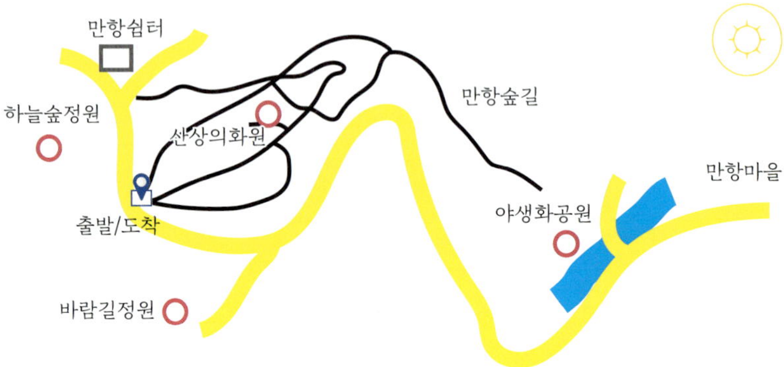

난이도 중 분류 숲 계절 여름

코스 주차장 - 산상의화원 - 만항숲길 - 야생화공원 - 만항숲길 - 산상의화원 -주차장

길이 4.5km(회귀/순환코스) 시간 2시간

출발지점 만항재주차장; 강원 정선군 고한읍 함백산로 865

주차장 만항재주차장

국내에서 자동차로 오를 수 있는 가장 높은 길이 어디일까? 가장 먼저 떠오르는 곳은 가장 높은 산인 제주도 한라산의 1,100고지다. 하지만 이보다 더 높은 곳이 강원도에 있다. 태백과 영월, 정선이 만나는 함백산 자락에 있는 만항재는 해발 1,330m로 차로 갈 수 있는 가장 높은 곳이다. 또한 한국 최대의 야생화 군락지로 많은 사람의 사랑을 받고 있다.

하늘 아래 가장 높은 길과 멋진 자연이 만들어낸 만항재

태백의 아침은 한창 무더운 요즘 날씨가 무색하게 서늘한 느낌이다. 오늘의 걷기 코스인 만항재는 한여름에도 평균기온이 21℃라니 피서지로는 국내 최고라 자부한다. 인터넷으로 이곳 정보를 알아보는 중에 여름이라도 간단한 외투를 준비하라는 말에 설마 했는데 아침저녁으로는 필수품인 것 같다.

태백시 중심가를 벗어나 꼬불꼬불 고갯길로 오르면서 차창 너머 보이는 산들의 풍광은 새벽안개에 둘러싸여 정말 아름답다. 쉼터인 오투전망대에 차를 세우고 본격적으로 경치를 감상한다. 멀리 내려다보이는 건물들이 구름을 친구 삼아 우리와 숨바꼭질하잔다. 잠시 후 구름 사이로 햇살이 나오기 시작하더니 영화의 한 장면처럼 마을 하나만을 환히 비춰 축복해준다. 운해 위로 띄워져 있는 한 폭의 산수화를 바라보며 나도 모르게 감탄의 연발이다.

고갯길을 따라 좌우 코너링을 반복하다 보니 큰길로 들어서고 만항재 표지석이 있는 만항쉼터가 반겨준다. 건너편에 아담하게 꾸며진 하늘숲 정원을 둘러보는 것이 오늘 일정의 시작이다. 축제 때에는 작은 숲속 음악회가 열리는 공연무대와 의자들은 관중들이 오기를 학수고대하고 있다. 옆으로는 함백산 사진들이 전시되어 계절마다 예쁘게 피어 있는 야생화들과 겨울의 멋진 설경을 보여준다.

어여쁜 야생화와 초록 내음의 숲길이 어우러진 행복의 길

산상의 화원 입구에서부터 시원하게 쭉쭉 뻗은 나무들이 오는 손님들을 반겨 맞아준다. 멀리서 보고 당연히 편백나무의 행렬이라고 생각하고, 가까이 가서 보니 놀랍게도 강원도의 울창한 숲에서 건강히 자란 소나무다. 정원처럼 펼쳐진 야생화들 사이로 난 오솔길을 따라서 풀내음을 음미하며 천천히 걷는다. 예쁜 꽃을 모델로 접사 사진을 찍으려고 하니 어디선가 나타난 산바람이 심술을 부린다. 바람이 잦아들기를 기다려 야생화들을 사진기에 담고 다시 뚜벅이가 되어 산상의 화원과 작별 인사를 고하고 다음 여행지로 향한다.

만항숲길로 들어서니 햇살을 받은 연초록의 나무들이 손길을 흔들며 길을 안내해준다. 머리 위로 하얀 함박꽃들이 얼굴 가득 미소를 지으며 파란 하늘을 배경으로 자태를 뽐낸다. 여기저기에서 어여쁜 나비들이 꽃들을 오가며 살랑살랑 춤을 춘다. 산새들도 노래를 하듯 지저귀면서 나무를 오가며 지나는 사람들의 눈길을 끈다. 숲길이 끝나고 언덕마루에 다다르니 확 트인 풍광이 나타나 몸과 마음을 시원하게 해준다.

산속의 정겨운 마을과 초록 산세가 어우러진 멋진 풍광을 한 컷의 사진 작품으로 남긴다. 능선 위의 거대한 풍력발전기들을 주인공으로 푸른 하늘과 하얀 구름이 어우러진 작품은 우리에게 또 다른 명작이 되어준다. 마을로 내려가는 산길은 어느새 하얀 토끼풀들로 가득하고 사이사이 이웃사촌인 붉은토끼풀들이 얼굴을 내민다. 반환점을 찍고 다시 숲길을 거쳐 출발점으로 돌아와서 2시간여의 만항재 투어를 마무리한다.

tip

매년 7월 말에서 8월 초에 함백산 만항재 야생화 축제가 열리니 미리 일정을 확인하고 맞춰 가면 다양한 먹거리와 체험을 즐길 수 있다. 등산을 좋아하면 함백산 정상 도전을 추천하고 등산이 힘들면 수마노탑이 있는 정암사를 둘러보는 것도 좋다.

재미있는 꽃 이야기

마타리: 산과 들에서 흔히 볼 수 있는 여러해살이풀로 뿌리에서 장 썩은 냄새가 난다고 하여 패장(敗醬)으로도 불린다. 마타리라는 이름은 외래어가 아닌 순수 우리말로 이름 유래의 여러 설이 있지만 좋지 않은 냄새로 인해 맛에 탈이 났다는 의미의 '맛탈이'가 마타리가 되었다는 설이 그럴 듯해 보인다. 작고 예쁜 노란 꽃은 여름에 줄기 끝에 여러 송이가 뭉쳐서 피며 멀리서 보면 하나의 꽃송이처럼 아름답게 보인다.

초록과 은빛의 조화가 빚어낸 환상의

원대리 자작나무 숲길

난이도 중　　분류 숲　　계절 가을

코스 주차장 - 안내소 - 원정임도 - 자작나무코스 - 탐험코스 - 원대임도 - 주차장

길이 8km(순환코스)　　시간 3시간

출발지점 속삭이는자작나무숲주차장; 강원 인제군 인제읍 원대리 763-4

주차장 속삭이는자작나무숲주차장

자작나무는 은백색의 화려한 외모에 하늘을 향해 쭉쭉 뻗어 가는 훤칠한 몸매를 자랑하는 나무 중의 여왕이다. 시베리아를 배경으로 하는 영화 속에 한 장면으로 하얀 눈 위에 일렬로 늘어선 자작나무 풍광은 가히 인상적이다. 추운 곳에서 자라는 자작나무는 백두산에 오

르면 가장 흔히 보이는 나무로 순수함과 고고함의 상징이다. 남한에서는 강원도 산간지방에서 볼 수 있으며 그중에서 인제 원대리는 대표적인 자작나무 군락지다.

아름다운 야생화와 신비한 곤충들이 함께하는 나들이길

휴일에 강원도로 가는 길이 막히는 것을 고려해서 서둘러 준비해서 소양호로 향한다. 자작나무숲 주차장에 도착해서도 그칠 줄 모르는 비를 잠시 원망하며 우비를 입고 나선다. 원정임도 길가에 비를 맞아서 색깔이 더욱 선명해진 야생화들과 풀잎 위에 맺혀진 물방울들을 모델로 작품을 만든다. 널따란 나뭇잎을 가만히 보니 잎 뒤로 비를 피해 붙어 있는 노린재들이 가득하다. 마치 숨바꼭질 놀이를 하며 술래몰래 숨어 있는 아이들의 모습이 연상된다.

땀과 비가 뒤섞여 습한 느낌에 우비를 벗고 우산을 쓰고 임도를 따라 오른다. 갑자기 어디선가 아주 익숙한 목소리로 나의 이름을 부른다. 대학 동창 친구가 부인과 함께 여행사 코스로 와서 벌써 숲을 둘러보고 내려가는 중이다. 안부 인사와 함께 자작나무 숲을 보러 가는 길에 대한 설명도 듣고 다음 만남을 약속하고 헤어진다. 한 걸음 한 걸음 오르면서 보니 길 위 언덕으로 자작나무들이 하나둘씩 보이며 숲이 가까워졌음을 알려준다. 왼쪽으로 작은 갈림길이 나타나고 이곳이 바로 자작나무 진입코스의 시작점이다.

화려한 은빛 자작나무들과 숲터널이 이어지는 환상의 숲길

오솔길을 따라 걸으니 멀리 보이기 시작하는 은빛 자작나무들이 열을 맞춰 일렬로 늘어서 손 흔들며 빨리 오라고 한다. '당신을 기다립니다.'라는 꽃말처럼 우리가 오기를 애절히 기다려준 느낌이다. 자작나무는 껍질이 종이처럼 하얗게 벗겨지고 얇아서 여기에 연인끼리 사랑의 글귀를 쓸 수 있는 낭만적인 나무다. 목재로서도 우수성을 인정받아 국보인 팔만대장경 중 일부도 자작나무로 만들어졌다.

눈앞에 환하게 나타난 자작나무들이 안개와 어우러져 더욱 신비스러운 풍광이다. 자작나무 사이로 난 오솔길을 주인공으로 멋진 작품을 만들어보고 우리 부부의 기념사진도 남긴다. 언덕 한편에서는 예쁜 추억의 사진을 찍느라 젊은 연인들이 셔터를 정신없이 누른다. 주변이 모두 자작나무로 채워지니 나도 모르게 감탄을 연발하며 이곳을 환상의 숲으로 부르는 것에 전적으로 동의한다. 전망대에서 아름다운 풍광을 천천히 둘러보고 광장으로 가서 자작나무로 만든 예쁜 집을 사진 속에 담는다.

돌아가는 길은 숲내음을 더 즐길 수 있는 탐험코스로 정하고 나무계단을 따라 내려간다. 계단을 중심으로 양측으로 펼쳐진 자작나무 군락이 멋지고 화려한 풍경을 보여준다. 자작나무와 아쉬운 이별을 하고 계곡을 따라 이어지는 숲터널로 접어든다. 비 온 후 계곡으로 흐르는 물소리가 시원하고 우렁차다. 나무 사이로 바삐 오가던 다람쥐가 초록 잎에 반사된 조명을 받아 온몸이 녹색으로 물들었다. 숲길이 끝나고 임도로 들어서니 길가에 핀 꽃들에 벌과 나비들이 가득하다. 안내소 광장으로 돌아와서 자작나무로 만든 조각상들을 감상하며 3시간 환상의 숲길 여행을 마무리한다.

tip

입산 가능 시간은 하절기에는 9시에서 3시까지이고 동절기에는 9시에서 2시까지다. 산불예방과 산림보호를 위해 입산 통제 기간이 있으므로 산림청 홈페이지를 통해 확인이 필요하다. 7개의 다양한 탐방로 코스가 있으니 사정에 따라 선택해서 걸으면 좋다.

재미있는 나무 이야기

자작나무: 은백색의 화려한 외모를 자랑하는 나무 중의 여왕으로 기름기가 풍부한 나무껍질은 불쏘시개로 유용하게 쓰였으며 이때 '자작자작' 소리를 내며 탄다고 해서 붙여진 이름이다. 껍질은 희고 매끄러워서 그림이나 글씨를 쓸 수 있고 잘 썩지도 않아서 오래전부터 여러 용도로 쓰여 왔다. 경주 천마총 고분에서 발견된 천마도도 자작나무 껍질을 여러 겹 붙여 만들어졌으며 팔만대장경의 일부도 자작나무로 만들어졌다.

아름드리 소나무들의 숲 기운이 가득한

/

대관령 소나무 숲길

난이도 중 분류 숲 계절 가을

코스 주차장 - 솔숲교 - 숯가마 - 대통령쉼터 - 노루목이 - 솔고개 - 솔숲교 - 주차장

길이 7.5km(순환코스) 시간 3시간

출발지점 어흘리주차장; 강원 강릉시 성산면 어흘리 351-2

주차장 어흘리주차장

대관령 소나무 숲은 1922~28년 소나무 씨앗을 직접 뿌려서 만든 대단위 숲으로 축구장 571개 규모의 크기다. 2000년 '제1회 아름다운 숲 전국대회'에서는 21세기를 위해 보존할 아름다운 숲으로 지정되었고, 2021년 5월에는 산림생태적 가치와 역사 및 문화적 가치를 인정받아 우리나라에서 처음으로 '국가 숲길'로 지정됐다.

솔 내음 가득한 아름다운 풍광에 산바람이 어우러진 숲길

출발점인 어흘리 주차장에 도착하니 사방이 산으로 둘러싸인 한적한 마을의 아름다운 풍광이 한눈에 가득하다. 안내판에서 오늘의 걷기 일정을 확인하고 바닥에 그려진 소나무 숲의 화살표를 따라 발걸음을 옮긴다. 아스팔트 도로가 끝나고 주차장 한쪽 산책로 입구부터 본격적인 숲길의 시작이다. 울창한 숲길의 길가에 핀 보랏빛 꽃향유 꽃들이 아름다운 자태를 자랑하며 꿀벌들의 사랑을 받고 있다.

오솔길을 따라 오르다가 어디선가 들려오는 우렁찬 물소리에 바라보니 커다란 바위를 타고 떨어지는 멋진 삼포암 폭포다. 어제 내린 비로 더욱 수량이 풍부해진 폭포를 사진에 담고 오르니 이어지는 2개의 폭포가 우리를 반겨준다. 계곡을 건너가는 다리인 솔숲교를 지나 가파른 언덕을 오르는 나무계단이 탐방객들을 기다린다. 계단을 오르니 아름드리 소나무들이 하늘을 향해 쭉쭉 뻗은 아름다운 풍경에 나도 모르게 감탄의 연발이다.

길가에는 하얀 들국화들이 산바람에 장단을 맞춰 춤을 추며 지나는 사람들의 눈길을 끈다. 숯가마를 지나서 대통령 쉼터 표지판을 따라 언덕을 오르니 금강송정 정자가 모습을 드러낸다. 정상에 오르면서 점점 세차게 불어오는 산바람에 아름드리 소나무의 거대한 몸체도 술 취한 듯 흔들거린다. 나뭇가지도 바람을 따라 한쪽으로만 자란 것을 보니 바람의 힘이 대단함을 한눈에 알 수 있다.

전망대의 멋진 풍광과 재미있는 이야기가 이어지는 숲길

멀리 나무로 만들어진 전망대가 보이는 것을 보니 정상인 대통령 쉼터에 거의 다다른 듯하다. 전망대에 올라 초록 숲 너머로 우리가 묵었던 호텔과 푸른 바다가 그려지는 풍경을 바라보며 차 한 잔의 여유를 즐긴다. 대통령 쉼터로 걸어가면서 과연 어느 대통령께서 이곳까지 올라오셨을까 곰곰이 생각해본다. 주인공은 노무현 대통령 내외분으로 2007년 4월에 방문하신 기록을 사진과 함께 남겨놓았다.

반대편 숲길로 내려가다가 바닥에서 천천히 움직이는 무언가를 발견해서 자세히 살펴보니 우리목하늘소다. 길가에는 빛에 따라 남보랏빛 광택이 나는 보라금풍뎅이들이 먹을거리를 만드느라 바쁘다. 풍욕대를 지나 노루목이까지 내려오는 동안 소나무들과 함께 방문기념 사진을 남긴다. 나무를 따라 오르며 붉게 물들어 가는 담쟁이들이 깊어가는 가을의 향취를 더한다. 솔고개 입구로 나와서 야영장 방향 도로를 걷다가 숯가마 쪽으로 방향을 튼다.

여기부터는 되돌아가는 코스로 올라올 때는 지나쳤던 안내문도 읽어본다. 상수리나무의 이름은 임금님의 수라상에 도토리묵이 계속 올라서 상수라로 했다가 상수리로 변했다고 한다. 나무 아래에 작은 하얀 꽃을 발견하고 가까이 가서 보니 예쁜 꽃 모자를 쓴 흰투구꽃이다. 길가에 핀 코스모스도 푸른 가을 하늘을 배경으로 예쁜 자태를 뽐내며 늘어서 있다. 3시간, 만 5천 보의 숲길 여행 후 맛집에서 감자옹심이를 먹으며 오늘의 일정을 마무리한다.

tip

대관령 숲길안내센터 홈페이지(http://www.daegwallyeongsupgil.kr)에서 자세한 정보를 얻을 수 있다. 시간 여유가 있으면 우리나라 최초의 자연휴양림인 대관령자연휴양림이나 대관령박물관을 둘러보는 것도 좋다.

재미있는 꽃 이야기

꽃향유: 전국의 산야에서 자라는 꿀풀과의 여러해살이풀로 잎과 줄기에 향기샘이 발달해 있다. 향기 나는 꽃이라는 의미의 꽃향유는 박하와 고수를 섞어 놓은 듯한 진한 향기를 가지고 있다. 꽃이 아름다우면서 향기까지 강해서 꿀벌을 유인하는 밀원식물로 쓰인다. 7~9월에 진한 보랏빛으로 빽빽하게 피는 꽃은 배초향과 비슷하나 한 면으로만 꽃이 피는 게 특징이다. 꽃말은 '가을의 향기, 조숙, 성숙'이다.

하늘과 닿은 곳에서 자연과 하나되는

백운산 하늘길

난이도 상 분류 산 계절 겨울

코스 주차장 - 낙엽송길 - 야생화군락지 - 마운틴탑 - 백운산 - 전망대 - 주차장

길이 8km(순환코스) 시간 3시간

출발지점 하이원팰리스호텔주차장; 강원 정선군 고한읍 고한7길 399

주차장 하이원팰리스호텔주차장

'겨울' 하면 가장 먼저 생각나는 것으로 하얀 눈을 대표적으로 꼽을 것이다. 어린 시절 추억 속에 눈사람을 만들고 눈싸움을 하면서 좋아하던 것과는 달리 어른이 된 지금에는 운전 걱정부터 하면서 애물단지처럼 바뀌어버렸다. 겨울 눈꽃여행으로 나무에 핀 하얀 눈꽃을 만끽하면서 조용히 걸을 수 있는 곳을 찾다 보니 강원도 정선에 있는 '하늘길'이 안성맞춤이다.

푸른 하늘과 하얀 눈 세상이 함께하는 아름다운 천상의 길

백운산의 하늘길 '하늘이 닿은 곳' 또는 '자연과 하나 되는 곳'이란 의미를 담고 있는 이 길은 시작부터 하늘이 훤히 보이는 아름다운 길이다. 산행을 시작하는 지점이 해발 1,131m이니 한국의 웬만한 산 정상보다 훨씬 높은 곳이다. 봄에서 가을까지는 양지꽃, 박새꽃, 동자꽃 등 우리나라 최대 규모의 야생화 군락지로 아름다운 산길을 수놓고 있다. 지금이 겨울인 것이 정말 아쉽지만, 꽃들의 모습은 상상 속에 맡기고 예쁜 꽃 이름을 딴 산길들로 발걸음을 옮긴다.

다행히 흐렸던 날씨는 아침에 맑게 개고 기온도 많이 올라 걷기에 좋은 날씨다. 산행의 시작점인 골프 코스 1번홀 옆의 양지꽃길로 향한다. 새하얀 눈이 내린 그대로 쌓여 있고 여기저기 노루의 발자국만이 남아 있는 아주 조용한 코스다. 노루 발자국을 따라 오르막길로 천천히 발길을 옮기니 어느새 기지국이 있는 산중턱에 다다른다. 이곳부터는 비교적 평평한 산길을 걸으며 주변의 산새를 감상하며 걸을 수 있다.

아무도 밟지 않은 눈길에 뽀드득 소리를 내며 걷다 보니 어디선가 졸졸 흐르는 물소리가 들려와 나도 모르게 그곳으로 향한다. 붉은 흙바닥에 아주 맑은 물이 흐르고, 폐광산에서 유출되는 갱내수 수질검사를 하는 채수지점이라는 팻말이 우뚝 서 있다. 이곳이 폐광지역으로 주민들이 하나둘 떠나간 뒤 아스라이 남은 과거 흔적을 일깨워 주는 슬픈 시냇물 소리다.

사라진 과거의 흔적과 웅장한 산새가 어우러진 길

잠시 걸음을 멈추고 준비해 온 따끈한 커피와 초코바로 숨을 고르면서 우리가 걸어온 하얀 산길을 바라보고 있노라니 마치 신선이 된 느낌이다. 길은 어느새 낙엽송길로 바뀌었고 한두 개의 낙엽만이 외롭게 매달려 있는 나무들이 줄지어 서 있는 모습이 장관이다. 이곳이 어디쯤일까 고민하며 걷다 보니 세 갈래 갈림길이 나왔고, 그곳에 길을 알려 주는 반가운 표지판이 우리를 기다린다.

백운산 정상쪽으로 방향을 트니 처녀치마길이라는 이름처럼 길의 풍광이 약간은 수줍어하면서도 아기자기한 느낌이다. 주변 바위 위에 쌓인 눈은 하얀 바다 위에 너울 파도처럼 지나는 사람에게 다가온다. 김소월의 산유화 시비 앞에 있는 전망대에서 바라본 풍경은 말로 표현할 수 없을 정도로 웅장하고 아름답다.

사진으로 여러 장을 담아봤지만 역시 실력이 부족한 나로서는 보이는 만큼의 표현을 할 수는 없다. 멋진 풍광을 되새기며 내려오다 보니 지붕 위에 눈이 수북이 쌓인 조그만 쉼터가 우리를 반긴다. 3시간여의 산행을 정리하며 커피 한 잔을 마시며 얘기를 나누다가 마지막 산길로 향한다. 마지막 코너길을 돌아 내리막 언덕을 조심스럽게 내려오니 3시간여 산행의 종점을 알려주는 등산로 안내판과 표지석이 반갑게 우리를 맞이한다.

tip

백운산 하늘길은 동반자에 따라 다양한 코스를 선택해서 걸을 수 있다. 내려오거나 오르는 것이 힘든 경우에는 마운틴탑에서 곤돌라를 이용하는 것도 좋다. 시간 여유가 있으면 돌아올 때 영월에 들러 한반도 지형이나 선돌을 감상하는 것도 추천코스다.

생활 속 건강상식

걷기는 콩팥병에도 효과적이다. 만성콩팥병 환자에서 규칙적인 운동은 신체 기능 및 삶의 질을 올려주고 입원을 감소시킬 수 있으므로 진료지침에서는 환자에 맞춰 운동을 처방하도록 권고하고 있다. 콩팥 기능을 모두 잃은 투석 환자에서도 마찬가지다.

천년의 세월을 지켜온 명품 숲길

오대산 천년의 숲

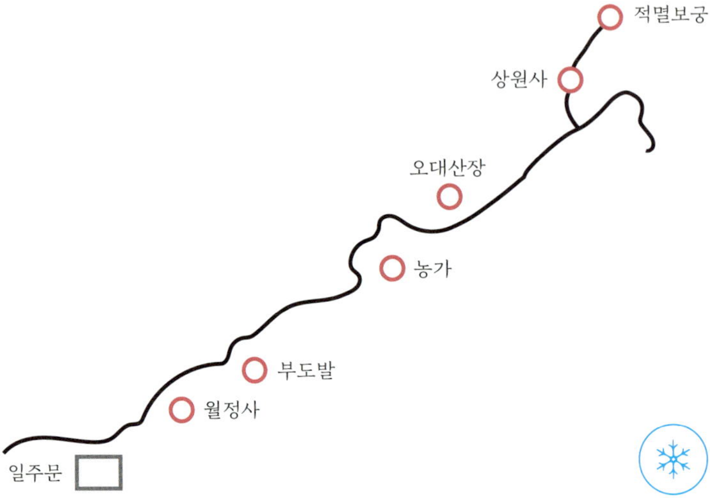

난이도 하(월정사길) / 상(상원사길)   분류 숲/산   계절 겨울

코스 월정사주차장 - 일주문 - 월정사(반환점) - 월정사주차장 - 차로 이동 - 상원사주차장 - 상원사 - 적멸보궁(반환점) - 상원사주차장

길이 6.5km(월정사길 2km + 상원사길 4,5km)(회귀코스)   시간 3시간

출발지점 월정사주차장; 강원 평창군 진부면 동산리 산 1-2
상원사주차장; 강원 평창군 진부면 오대산로 1211-14

주차장 월정사주차장 → 상원사주차장

오대산 월정사의 천년 숲길은 일주문부터 금강교까지 1km 남짓한 숲길로 평균 수령이 80년이 넘는 전나무들이 빽빽이 들어선 명품 숲길이다. 월정사는 자장율사가 643년 오대산에 초막을 짓고 수행한 것이 시초라니 정말 오랜 역사를 지닌 곳이다. 원래는 소나무가 울창했던 이곳을 산신령이 나옹선사에게 공양을 못 한 소나무를 꾸짖고 대신 전나무 9그루에게 절을 지키게 했는데 그 세월이 천년이 넘게 흘러 천년의 숲이라 부른다고 한다.

새하얀 눈길에 푸른 피톤치드향이 가득한 천년의 숲길

연말의 바쁜 일정으로 강원도를 당일치기로 다녀오자니 새벽부터 떠날 준비로 바쁘다. 주변 세상이 하얗게 변한 영동고속도로를 따라 목적지인 진부로 가까워지니 온도계는 1도씩 점점 내려간다. 월정사에 도착해서 방한준비를 철저히 하고 올라온 도로를 거슬러 출발지인 일주문으로 향한다. 떠오르는 태양 빛에 반사된 얼어붙은 상고대의 모습이 너무 아름답고 화려하다. 개울가 갈대밭은 금빛 물결이 출렁이고 가로수 나무들은 은빛 물결로 출렁인다.

길가에 누군가 소원을 빌며 쌓아놓은 돌탑들도 하얀 눈을 헤치고 나와 자신들의 존재를 알린다. 조금 더 지나니 2006년 태풍에 쓰러진 거대한 전나무 그루터기가 지나는 사람들의 호기심을 자극한다. 이곳에서 가장 오래된 수령 600년의 전나무로 40m 넘는 몸체가 꺾이고 남은 밑동에 어른 2명이 들어갈 정도로 거대하다. 쓰러져서도 이곳을 찾아온 방문객들에게 볼거리와 함께 사진 모델로서 충실한 역할을 다하고 있다.

멀리서 신나는 아이들의 환호성 소리가 들려 바라보니 아빠가 끌어주는 눈썰매를 타고 오는 아이들의 함성이다. 나도 예전에는 저런 시기가 있었는데 어느새 커서 이제는 나를 끌어줄 수 있는 장정이 되었으니 대견하다. 월정사에 들러 상징인 팔각구층석탑을 사진에 담고 천천히 절을 한 바퀴 돌아본다.

부처의 향기를 쫓아 하늘로 오르는 천년의 길인 선재길

월정사에서 상원사를 거쳐 석가모니의 진신사리가 모셔진 적멸보궁까지 가는 천년의 길이 복원되어 선재길로 불린다. 겨울 산행으로 눈이 많이 쌓이고 감기도 심해서 월정사에서 상원사까지는 차로 대신한다. 비포장도로인 흙길이 얼어붙어 평평하고 미끄러질 듯 반질반질하다. 계곡의 맑은 물은 그대로 얼어붙어 물 흐르듯 물결무늬를 이룬다. 마치 영화에서처럼 갑자기 주변 세상이 얼어버린 느낌이다.

상원사로 향하는 길 입구에 버섯모양의 돌기둥이 귀엽게 서 있

다. 관대걸이라 하여 조선 초 세조 임금이 이곳에서 목욕할 때 의관을 걸어둔 곳이란다. 상원사에 들어서니 맑은 거울 탁자 표면으로 천장의 부처상이 비추어 보여 그저 신기하다. 가장 오래된 동종으로 정교한 비천상으로 유명한 상원사동종과 아름다운 나무조각상 등 여러 작품이 즐비해 박물관을 연상시킨다. 산비탈에 5층 구조로 멋지게 지어진 중대사자암을 지나 수많은 검정 현무암으로 만들어진 돌계단을 오르니 무릉도원으로 향하는 기분이다. 드디어 푸른 하늘 위로 부처님의 진신사리가 모셔진 적멸보궁이 화려한 모습을 드러낸다. 3시간여의 걷기일정을 마치고 20가지 이상의 반찬으로 차려진 산채정식으로 천년의 숲길 여행을 마무리한다.

tip

오대산 코스에서 월정사에서 상원사 입구까지는 동반자에 따라 차로 이동하는 것도 좋다. 맑은 물이 흐르는 오대천의 계곡을 따라 물드는 아름다운 단풍을 즐기려면 가을 여행을 추천한다.

생활 속 건강상식

만성피로는 피로감이 휴식으로도 회복되지 않고 6개월 이상 지속되는 경우로 스트레스가 많은 현대인에게 흔하다. 걷기나 수영 같은 유산소 운동은 만성피로에 효과적이다. 환자의 상태에 맞게 운동을 시작하여 점진적으로 늘려나갈 것을 권장한다.

새해 소망을 담아 솔향을 음미하며 걷는

바다호숫길

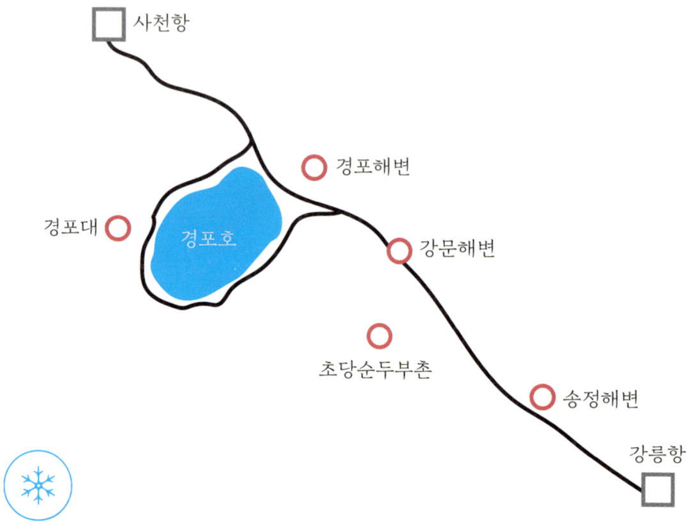

난이도 하　분류 바다/호수　계절 겨울

코스 강릉항 - 송정해변 - 강문해변 - 경포해변 - 경포호 일주 - 사천항

길이 14km(편도코스)　시간 4시간 30분

출발지점 강릉항; 강원 강릉시 창해로14번길 51-4

주차장 편도코스로 대중교통 권장(강릉항주차장 이용)

희망찬 새해의 해돋이를 볼 수 있는 강릉의 바다호숫길은 해돋이는 물론 한 해를 마감하는 일몰을 경포호에서 볼 수 있는 일석이조의 멋진 코스다. 이 코스는 강릉바우길의 5코스이면서 해파랑길의 39코스이기도 하다. 바닷가 옆 해송 숲 사이로 난 오솔길과 드넓은 경포호 주변의 산책로를 남녀노소 편히 걸을 수 있는 명품 길이다.

겨울 바다의 낭만과 해솔의 향기가 어우러진 소나무 숲길

아침 일찍 준비해서 새해 일출에 대한 부푼 마음으로 동해로 향한다. 고속도로 주변의 산들은 며칠 전에 내린 눈으로 옷을 갈아입고 겨울왕국으로 들어섰다. 올해의 마지막 날임을 알려주는 해님은 구름 사이로 천천히 얼굴을 내밀며 우리를 반갑게 맞아준다. 강릉항에 도착해서 죽도봉과 항구를 둘러싼 방파제를 한 바퀴 둘러본다. 방파제 끝의 빨간 등대는 푸른 하늘과 파란 바다와 어우러져 정말 아름답다.

커피거리로 유명한 안목해변에는 소원을 담은 연을 날리며 뛰노는 아이들의 모습이 신났다. 나무 그네와 조형물 주변에는 연인과 친구들이 모여 추억의 사진을 남기려고 길게 줄 서 있다. 다음에 이어지는 송정해변은 해송 숲길의 시작이다. 추운 겨울에도 독야청청한 소나무들로 가득한 오솔길에서는 솔향을 품은 맑은 공기가 발걸음을 가볍게 해준다. 하얀 눈이 남아 있는 길과 길가의 의자들은 한 폭의 수채화를 보는 듯 인상적이다. 웃음을 한가득 머금은 얼굴을 마주 보며 길을 걸으면서 담소는 나누는 가족들의 모습도 보기 좋다.

강문해변으로 들어서니 다양한 조형물들이 눈을 사로잡는다. 백사장에 설치된 다섯 개의 바다 액자 포토존은 이곳을 커플들의 사진 명소로 만들었다. 겨울 낭만과 추억의 스토리를 만들어주는 아름다운 해변이다. 경포해변으로 넘어가는 강문솟대다리는 에메랄드빛 바다와 어우러져 절경이다. 송강 정철 선생이 관동별곡에서 이곳의 수려한 경관을 보고 극찬을 했다는 설명이 마음에 와닿는다. 대망의 경포해안으로 넘어가 나무 데크를 따라 발걸음을 옮긴다. 멀리 오리바위와 십리바위가 우리의 옛 만남을 떠올리며 파도와 함께 반겨 소리친다.

송년 감사의 석양과 희망찬 새해 일출이 함께하는 경포대

숙소에 체크인을 하고 일몰 시각보다는 여유 있게 경포호로 향한다. 그러나 예상한 시각보다 빨리 마지막 해님이 저물어 잠시 호수 위로 노을을 비추더니 순식간에 사라져버렸다. 높은 태백산맥 너머로 해가 지다 보니 해님이 빨리 얼굴을 감추고 여운으로 붉은 석양만 남긴다. 올해의 어수선하고 슬픈 일들을 모두 거두어 가주시길 기원하며 아쉬운 석별을 고한다.

경포호 둘레길은 걷거나 자전거를 탈 수 있도록 잘 정비되어 많은 사람이 심신을 단련하는 곳이다. 길 양편의 조각상들은 재미있는 이야기들을 들려줄 듯하고 멀리 나무 주변의 조각상들은 같이 놀자고 부르는 듯하다. 삼삼오오 짝을 이뤄 놀고 있는 철새들 사이로 황새가 한 마리 차분히 내려앉아 도도한 모습으로 물속을 걷는다. 점차로 주변이 어둑해지면서 가는 눈썹 모양의 초승달이 떠올라 밤의 운치를 더해준다.

다음날 이른 아침, 희망찬 새해를 알려주는 해님을 맞이하기 위해 경포해변으로 향한다. 많은 인파가 모여 저마다의 소원을 빌기 위해 해님이 떠오르기만을 기다린다. 하늘에는 가족이나 연인들의 소원을 담은 소망 등들이 하늘 높이 날아 희망의 세계로 향한다. 멋지게 떠오르는 새해의 첫 해님께 우리 모두의 소망을 빌고 포근한 가슴에 품어 고향으로 향한다.

tip

새해 일출을 보기 위해 모여드는 인파로 주차가 쉽지 않으므로 미리 도착해서 기다리거나 경포대 주변 숙박을 추천한다. 안목해변에서의 멋진 분위기와 함께 커피 한 잔을 즐기고 소문난 맛집에서 맛있는 먹거리를 즐길 수 있는 행복한 코스다.

생활 속 건강상식

걷기와 같은 규칙적인 운동은 암의 예방과 치료에 효과적이다. 암 발생의 위험성을 20~30% 줄일 수 있다. 대장암, 유방암, 폐암, 전립선암 등이 관련성이 있다. 운동으로 면역 기능을 개선하고 염증을 줄이며 비만과 대사에 관련된 호르몬이나 인자들을 개선시켜주기 때문이다.

PART 4

충청도

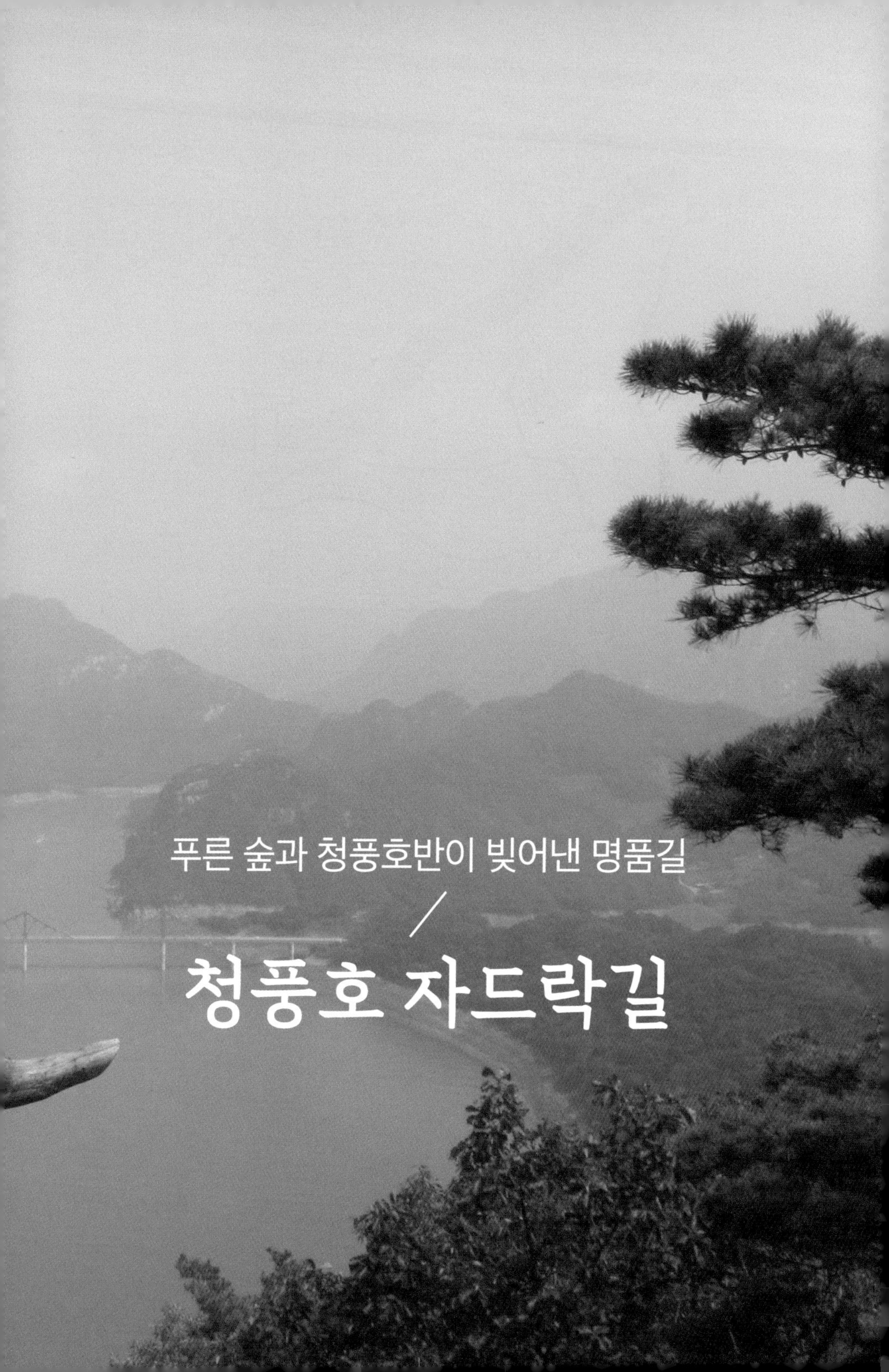

푸른 숲과 청풍호반이 빚어낸 명품길

/

청풍호 자드락길

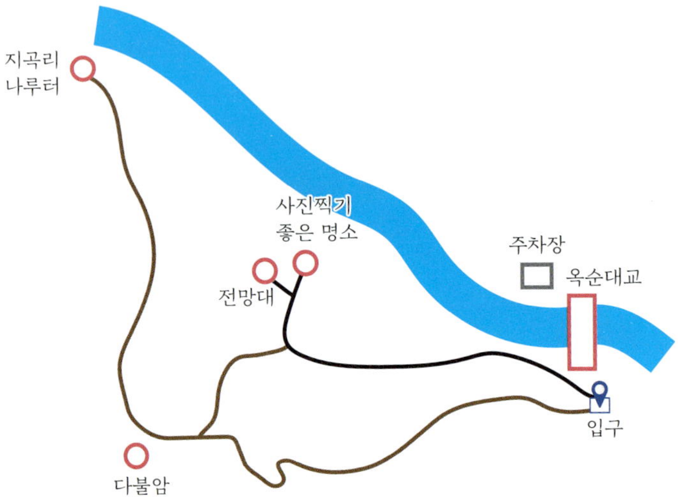

난이도 상 분류 산 계절 봄

코스 주차장 - 옥순대교 - 쉼터 - 사진찍기 좋은 명소 - 전망대(반환점) - 쉼터 - 옥순대교 - 주차장

길이 8km(회귀코스) 시간 3시간

출발지점 옥순대교공영주차장; 충북 제천시 수산면 상천리 470-5

주차장 옥순대교공영주차장

푸른 숲이 우거진 산과 내륙의 바다와 같은 드넓은 호수가 어우러진 청풍호 자드락길이 교직원과 함께하는 '행복건강강좌'의 최종 코스로 선정된다. 청풍호 뱃길 100리 중 가장 풍광이 아름다운 청풍호반을 따라 만들어진 청풍호 자드락길은 수려한 경관을 감상하며 걸을 수 있는 명품길로 많은 사람의 사랑을 받고 있다.

건강한 숲 내음과 청풍호의 절경이 함께하는 괴곡성벽길

'나지막한 산기슭의 비탈진 땅에 난 좁은 길'을 의미하는 자드락길은 산간마을을 이어주는 아기자기한 길이다. 6코스인 괴곡성벽길은 옥순봉 쉼터에서 시작해 괴곡리와 다불리를 지나 지곡리 고수골에 이르는 9.9km의 길이다. 과거 성벽을 이루었던 곳으로 삼국시대에 백제, 신라, 고구려가 천혜의 요새였던 이곳을 차지하기 위해 격전을 벌였던 곳이다.

늦잠꾸러기 아이들에게는 이른 시간인 6시 30분에 잔뜩 부푼 기대를 품고 병원을 출발한다. 시작점에 모인 아이들은 모두 신나서 출발 총소리만을 기다리는 단거리 운동선수처럼 발을 동동 굴린다. 처음엔 산을 오르는 코스라서 난이도가 제법 있지만, 아이들의 발걸음은 가볍기만 하다. 어느새 서로 친구가 되어 놀이를 즐기듯 재미있게 얘기도 나누면서 어른들을 앞서간다. 숨이 가쁠 만한 언덕을 오르면 잠시 숨을 고를 수 있는 능선길이 나와서 걷기에는 안성맞춤 길이다. 20여 분쯤 걸으니 전망 좋은 곳에 잘 만들어진 쉼터가 우리를 반겨 맞아준다. 모두 모여 준비해 간 현수막을 앞에 세우고 기념사진을 남긴다.

하늘에서 조금씩 떨어지는 빗방울은 아직은 시원해서 좋다. 자기의 취향에 따라 우산을 쓰기도 하고 우비를 입거나 머리에 걸치기만 하는 등 모습이 가지각색이다. 땀이 많은 누군가는 살포시 내리는 비를 친구 삼아 비와 함께 걷는다. 오르막이 지속되는 깔딱 고개를 넘어 오솔길을 지나면 멀리 옥순대교가 바라보이는 자연 전망대가 기다린다. 갈림길 표지판은 충청도 특유의 말로 재미있게 '올라가는 길이여유! 믿어 봐유!' 하며 안내를 한다. 멋진 솟대들과 함께 둥근 의자로 꾸며진 사진찍기 좋은 명소가 눈에 들어온다. 여기서 조금만 더 발걸음을 옮기면 사방으로 청풍호 전체를 바라볼 수 있는 멋진 청풍호 전망대가 오늘의 목표다. 전망대에서 많은 추억 사진을 남기고 내려와 간식을 나누며 모두 행복한 표정이다.

선인들의 향취에
아름다운 풍광이 어우러진 청풍문화재단지

맛있는 곤드레밥에 도토리묵과 감자전, 여기에 처마를 두드리는 빗소리를 들으며 마시는 동동주가 일품이다. 하지만 천둥소리까지 들리니 오늘의 하이라이트인 모노레일 일정이 정말 걱정이다. 결국 운행할 수 없다는 연락을 받고 아쉬움을 달래며 조금 더 점심의 여유를 갖는다. 비를 맞으면서 가볍게 산책을 하는 기분으로 걸을 수 있는 곳으로 잠시 고민하다 청풍문화재단지로 향한다.

청풍문화재단지는 충주댐이 건설되면서 수몰되는 청풍지구에 있는 많은 문화재 유적들을 이곳에 이전하여 보전하기 위해 만들어진 곳이다. 관아와 청풍향교, 석조여래입상과 비석 등 많은 문화재와 전통 민가를 그대로 이곳에 옮겨와서 복원하였다. 옛 향취를 그대로 전해주는 고가들을 둘러보고 제일 높은 곳인 망월루에 오른다. 청풍호 뒤로 보이는 산봉우리들은 구름을 사이에 두고 멋진 풍광을 만들어낸다. 사랑의 표징인 연리목과 누군가 소원을 빌며 쌓아 놓은 돌탑에 아쉬움을 달래며 오늘의 일정을 마감한다.

tip

모노레일이나 케이블카로 비봉산 정상에 올라가면 멋진 풍경을 감상할 수 있다. 성수기에는 청풍호반케이블카 홈페이지에서 예약이 필수다. 시간 여유가 있으면 청풍호 유람선을 타고 호수와 어우러진 멋진 풍광을 감상해 보는 것도 좋다.

생활 속 건강상식

걷기와 같은 규칙적인 유산소 운동은 모든 인류의 소원인 노화 방지에 효과적이다. 꾸준한 운동으로 건강 유지에 중요한 근력을 늘리고 체지방을 감소시킬 수 있으며 당뇨나 고혈압 같은 성인병을 예방할 수 있기 때문이다.

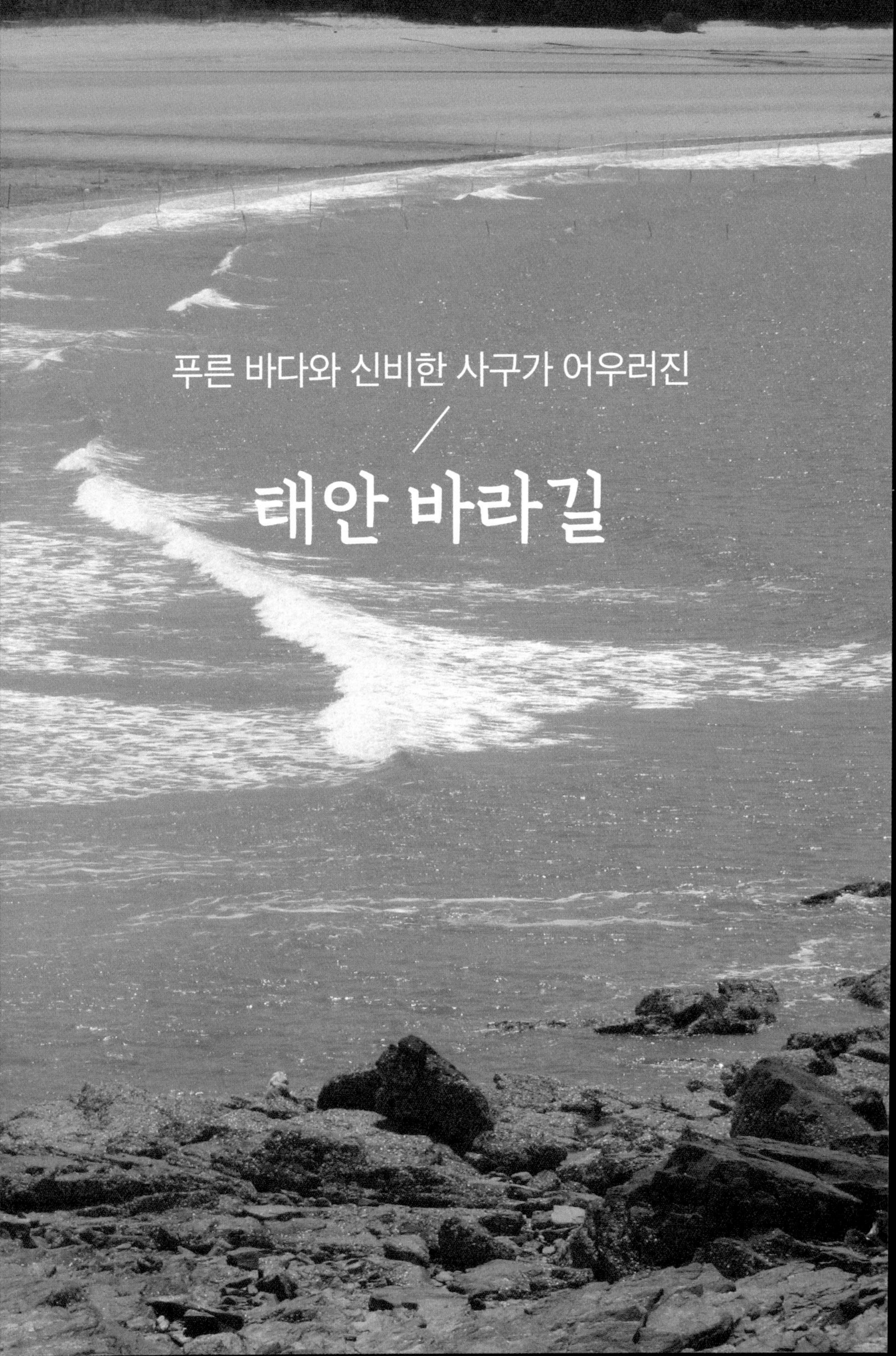

푸른 바다와 신비한 사구가 어우러진

태안 바라길

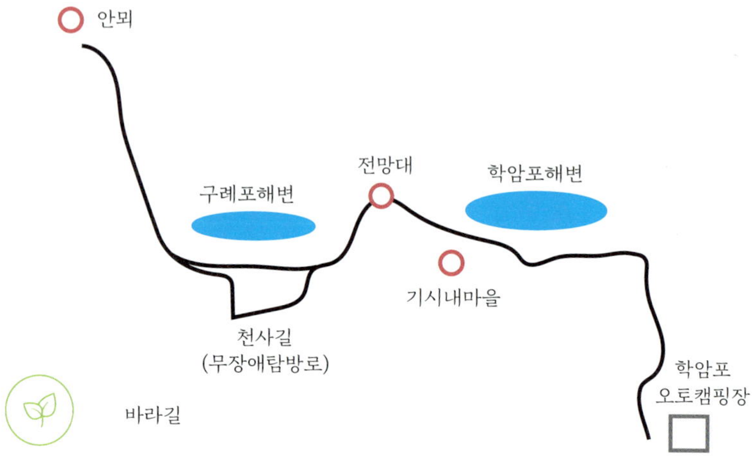

난이도 중 분류 바다 계절 봄

코스 학암포오토캠핑장 - 학암포해변 - 전망대 - 천사길(구례포해변) -학암포오토캠핑장 - 차로 이동 - 신두리해안사구 입구 - 고라니동산 - 해변길 - 입구

길이 7km(바라길 5km + 해안사구 2km)(회귀/순환코스) 시간 3시간

출발지점 학암포오토캠핑장; 충남 태안군 원북면 옥파로 1152-37
신두리해안사구; 충남 태안군 원북면 신두해변길 201-122

주차장 학암포오토캠핑장주차장 → 신두리해안사구주차장

봄나들이로 부모님을 모시고 힐링 여행을 떠나는 코스로 선택한 곳은 태안 해안길이다. 태안해상국립공원은 한려해상국립공원과 함께 대표되는 바다에 만들어진 국립공원으로 굽이굽이 해안을 따라 만들어진 아름다운 경관과 독특한 해안 생태계를 특징으로 한다. '자연과 문화 그리고 인간이 살아 숨 쉬는 편안하고 안전한 길'이라는 목표로 해안길 조성사업을 시작하여 만들어진 태안 해안길의 1코스가 바라길이다.

쪽빛 바다와 푸른 해송이 빚어낸 아름다운 바닷길

바다의 고어인 '아라'에서 그 명칭이 유래된 바라길은 학암포에서 시작하여 바닷길을 따라 걷는 코스로 싱그러운 바다 내음과 해안가 해송의 솔향이 어우러지는 아름다운 길이다. 오랜만에 찾아간 학암포의 모습은 모든 것이 새로웠다. 잘 정비된 자연관찰로를 따라 해송이라고도 불리는 곰솔들이 일렬로 나란히 서서 오는 손님들을 반가이 맞아준다.

나무 데크로 만들어진 전망대에 다다르니 확 트인 학암포의 바다가 시야에 가득 찬다. 푸른 하늘과 맞닿은 수평선 위에 떠 있는 자그마한 섬들을 바라보니 감탄이 절로 난다. 아직은 한적한 해수욕장의 모래 위에서 뛰노는 아이들의 모습은 너무 즐겁고 행복해 보인다. 20년도 전에 이곳에 캠핑을 와서 물장구를 치며 신나 했던 아이들의 모습이 눈앞에 선하다.

나무들 사이로 바다를 바라보며 구례포로 넘어가는 작은 동산 길은 정말 아담하고 예쁘다. 앞서가던 어머니께서 수풀 사이로 솟아오른 보랏빛의 붓꽃을 발견하시곤 흐뭇해하신다. 내리막 언덕에서는 장모님과 손을 꼭 잡으시고 걸으시는 뒷모습이 자매처럼 정겹다. 언덕 끝 바위 위의 전망대에서 바라보는 망망대해 바다의 모습이 대장관이다. 바닷바람에 밀려오는 파도의 합창 소리와 이와 어우러진 하얀 파도들의 물결무늬가 절경이다.

구례포 해안가에는 남녀노소 누구나 걸을 수 있게, 해안가는 나무 데크로, 소나무 숲길은 포장길로 조성한 무장애탐방로인 천사길이 있다. 해안가 데크는 바닥이 유리로 되어 있어 바람에 날린 모래가 언덕을 이루는 신비한 모습이 바로 보인다. 모래사장 한편에 피어 있는 붉은 해당화들을 보니 나도 모르게 동요 가사가 입안에서 흥얼거려진다.

거대한 모래 사구와 아담한 습지의 신비로운 조화

중간 구간은 훌쩍 뛰어넘어 마지막에 있는 신두리 사구로 이동한다. 신두리 사구는 우리나라 최대의 해안사구로 천연기념물 제431호다. 신두리 사구에 다다르니 거대하고 신비한 모래언덕이 보는 이들을 압도한다. 대자연의 위대함을 새삼 깨달으며, 한편으로는 마치 먼 나라의 사막에 온 느낌이다. 모래언덕에서는 아이들이 모래썰매를 타느라 정신없다.

입구에 있는 해안사구 기념비에서 사진을 찍고 나무 데크를 따라 천천히 이동한다. 고라니 동산까지 이어지는 소나무 숲길에는 피톤치드가 풍부한 맑은 공기가 가득하다. 방향을 틀어 염랑게달랑게로 향하니 황량한 초원에 누런 억새들의 풍광이 또 다른 볼거리를 만들어 준다. 해안가 백사장을 잠시 감상하고 출구로 향하니 별장 같은 집 한 채가 눈에 들어온다. 이번 코스의 최종 목적지인 두웅습지는 비록 작고 아담한 습지이지만 람사르습지에 등록되어 보호를 받고 있는 소중한 곳이다. 입구에서는 커다란 황금개구리상이 찾아오는 사람들을 반긴다. 권력과 부의 상징인 황금개구리는 개구리의 다산성과 금빛의 신성함을 상징화한 것이다. 어르신들과 쉬엄쉬엄 3시간여의 걷기로 멋진 바라길 여행을 마무리한다.

tip

바라길은 학암포에서 신두리까지 총연장 12km로 4시간 정도 소요된다. 태안에는 꽃게가 유명하여 간장게장 정식이나 게국지가 별미다. 튤립축제 시기에는 낮에는 화려한 꽃축제를 감상하고 밤에는 멋진 빛축제를 감상할 수 있다.

재미있는 꽃 이야기

각시붓꽃: 전국 각지의 산에서 볼 수 있는 여러해살이풀로 붓꽃에 비해 전체적으로 작아서 각시라는 접두어가 붙여졌지만, 각시라는 이름처럼 새색시를 떠올리게 하는 예쁜 꽃이다. 옛날 황산벌 전투에서 화랑 관창이 전사하였고 정혼자였던 무용도 그의 무덤 옆을 지키다가 세상을 떠났다. 사람들이 그녀의 넋을 위로하면서 관창의 무덤 옆에 묻어주었고 다음 해에 예쁜 보랏빛 꽃이 피었는데 이것이 바로 각시붓꽃이라는 슬픈 전설이 있다.

꽃과 나무, 바다가 빚어낸 서해안의 푸른 보석

/

천리포수목원

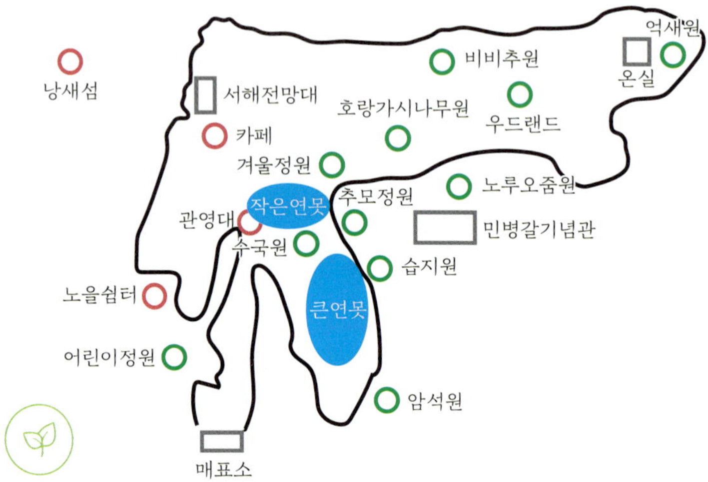

난이도 하 분류 공원 계절 봄

코스 정문 입구 - 큰연못 - 추모정원 - 온실 - 서해전망대 - 관영대 - 노을쉼터 - 출구

길이 4km(순환코스) 시간 2시간

출발지점 천리포수목원; 충남 태안군 소원면 천리포1길 187

주차장 천리포수목원주차장

충청남도 태안반도에 자리 잡은 천리포수목원은 아름다운 경치와 함께 16,000여 종류의 다양한 식물을 보유하고 있다. 미국에서 귀화하신 민병갈(Carl Ferris Miller) 박사님의 헌신적인 노력으로 1962년 탄생하여 2000년에는 국제수목학회로부터 '세계의 아름다운 수목원'으로 선정되었다.

봄을 알리는 예쁜 꽃들과 멋진 호수 풍경이 어우러진 길

입구에 들어서자 소나무들 사이로 난 오솔길 길가에 민들레 홀씨처럼 동그란 형체들이 수없이 늘어서 있다. 가을에 노랗게 피었던 털머위꽃들이 홀씨가 되어 솜털 같은 날개를 타고 먼 곳으로 날아갈 준비 중이다. 오솔길을 벗어나 넓은 호수 수면 위에 비친 초가집 형상의 기념관과 석탑, 나무들의 모습이 푸른 하늘과 어우러져 더욱 아름답다. 호숫가 낙우송 나무 주변으로 종유석처럼 신기하게 땅 위로 솟아오른 나무뿌리들이 눈길을 끈다. 물이 많은 습지에서 숨을 쉬기 위해서 만든 뿌리로 자연의 신비를 새삼 깨닫게 해준다.

큰 연못 주변을 둘러보는 오릿길은 해마다 이곳을 찾아오는 흰뺨검둥오리들의 이름을 따서 붙여진 길이다. 연못과 습지원에 아름다운 연꽃들이 피어 있는 풍경을 상상하며 천천히 발걸음을 옮긴다. 이른 봄부터 늦겨울까지 다양한 꽃과 열매를 만날 수 있는 꽃샘길에서 향긋한 향기와 함께 납매가 모습을 드러낸다. 나지막한 동산을 오르니 풍년을 알려준다는 풍년화가 노란색과 붉은색으로 자태를 뽐낸다. 부드러운 솜털을 가진 분홍빛 버들강아지도 봄의 전령사로서 우리에게 다가온다.

향기로운 숲 내음과 아름다운 서해안 풍광이 이어지는 길

소릿길로 넘어가는 오솔길 옆으로 노란 복수초 군락이 옹기종기 피어서 가족처럼 다정한 모습으로 모여 있다. 새와 풀벌레 소리, 바람에 나부끼는 잎사귀나 억새 소리를 들을 수 있는 소릿길을 따라가니 유리온실이 손님을 기다린다. 이곳에는 멸종위기종의 식물이 보호를 받고 있는데 한가운데 우뚝 서 있는 울레미 소나무의 모습이 당당하다. 지구상에서 가장 오래된 침엽수로 공룡의 먹이로 이용되어 '공룡소나무'라고도 불린다.

언덕을 올라 설립자분이 나무 의자에 앉아 먼 곳을 바라보는 동상 옆에서 같이 기념사진을 남기고 수풀길 여행을 시작한다. 싱그러운 잎새와 우람한 나무들이 조화를 이뤄서 아늑하면서도 고요한 길로 산책하기 좋은 길이다. 무환자나무라는 생소한 이름의 열매에는 귀신을 쫓는 힘이 있다고 한다. 잎에 독소가 있어 말이나 소가 먹으면 마비 증상을 일으켜 이름 붙여진 마취목이라는 재미난 나무도 있다. 가든스테이 중에 하나인 배롱나무 한옥집을 보니 오늘 하루 이곳에서 별을 헤아리며 밤을 보내고 싶다.

해안의 아름다운 풍경을 바라보며 걷는 데크 길과 곰솔의 내음을 맡으며 명상을 즐길 수 있는 솔바람길로 이어진다. 서해 전망대에서 바다 너머로 보이는 낭새섬의 아름다운 모습을 바라보며 차 한 잔의 여유를 즐긴다. 나무 데크를 따라 불어오는 바닷바람을 맞으며 노을 쉼터를 지나 관영대로 향한다. 관영대에서 바라본 작은 호수에 비친 나무들의 자태가 너무 아름다워 그 속으로 우리를 빠져들게 한다. 출구 마지막에 있는 어린이 정원에서 뛰노는 아이들의 모습을 보니 우리에게 봄이 성큼 다가온 느낌이다. 플랜트센터에서 기념품을 구경하는 것으로 2시간여의 수목원 여행을 마무리한다.

tip

천리포수목원 홈페이지(http://www.chollipo.org)에서 자세한 정보를 얻을 수 있다. 수목원 해설과 함께하는 수목원 데이트 프로그램이 준비되어 있다. 수목원에서 묵으면서 자연을 느끼고 공감할 수 있는 가든스테이도 가능하다.

생활 속 건강상식

걷기와 같은 유산소 운동은 몸 안에서 체지방을 감소시키며 건강에 좋은 고밀도 콜레스테롤은 높이고 건강에 나쁜 저밀도 콜레스테롤은 낮춰서 성인병 인자인 비만과 고지혈증을 개선 시켜준다. 결과적으로 동맥경화 예방에도 효과적이다.

화려한 백제 문화와 역사의 숨결을 간직한
부여 사비길

난이도 중 분류 숲 계절 여름

코스 궁남지주차장 - 연못 - 연꽃길 - 궁남지주차장 - 차로 이동 - 부소산성주차장 - 삼충사 - 영일루 - 낙화암 - 부소산성주차장 - 차로 이동 - 정림사지박물관 둘러보기

길이 7km(궁남지 2km + 사비길 4km + 박물관 1km)(순환코스) 시간 3시간

출발지점 궁남지; 충남 부여군 부여읍 동남리 117
부소산성; 충남 부여군 부여읍 성왕로 247-9
정림사지박물관; 충남 부여군 부여읍 동남리 401

주차장 궁남지주차장 → 부소산성주차장 → 정림사지박물관주차장

700여 년 역사의 백제는 한성(서울), 웅진(공주), 사비(부여)로 도읍지를 옮긴다. 마지막 도읍지였던 부여는 강성해진 백제가 찬란하고 화려한 문화를 꽃피웠던 곳이다. 부여와 함께 공주, 익산에 있는 백제역사유적지구는 2015년에 세계문화유산으로 등재되었으며 사비길은 이들을 둘러볼 수 있는 길로 사랑을 받고 있다.

아름다운 연꽃과 수련들의 향연이 어우러진 연못길

이름 그대로 궁궐의 남쪽에 있는 커다란 연못인 궁남지에는 화려한 연꽃들로 가득하다. 세상 속 더러움에 물들지 아니하고 아름다움을 간직하며 산다는 연꽃은 불교를 상징하는 꽃이다. 연꽃은 7, 8월 무더위와 함께 만개하는 꽃으로 이들을 보기 위해 걷기도 앞당겼다. 이른 아침에 도착하였는데도 벌써 출사를 나온 사진작가들이 여럿이다. 큰 빅토리아 연잎 위에 청둥오리의 도도한 모습은 모델로서 벌써 여러 번 해본 솜씨다.

아침 햇살 아래 만개한 붉은 홍련들과 초록 연잎들의 조화가 너무 환상적이다. 모두 연꽃을 배경으로 사진을 찍느라 정신없다. 연꽃 군락 사이로 만들어진 길을 따라가니 시원한 분수대가 우리를 부른다. 드넓은 연못 중앙의 멋들어진 정자에 푸른 하늘과 물빛의 풍경은 한 폭의 수채화다. 연꽃 군락 사이로 만들어진 나무 데크를 따라 걸어가 보니 하얀 백련들이 저마다 자태를 자랑하며 늘어서 있다.

연꽃길을 따라 천천히 걷고 있노라면 어디선가 나타난 개구리들이 연못으로 줄달음을 친다. 하늘에는 잠자리들이 맴돌고 꽃에는 꿀벌들이 바삐 움직인다. 또 다른 연못에는 형형색색의 수련들이 연못을 화려하게 수놓는다. 커다란 잎을 가진 가시연꽃은 아프지도 않은 듯 자기 잎을 뚫고 얼굴을 내민다. 보랏빛 가시연꽃 사이로 쇠물닭 가족들이 나들이가 한창이다. 넓은 연잎 위로 까만 병아리들의 아장아장 발걸음이 너무 귀엽고 재미있다.

백제의 고귀한 숨결과 향기가 가득한 아름다운 숲길

부소산은 해발 106m밖에 안 되는 나지막한 산이지만 백마강 옆에 동쪽과 북쪽으로 두 봉우리를 가진 부여의 진산이다. 길이 2.5km 정도의 부소산성은 평소에는 백제 도성의 후원으로, 전쟁 시에는 최후의 방어성으로 사용했던 사비백제 시대의 대표적 산성이다. 소나무와 참나무로 우거진 부소산성 숲은 2002년 아름다운 숲 전국대회에서 '22세기를 위해 보전해야 할 아름다운 숲'으로 선정되었다.

부소산성 길에서 제일 먼저 만나는 삼충사는 백제를 구하기 위해 목숨을 아끼지 않았던 세 충신을 모신 사당이다. 우리에게도 잘 알려진 계백장군의 기개 당당한 모습이 존경스럽고 멋있다. 곡식을 보관했던 군창지를 둘러보고 태자숲길로 향한다. 옛 백제 왕자들의 산책로로 가볍게 편한 맘으로 걷기에 아주 좋은 숲길이다. 솔향 가득한 맑은 공기를 마시며 푸른 숲길을 천천히 걷노라니 이곳이 바로 낙원이다.

3천 궁녀들을 기리는 궁녀사를 가는 오솔길에는 초록 이끼들이 가득하다. 부소산에서 제일 높은 곳에 있는 사자루에서 멋진 풍광을 즐기고 낙화암으로 향한다. 소풍을 나온 다람쥐가 사람 눈을 속일 듯 숨바꼭질하면서 나란히 간다. 3천 궁녀가 몸을 던져 꽃처럼 떨어져 죽었다는 낙화암에 다다르니 아름다워야 할 푸른 하늘과 뭉게구름의 풍광이 서글프다. 3시간여의 걷기를 마치고 시원한 정림사지 박물관의 관람으로 오늘의 일정을 마무리한다.

tip

궁남지에서 매년 열리는 부여서동연꽃축제 기간에 맞춰 가면 예쁜 꽃과 함께 다양한 행사를 즐길 수 있다. 시간 여유가 있으면 백제 왕궁과 위례성, 백제 숲 등을 볼 수 있는 백제문화단지를 들려보는 것도 좋다.

재미있는 꽃 이야기

가시연: 수련과에 속하는 수생식물로 줄기와 잎, 꽃과 열매 등 식물 전체에 가시가 돋아나 있어 붙여진 이름이다. 화려한 자주빛 색상의 가시연꽃은 낮에만 피었다가 오후가 되면 오므라드는 개폐운동을 2~3일 하다가 물속으로 숨어버린다. 수온, 수심, 일조량 등 조건이 제대로 맞지 않으면 피지 않는 까탈스러운 꽃으로 자신을 쉽게 보여주지 않는다. 그래서 꽃을 보면 행운이 올 것 같고 꽃말도 '그대에게 소중한 행운'이다.

아름답고 건강한 산책로가 이어지는 치유 숲길

/

화인산림욕장

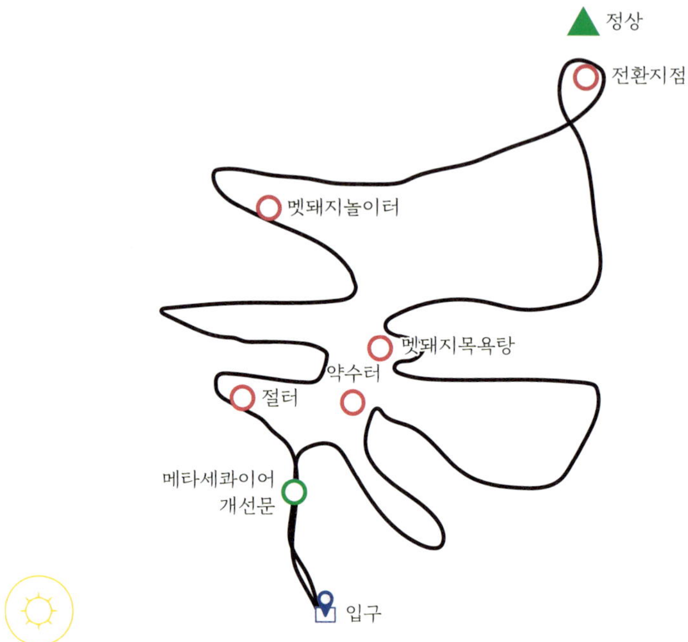

난이도 중 　분류 숲 　계절 여름

코스 입구 - 절터 - 멧돼지놀이터 - 정상 - 멧돼지목욕탕 - 약수터 - 입구

길이 4km(순환코스) 　시간 1시간 30분

출발지점 화인산림욕장 입구; 충북 옥천군 안남면 화학리 산 64-2

주차장 화인산림욕장주차장

화인산림욕장은 한 기업의 대표분이 40여 년 전 고향인 옥천에 임야를 사들여 홀로 나무를 심고 가꾸어서 2013년 8월부터 일반인에게 무료로 개방하는 뜻깊은 곳이다. 자연 그대로 인공시설이 전혀 가미되지 않은 치유의 숲으로 남녀노소 누구나 쉽게 걸을 수 있는 산책로로 많은 사람의 사랑을 받고 있다.

초록 메타세콰이어 군락이 빚어내는 아름다운 치유의 숲길

도로변에 화인산림욕장을 알려주는 작은 표지판을 보고 좁다란 마을길을 따라 천천히 이동하니 주차장이다. 연못을 지나니 메타세콰이어 개선문으로 하늘을 찌를 듯 쭉쭉 뻗은 메타세콰이어 나무들이 일렬로 늘어서서 오는 손님들을 반갑게 맞아준다. 개선문을 지나면서 피톤치드 풍부한 숲속 맑은 공기를 맘껏 마시니 피로가 사라지고 발걸음도 가볍다. 나무들이 만들어주는 아름다운 숲길에 심취해서 나도 모르게 사정없이 셔터를 눌러댄다.

언덕을 지그재그로 오르니 여러 종류의 소나무들과 길가에 자란 이름을 알 수 없는 풀들이 우리와 동행한다. 중턱쯤에 있는 약수터는 옛날부터 근처 주민들이 위장병에 효험이 있다고 많이 애용한 곳이란다. 잘 정비된 산책로를 따라 열심히 올라가 출발점에서부터 30여 분이 지나니 바위 의자가 놓인 쉼터가 나타난다. 바위 뒤에는 반환점 표시판이 세워져 있고 위쪽 좁다란 산길 방향으로 정상으로 향하는 안내판이 이어진다.

정상으로 향하는 좁다란 산길에는 처음부터 쓰러진 나무가 길을 가로 막아선다. 나무를 피해 오르니 길옆으로 넝쿨과 함께 보랏빛 칡꽃들이 어여쁜 자태를 드러내 보인다. 나무 위로 저물어가는 햇살을 받은 거미줄의 모습도 화려하다. 나무들이 우거져서 풍경을 멀리 바라볼 수 없다가 어느 순간 넓게 트인 시야가 눈앞에 다가선다. 이곳이 정상인지는 정확히 모르겠지만 산과 마을이 어우러진 멋진 풍경화를 감상하고 발길을 돌린다.

다양한 나무들의 행렬과 함께 건강한 기운이 넘치는 숲길

반환점으로 돌아와서 내려가는 코스 화살표를 따라서 발걸음을 옮긴다. 나무와 나무 사이로 멀리 산 너머로 지는 노을이 하늘을 빨갛게 물들인다. 뉘엿뉘엿 산 너머로 넘어가는 해님의 배려로 아직은 길이 훤하지만 빨리 어두워질 수 있음을 생각해서 발걸음을 재촉한다. 소나무를 주전선수로 다양한 나무들이 촘촘히 들어선 숲을 따라 지그재그로 내려가는 산책로가 끝없이 이어진다.

길가 한편으로 물이 고인 질퍽한 늪지대가 있는데 멧돼지들이 멱을 감고 휴식을 즐기는 멧돼지 목욕탕이다. 이곳 산림욕장에는 멧돼지를 비롯하여 너구리, 딱따구리 같은 야생동물 생태계가 잘 보존되어 있다고 한다. 목욕탕 옆에 야생동물의 발자국 같은 흔적이 보이기는 하지만 모습은 드러내지 않는다. 어디선가 들려오는 산새 소리와 이따금 울어대는 매미 소리가 숲속의 정적을 깨고 울려 퍼진다.

소나무에서 선수 교체를 해서 잣나무, 낙엽송, 밤나무, 메타세콰이어 순으로 배턴을 이어간다. 중간중간 길가에는 쉼터로 만든 자연 그대로의 바위 의자들이 오는 사람들을 기다린다. 점점 어두워지는 시간에 쫓겨서 앉아보지는 못하고 눈으로만 정표를 남기고 지나친다. 다시 메타세콰이어 개선문 숲길로 들어서니 어두워져 스산하긴 하지만 나름대로 운치가 있다. 1시간 반의 알찬 숲길 여행으로 흘린 땀을 산바람으로 날려버리며 걷기를 마무리한다.

tip

입구에서 정상 반환점까지는 1,481m이고 반환점에서 입구까지는 조금 길어서 2,525m로 총 4km 치유의 숲길이다. 누구나 자유롭게 무료로 이용할 수 있으며 반려견과 동반 입장이 가능하고 산악자전거 주행도 가능하다.

생활 속 건강상식

노년층에서 매일 30분 정도 꾸준히 걸어주면 사망의 위험성을 확실히 줄여준다. 한 연구에서 노인이 걷기 운동을 2분 더할수록 사망률은 10%나 떨어지는 것으로 나타났다. 꾸준한 신체활동으로 노화의 속도도 줄일 수 있다.

아름다운 호수와 낭만 가득한 풍광이 어우러진

호반낭만길

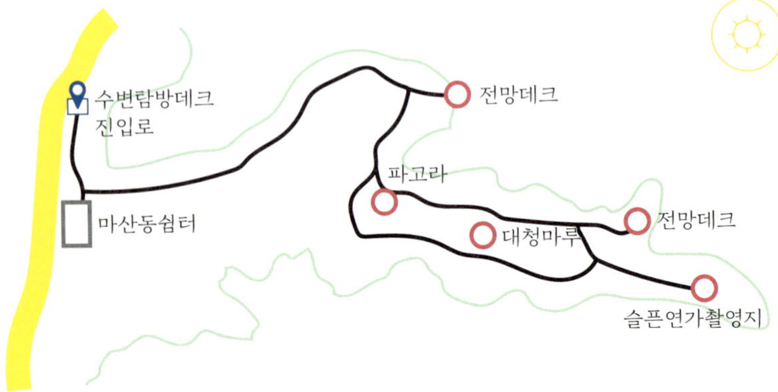

난이도 하 분류 호수 계절 여름

코스 마산동쉼터 - 명상정원 - 슬픈연가촬영지 - 마산동쉼터 - 차로 이동 - 오백리길쉼터 주변 둘러보기

길이 3.5km(회귀/순환코스) 시간 1시간 30분

출발지점 마산동쉼터; 대전 동구 마산동 551-4

주차장 마산동쉼터주차장

대청호 오백리길은 대전과 충북에 걸쳐 총 21구간으로 이어진 약 200km의 걷는 길로 대청호 주변의 임도와 옛길, 마을길을 포함하고 있다. 푸른 호수를 바라보며 생각에 잠길 수 있는 사색코스를 비롯해서 다양한 체험과 테마를 즐길 수 있는 코스가 있다. 아름다운 자연 경관을 인정받아 한국관광공사 봄, 가을 걷기 좋은 길로 선정된 바 있다.

파노라마처럼 펼쳐지는 황홀한 호수 풍경이 이어지는 길

호반낭만길은 대청호 오백리길의 4구간으로 마산동 윗말뫼부터 신상교까지 총 12.5km 코스로 약 6시간이 소요된다. 호반과 낭만이라는 이름처럼 호수 주변 풍경이 아름답고 주변에 맛집도 있어서 걷는 길로는 물론 드라이브 코스로도 인기가 높다. 슬픈연가 촬영지를 중심으로 연인끼리 낭만을 즐길 수 있는 데이트 코스로 사랑을 받고 있다. 코스 중에 대청호 자연생태관도 있어서 아이들과 다양한 체험을 즐길 수 있는 가족여행 코스로도 적격이다.

마산동 쉼터에 주차 후 출발점에 있는 사각액자에 우리 부부의 추억의 사진을 남기고 나무 데크를 따라 발걸음을 옮긴다. 수변데크 주변으로 초록 나무들이 빽빽이 들어서서 마치 유명 휴양림 숲속에 온 듯한 느낌이다. 숲 터널을 따라 조금 나아가니 눈앞에 바다 같은 푸른 호수가 드넓게 펼쳐진다. 데크 길 끝으로 넓은 호수와 주변 풍광을 천천히 감상할 수 있는 전망대가 우리를 기다린다. 파노라마처럼 펼쳐진 산들이 호수와 어우러지고 푸른 하늘에 뭉게구름들까지 출연한 장면이 정말 황홀하고 아름답다.

명상 정원으로 향하는 오솔길에서 호수 쪽을 바라보았다가 시선이 고정된다. 호수 안에 외로이 남은 나무와 푸른 하늘과 뭉게구름이 같은 수면 위에 그려져 한 폭의 수채화로 다가온다. 오른쪽 호숫가 커다란 나무 아래에는 거위들과 사람들이 한가로이 여유를 즐기며 거닐고 있다. 길가 나무 여기저기에 누군가 만들어서 걸어놓은 예쁜 새집들도 눈에 들어온다.

명상 정원의 휴식과 아름다운 호수 전망이 어우러진 길

명상 정원으로 들어서니 잠시 쉬어가는 평상과 그늘막에서 사람들이 이야기를 나누며 쉬고 있다. 푸른 호수가 잘 보이는 길가에는 나무로 만든 테이블 벤치가 오는 손님들을 기다린다. 길을 따라 끝까지 걸으니 바로 건너 작은 섬에 초록 나무 하나가 드넓은 호수를 지키는 수호신처럼 당당히 서 있다. 2005년 당시 인기 절정의 MBC 드라마였던 '슬픈연가' 촬영지 입구에는 자세한 설명과 함께 조형물이 늘어서 있다.

다시 정원으로 향하는 길에 S자형으로 넓은 돌판을 깔아서 만든 길

대청호오백리길

이 초록 잔디와 어우러져 예쁘다. 동심으로 돌아가 징검다리를 건너는 기분으로 돌을 밟고 건너니 대청마루가 우리를 기다린다. 건너편으로는 크고 작은 항아리들이 나란히 정렬해 있는 장독대가 눈길을 끈다. 예쁘게 꾸며진 꽃밭 옆으로 늘어선 기와를 얹은 한식 담장길을 걸으며 정원 구경을 마무리한다. 나무 데크 길을 따라서 천천히 걷다 보니 어느덧 출발점인 마산동 쉼터다.

차로 이동하여 대청호 오백리길 쉼터에 내리니 어디선가 멋진 색소폰 소리가 우리를 반겨준다. 쉼터 팔각정에서 열심히 연주하는 색소폰 소리를 뒤로하며 호수로 내려가는 길로 향한다. 호수길 주변에는 길을 정비하느라 베어진 잡초들이 두둑이 쌓여 진한 풀 내음을 내뿜는다. 호수가 훤히 보이는 길목에서 천천히 주변 풍광을 감상하며 여유를 즐기고 호수로 최대한 나아갈 수 있는 지점에서 되돌아와 2시간여의 호반길 여행을 마무리한다.

tip

호반낭만길 중간중간에 전망 좋은 곳과 식당들이 있고 3곳의 주차장 쉼터가 있어서 동반 인원에 따라 코스 선택이 가능하다. 여름에는 연꽃마을에서 연꽃을 감상하고 가을에는 가래울마을에서 국화축제가 열린다.

재미있는 꽃 이야기

백일홍: 꽃이 100일 동안 붉게 핀다고 하여 붙여진 이름으로 백일초라고도 하며 모양과 색깔이 다양하다. 원래는 잡초였으나 여러 화훼가들이 개량하여 현재의 예쁘고 화려한 모습이 되었다. 멕시코 원산의 귀화식물로 관상용으로 널리 재배하여 여름에서 가을까지 주변에서 흔히 볼 수 있는 꽃이다. 색깔별로 꽃말이 달라서 붉은색은 인연, 주황색은 헌신, 노란색은 당신을 잊지 않겠다, 흰색은 순결이다.

겨레의 역사가 숨 쉰다

독립기념관
단풍나무 숲길

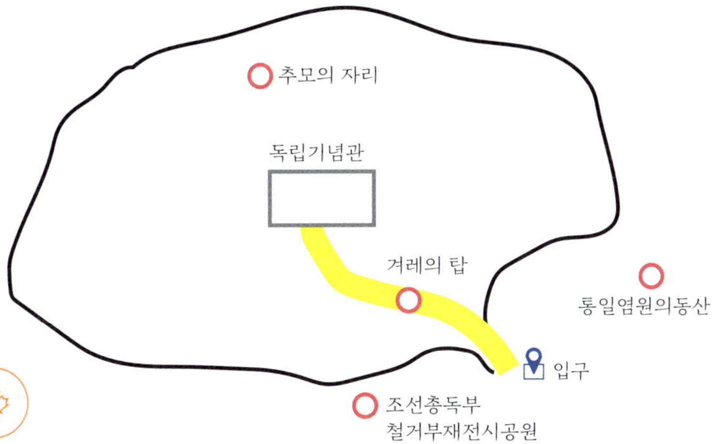

난이도 하　분류 공원　계절 가을

코스 주차장 - 통일염원의 동산 - 독립기념관입구 - 조선총독부철거부재전시공원 - 단풍나무숲길(3,164m) - 주차장

길이 4.5km(순환코스)　시간 2시간

출발지점 독립기념관주차장; 충남 천안시 동남구 목천읍 독립기념관로 1

주차장 독립기념관주차장

독립기념관은 국난을 극복하고 민족의 독립을 위해 헌신한 조상들의 발자취와 얼을 기리고 후손들에게 긍지를 심어주기 위해 국민의 성금으로 건립한 뜻깊은 곳이다. 독립기념관 주변으로 아름다운 단풍나무를 벗 삼아 걸을 수 있는 단풍길은 요즘 같은 가을에는 걷기에 최적이다. 심한 일교차로 단풍이 더욱 예쁘게 물든다고 하니 오늘의 코스가 더욱 기대된다.

겨레의 밝은 희망과 국민의 통일 염원을 담은 아름다운 길

많은 양의 가을비를 뿌리던 10월 하순의 어느 주말, 걷기 일정을 하루 미룬 다음 날 아침에 창문 너머 들리던 빗소리가 멈춘 것에 일단 안도한다. 비 온 다음 날에는 풍경이 더욱 선명해져 걷기에도 좋고 사진 찍는데도 그만이다. 주말 아침인 만큼 교통 혼잡과 인파를 고려해서 일찍 도착할 수 있도록 발걸음을 재촉한다. 가을의 정취가 물씬 느껴지는 고속도로를 지나 노란 은행나무들의 환영을 받으며 독립기념관 주차장으로 들어선다. 높은 가을 하늘 위를 날아오를 듯이 우뚝 솟은 겨레의 탑이 저 멀리 보이는 겨레의 집을 배경으로 하나의 작품을 만든다. 통일염원의 동산으로 향하는 계단을 덮은 낙엽들이 가을의 운치를 더해준다.

통일염원의 동산은 가운데 서 있는 통일의 종을 중심으로 세 쌍의 원뿔형 무지개 모양의 통일염원탑이 둘러싸고 있는 인상적인 조형물이다. 동산을 둘러싸고 있는 벽돌담에는 국민의 통일 염원을 벽돌에 새겨 넣었는데 문구 하나하나가 매우 인상적이다. '조국통일 민족통일', '우리 모두 하나 되어', '보고 싶은 내 고향', '아! 가고 싶다 사랑하는 내 고향' 등 많은 사람의 통일에 대한 깊은 열망이 느껴진다. 정문으로 방향을 바꿔 백련못을 지나 겨레의 집 앞에 태극기 한마당에 서 본다. 가을바람에 펄럭이는 수많은 태극기의 모습이 가히 장관이다. 자랑스러운 대한민국 국민으로서 자긍심을 되새기고 벽천분수에 이르니 수면 위로 아름다운 가을 경치를 머금은 호수가 보인다. 물 위의 그림을 사진에 담고 조선총독부 철거부재 전시공원으로 향한다.

푸른 가을 하늘에 수놓은 오색 단풍이 어우러진 단풍나무 숲길

조선총독부 철거부재 전시공원은 1995년 광복 50주년을 맞이하여 일제의 잔재를 청산하고 민족정기를 회복하기 위해 철거한 조선총독부 건물의 철거자재로 조성한 공원이다. 공원 중심부에 원형으로 땅을 파서 구 서울시청 첨탑 철거물을 설치했는데 이는 일제의 잔재를 지하에 청산하고 극복한다는 의미를 부여한 것이라고 한다. 이윽고 오늘의 하이라이트인 단풍나무 숲길에 들어선다. 단풍나무 숲길은 흑성산 일원의 수려한 자연 수림을 최대한 활용하여 휴식 공간을 제공하고자 만들어진 길로 총 3,164m의 길 주변에 단풍나무 1,127그루를 심어 1996년에 완공한 길이다. 시작점의 울긋불긋 단풍나무들이 화려한 자태를 서로 뽐내기라도 하듯 푸른 가을하늘을 배경으로 일렬로 늘어서 찾아오는 손님들을 반긴다.

아직 물들지 않은 녹색의 나무들부터 붉은색이 아닌 노란색의 옷을 입은 나무들까지, 같은 붉은색이라도 검붉은 벽돌색에서부터 붉은 피를 상기시키는 선홍색까지, 말 그대로 오색 단풍 옷을 곱게 차려입었다. 길을 걷다 보니 단풍잎으로 멋지게 장식한 세발자전거를 몰고 아이가 열심히 달려간다. 길가에 앉아 떡을 나눠 먹으며 담소를 나누는 어르신들, 아름다운 풍경을 사진에 담느라 정신없는 아가씨들까지 모두 즐거워 보인다. 즐거운 마음으로 종점으로 돌아와 2시간 여정의 단풍나무 숲길 여행을 마무리한다.

tip

단풍나무 숲길은 잘 정비된 아스팔트 길로 남녀노소 누구나 가볍게 산책할 수 있는 길이다. 유관순 열사의 3.1 독립만세 운동으로 유명한 '아우내 장터'가 있는 병천이 10분 거리다. 이곳에서 지역 특산 음식인 병천순대를 맛볼 수 있다.

생활 속 건강상식

건강을 위해서는 싱겁게 먹는 것이 중요하다. 혈액 내 염분 농도가 오르면 혈액으로 물을 끌어와 혈액량이 증가할 뿐 아니라 혈관이 수축되면서 말초혈관의 저항성이 높아져 결국 혈압이 상승한다. 염분 섭취를 줄여주면 혈압은 그만큼 감소한다.

붉은 일출과 노랗게 물든 나무들의 향연

아산 은행나무길

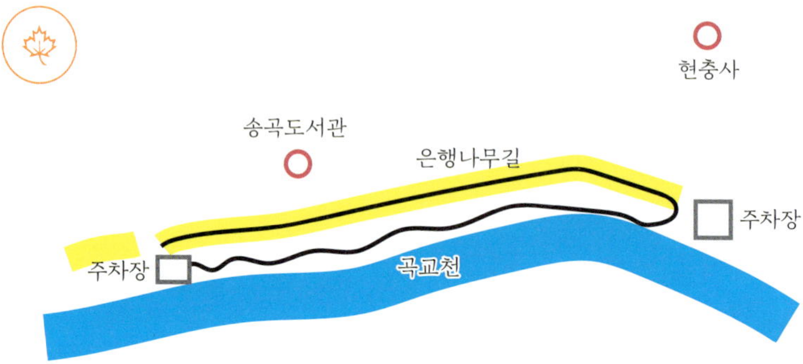

난이도 하 분류 강 계절 가을

코스 은행나무길 입구 - 은행나무길 종점 - 곡교천 수변길 - 은행나무길 입구

길이 2.1km(순환코스) 시간 1시간

출발지점 은행나무길 입구; 충남 아산시 염치읍 백암리

주차장 은행나무길공영주차장

가을 하면 떠오르는 단어가 여러 가지가 있지만, 그중에도 최고는 단풍일 것이다. 형형색색으로 물든 단풍 풍경을 생각만 해도 멋진 작품이 그려진다. 가을 단풍을 대표하는 나무는 아마도 빨강으로 대표되는 단풍나무와 노랑으로 대표되는 은행나무다. 10월의 깊어지는 가을을 느껴보기 위해 노랗게 물든 은행나무를 찾아 충남 아산으로 향한다.

붉은 노을과 노란 은행나무들로 꾸며진 아름다운 거리 숲

가을의 완연한 기운과 함께 조금은 느려진 일출에 해님을 맞이하러 새벽 6시에 서둘러 은행나무길로 향한다. 가을비로 말끔해진 풍광과 함께 새벽 공기를 가르며 한적한 도로를 달리니 7시가 되기 전에 도착이다. 멀리 산 너머로 천천히 떠오르는 붉은 해님이 은행나무 사이로 얼굴을 내밀며 우리를 반갑게 맞아준다. 하천 옆 가지만 남은 나무에 걸쳐진 해님은 새벽부터 기다린 사진작가들에게 붉은 노을을 배경으로 한 멋진 작품을 선사해준다.

은행나무길 시작점에는 이미 많은 사람이 출사를 나와서 카메라 앵글을 잡느라 바쁘다. 갑자기 싸늘해진 날씨에 추워 보이는 하얀 웨딩드레스를 입고 모델을 하는 아가씨의 모습이 눈에 들어온다. 모델과 작가들이 열심히 주고받는 얘기를 가까이 가서 들어보니 우리말이 아닌 낯선 중국말이다. 사진동호회 멤버들끼리 저 멀리 이국에서 이곳까지 출사 관광을 온 모양이다. 아산 은행나무길이 사진 찍기 장소로 세계적 명소가 된 느낌이다.

이어지는 은행나무 거리 숲길에는 잘생긴 하얀 견공이 모델이다. 멋진 애견유모차를 타고 은행나무 거리를 배경으로 당당하게 서 있는 모습이 웬만한 모델 뺨칠 정도로 훌륭하다. 사진작가들의 카메라들이 저 멀리 다른 대상으로 초점이 맞춰진다. 아장아장 엄마 손을 잡고 걸어오는 천진난만한 아기의 모습이다. 숲터널의 색깔은 중간중간 노랗게 물들지 않은 나무들이 섞여서 초록과 노랑의 얼룩무늬다.

코스모스와 함께
가을의 향기를 음미하며 걷는 곡교천 수변길

350여 그루의 아름드리 은행나무 호위를 끝으로 현충사로 들어가는 길이 한창 공사 중이다. 충무공 이순신 장군의 영정을 모시고 애국 충절의 업적을 기리는 사당인 현충사는 우리에게는 옛 추억이 스며 있는 곳이다. 대학에 입학한 새내기 시절 캠퍼스 근처에 있던 현충사는 연인들의 데이트 코스로 사랑을 받았다. 30여 년 전 어느 봄날, 따스한 햇살을 받으며 빛나는 초록의 아름다운 풍경이 눈앞을 스쳐지나간다.

반환점에서 돌아갈 때는 은행나무길 옆으로 나란히 흐르는 곡교천을 따라 조성된 수변길을 여유롭게 걸어본다. 보석처럼 빛나는 푸른 수면을 중심으로 단풍길이 어우러져 한 폭의 멋진 풍경화가 그려진다. 외로이 물가에 서 있는 나무에는 붉은 벽돌색으로 물든 잎들이 떠나기 싫은 듯 손을 꼭 잡고 있다. 길을 지나던 사람들은 나무를 배경으로 추억의 사진을 만드느라 발걸음을 멈추고 순서를 기다린다.

수변 공터에는 가을을 대표하는 코스모스들이 군락을 이뤄 찾아온 사람들에게 환한 미소를 짓고 있다. 바람의 뜻을 반하지 않고 한들한들 춤추는 코스모스꽃들의 한가함에 우리도 잠시 빠져든다. 아름다운 풍경과 함께 느림의 미학을 느끼며 커피 한 잔의 여유도 맘껏 즐길 수 있는 고마운 길이다. 시간이 허락되면 완벽히 물들었을 때 다시 와보기로 약속하며 2.1km, 1시간여의 걷기를 마무리한다.

tip

2015년부터 매년 10월에 가을 풍경과 함께 다양한 문화예술을 즐길 수 있는 은행나무길 축제가 열린다. 주변에는 현충사, 장영실과학관, 외암민속마을, 지중해 마을과 온양온천 등 볼거리와 즐길 거리가 많다.

생활 속 건강상식

혈압이 정상인 경우에도 짜게 먹으면 뇌졸중과 심장병의 위험성이 뚜렷하게 높아진다. 고혈압이 있으면 뇌졸중의 위험을 3배 이상 높이고 짜게 먹으면 위험성은 더욱 증가한다. 염분 섭취를 줄이면 뇌졸중과 심장마비의 위험성을 줄일 수 있다.

화려한 꽃들과 아름다운 정원이 조화를 이룬

국립세종수목원

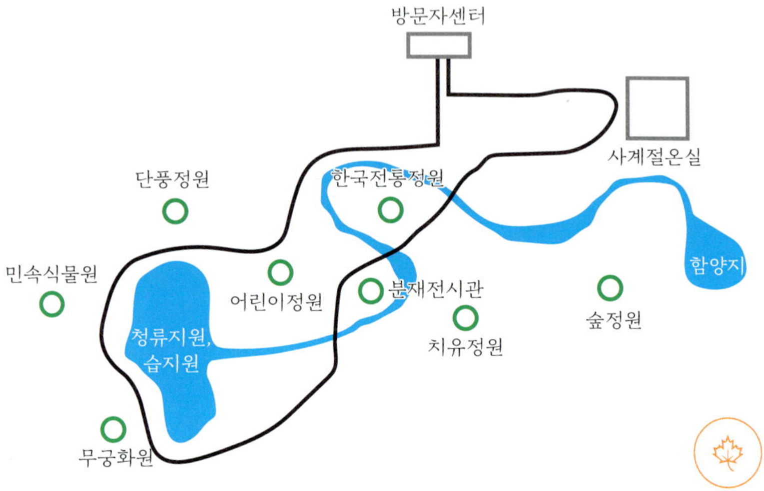

난이도 하 분류 공원 계절 가을

코스 입구 - 사계절온실 - 한국전통정원 - 분재전시관 - 무궁화원 - 단풍정원 - 입구

길이 5.5km(순환코스) 시간 2시간

출발지점 국립세종수목원 방문자센터; 세종시 수목원로 136

주차장 국립세종수목원주차장

국립세종수목원은 국내 최초의 도심형 국립수목원으로 기후 및 식생대별 수목 유전자원의 보존과 자원화를 위해 설립되었다. 20만여 평의 드넓은 면적에 조성되어 2,834종 172만 본의 다양한 식물을 보유하고 있다. 2020년부터 개방되어 사계절 전시온실, 한국 전통정원, 분재전시관 등 다양한 볼거리와 관람코스로 탐방객들에게 많은 사랑을 받고 있다.

형형색색의 아름다운 식물들로 꾸며놓은 사계절 전시온실

수목원에 들어가서 첫 방문지인 사계절 전시온실은 축구장 면적의 1.5배 크기로 붓꽃을 모티브로 디자인한 국내 최대 규모의 온실이다. 지중해 전시온실로 들어서니 환하게 느껴지는 분위기 속에 다양한 식물들이 우리를 반겨준다. 전망대에 올라가 세종시를 배경으로 수목원 전체를 바라보고 안으로 들어와 온실 내부를 천천히 둘러본다. 잘 꾸며진 길을 따라 걸으니 동화 속 아름다운 장면을 떠오르게 하는 분재가 신비로운 모습을 드러낸다. 다음 차례로 포토존으로 인기 있는 항아리처럼 몸통이 통통한 케이바물병나무와 사진을 남긴다.

열대 전시온실로 들어서니 시원하게 쏟아지는 폭포수가 땀을 식혀준다. 부족한 양분을 보충하기 위해 곤충을 잡아먹는 식충식물들을 신기한 듯 바라본다. 붉게 타오르는 횃불이나 탐스러운 딸기를 연상시키는 횃불생강의 자태가 화려하다. 노란연꽃바나나와 붉은 케리안드라의 강렬한 색감의 꽃이 지나는 사람들의 눈길을 사로잡는다. 작은 연못에는 보랏빛 수련이 예쁘게 피어 있고 작은실잠자리 한 마리가 살며시 앉아 모델이 되어준다.

계절에 따른 특색을 담아 언제나 화려한 꽃을 볼 수 있게 꾸며놓은 특별 전시온실은 입구부터 화려하다. 예쁜 장식품과 함께 아름다운 식물로 채워진 모든 장소가 사진을 찍기 좋은 포토존이다. 커피를 마시고 싶은 예쁜 카페를 연상시키는 장면에서부터 하와이에서 아름다운 추억을 연상시키는 장면까지 다양하다. 상상 속에서는 예쁜 신혼부부 한 쌍이 야외촬영을 하면서 얼굴에 미소가 가득한 표정이 그려진다.

멋지게 꾸며진 전통정원과 아름다운 풍광이 어우러진 길

온실 관람을 마치고 한국 전통정원으로 가는 길목에는 국화인 무궁화가 출신지역별로 전시되어 있다. 각자의 이름표에는 출신지역과 함께 수령이 적혀 있는데 젊은 10대부터 60대까지 다양하다. 정원으로 건너가는 다리에서 바라보이는 수목원의 초록 풍광이 멀리 빌딩 숲과 어우러져 멋지다. 아직은 수목원의 나무들이 길가에 그늘을 만들어주지는 못하지만 푸른 하늘과 함께 아름다운 풍경을 선물해준다.

궁중정원에 들어서니 연못을 중심으로 웅장한 궁궐과 화려한 정자가 우리를 맞아준다. 연못에는 하얀 솜털의 예쁜 꽃잎을 지닌 작은 어리연꽃들이 함박웃음을 머금고 피어 있다. 실내화를 신고 정자에 들어가니 무더운 날씨에도 불구하고 사방에서 불어오는 바람 덕에 온몸이 시원하다. 창문 너머로 보이는 정원의 아름다운 풍경이 한 폭의 동양화를 연상케 한다.

궁궐 관람을 마치고 분재전시관으로 들어서니 화분에 담긴 분재와 함께 심어진 나무들도 작품처럼 꾸며져 있다. 관람로를 따라 미술작

품 같은 수많은 분재가 늘어서서 오는 손님들을 기다리며 자태를 뽐낸다. 호수를 따라 산책로를 따라 걸으면서 보이는 뭉게구름과 궁궐이 어우러진 수목원의 풍광이 정말 멋지다. 만 보, 2시간여의 수목원 여행을 끝내고 맛집에서 숯불돼지갈비를 먹으며 오늘의 일정을 마무리한다.

tip

국립세종수목원 홈페이지(http://www.sjna.or.kr)에서 자세한 정보를 얻을 수 있다. 사계절 전시온실 관람은 홈페이지에서 예약이 필요하다. 다양한 수목원 해설 프로그램과 교육 과정이 준비되어 있다.

생활 속 건강상식

짜게 먹으면 콩팥에서 소변으로 나트륨 배설을 증가시킨다. 나트륨이 배출될 때 칼슘이 함께 배출되면서 체내 칼슘이 부족하게 되고, 결국 이 부족한 칼슘을 유지하기 위해 뼈 속의 칼슘이 빠져나온다. 결과적으로 골감소증이나 골다공증이 생길 수 있다.

아름다운 숲과 호수 풍경이 어우러진

산막이옛길

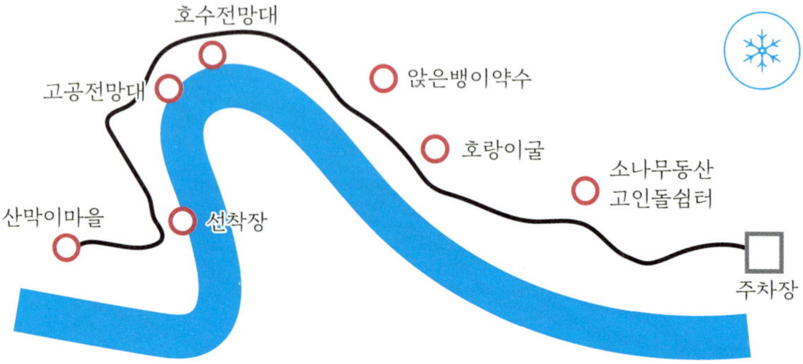

난이도 중 분류 호수 계절 겨울

코스 입구 - 소나무동산 - 호랑이굴 - 고공전망대 - 산막이마을(반환점) - 고공전망대 - 입구

길이 5.5km(회귀코스) 시간 2시간

출발지점 산막이옛길 입구; 충북 괴산군 칠성면 사은리 546-1

주차장 산막이옛길주차장

충북 괴산에 있는 산골 오지 마을인 산막이 마을까지 이어지는 총길이 10리의 옛길을 자연환경을 훼손하지 않는 공법으로 복원하여 자연미를 그대로 간직한 고향마을 산모롱이 길이다. 아기자기한 길을 따라 펼쳐지는 숲속의 나무들과 호수의 풍경을 따라 옛이야기가 숨겨진 명소를 만나다 보면 이곳을 찾아온 사람들은 누구나 반하게 된다.

아기자기 재미있는 이야기 명소가 숨어 있는 길

1957년에 우리의 기술로 국내 최초 준공한 괴산댐은 이 지역의 상징이자 자랑이다. 댐 주변의 자연생태계를 고스란히 간직하며 나무데크로 안전하게 만들어진 산책로 주변으로 26개의 명소가 있어 둘러보는 재미도 쏠쏠하다. 옛길의 시작은 사랑의 징표인 연리지이다. 뿌리가 서로 다른 나무가 서로 합쳐져서 만들어진 연리지 앞에서 지극 정성으로 기도를 하면 두 사람의 사랑이 이루어진단다. 다음은 이곳의 명물인 소나무 출렁다리, 소나무 숲에 나무 사이사이로 길게 출렁다리를 만들어 짜릿하게 스릴을 만끽할 수 있다. 특히 징검다리처럼 나무판이 서로 떨어져 있어 더욱 흥미 만점이다.

뜨거운 사랑을 나누는 남녀의 모습을 연상케 하는 정사목으로 향한다. 두 소나무가 만들어낸 작품을 보고 위대한 자연의 신비에 감탄한다. 여우비 바위굴 앞에서 어린 형제의 모습이 제법 진지하다. 형이 동생에게 여름철 갑자기 내리는 소낙비인 여우비의 의미를 열심히 설명하니 동생은 그제야 알았다는 듯이 고개를 끄덕인다. 잠시 호수를 감상하며 걷다 보니 스핑크스 바위와 옷 벗은 미녀 참나무가 반긴다. 미녀 참나무의 엉덩이는 지나는 사람들의 사랑스러운 손길로 반들반들하다. 성경 말씀처럼 앉은뱅이를 걷게 했다는 이야기가 전해지는 치료 효험이 있는 약수가 졸졸 흘러나오는 앉은뱅이 약수터다. 여름에도 시원한 바람이 분다는 얼음 바람골을 지나 중간지점인 호수 전망대에 다다른다.

멋진 호수와 전망대가 어우러진 고향 마을 가는 길

한자어 뫼산(山) 자를 연상시키는 괴산바위를 지나니 호수의 풍광이 한눈에 들어오는 고공전망대다. 깎아지른 듯한 40m 절벽 위에 세워진 망루로 바닥이 유리면이라 지상낙원 속 공중에 떠 있는 느낌이다. 하얀 호수와 어우러진 멋진 풍경을 사진에 남기고 우리 부부의 추억도 사진으로 담아본다. 옛길 중에 가장 높은 40계단을 오르는 마흔고개를 넘으며 낙엽이 수북이 쌓인 바위 절경을 감상한다.

다래나무 덩굴로 만들어진 다래숲 동굴을 지나니 진달래 동산이다. 아직은 꽃망울을 터뜨리지 못한 진달래들이 간절히 봄이 오기만을 기다린다. 길 양편으로는 바위에 그려진 예쁜 시와 그림들이 전시되어 있다. 가재들이 살 수 있도록 만들어 놓은 가재 연못에는 소원을 빌며 던져진 동전들이 가득하다. 얼어붙은 물레방아 옆에서는 떡메 치는 소리가 요란하다. 시장한 터에 이곳에서 방금 만들어져 김이 모락모락 나는 인절미로 요기를 한다.

산막이 나루터를 지나 호수 위에 연꽃바위와 거북바위를 바라보며 커피 한 잔을 나눈다. 소달구지 길을 따라 여정의 종점인 노수신 적소(귀양살이 집)인 수월정으로 간다. 옛날 선비 한 분이 한적한 이곳에서 풍월을 음미하는 모습이 상상 속으로 떠오른다. 빠른 속도로 온 길을 되짚으며 돌아가니 시간이 반밖에 안 걸린다. 괴산의 맛거리 중에 하나인 올갱이 해장국으로 속을 든든히 채우고 오늘의 일정을 마감한다.

tip

시간 여유가 있으면 등산 코스로 한반도 전망대에 올라가서 한반도 지형을 감상해 보는 것도 좋다. 겨울철 빙하기가 아니면 산막이 선착장에서 괴산호 유람선을 타고 풍경을 감상하며 돌아오는 것도 추천코스다.

재미있는 나무 이야기

연리목: 연리(連理)는 뿌리가 서로 다른 나뭇가지들이 서로 엉켜서 마치 한 나무처럼 합쳐서 자라는 매우 드문 현상이다. 나무의 원줄기가 합쳐지면 연리목이라 하고 나뭇가지만 연결되면 연리지라고 한다. 예전에는 효성이 지극한 부모와 자식을 비유하였으나 최근에는 연인 사이나 부부 사이에 일심동체의 의미로 남녀 간의 변치 않는 사랑에 많이 비유된다. 전국 각처에 유명한 연리목들이 있으며 정사목도 그중에 하나다.

PART 5

전라도

숲속의 정기로 심신을 건강하게 해주는

/

장성 치유의 숲

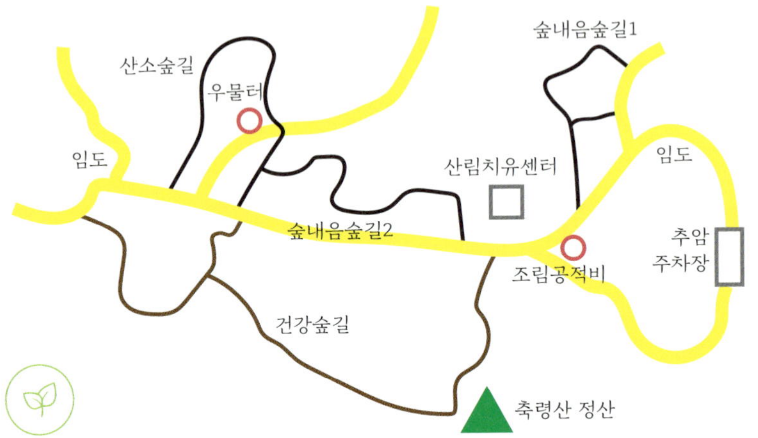

난이도 중 분류 숲 계절 봄

코스 주차장 - 임도 - 조림공적비 - 숲내음숲길 - 산소숲길 - 임도 - 주차장

길이 7.5km(순환코스) 시간 3시간

출발지점 장성치유의숲안내센터주차장(추암마을); 전남 장성군 서삼면 추암로 716

주차장 장성치유의숲안내센터주차장(추암마을)

축령산 자락에 위치한 이곳은 문학평론가 춘원 임종국 선생님이 후손들을 위해 1956년부터 약 30년간 편백나무와 삼나무를 심어 만든 숲이다. 그러던 것이 2010년 장성 치유의 숲으로 조성되어 2011년 개장했다. 이곳에는 이름도 예쁜 6개의 걷기 코스가 있다. 바로 숲내음숲길, 산소숲길, 건강숲길, 물소리숲길, 맨발숲길, 하늘숲길이다. 어디를 선택해도 후회 없는 숲길로 일상에 지친 사람들의 치유의 숲으로 많은 사랑을 받고 있다.

편백나무의 피톤치드 향이 풍부한 산림욕을 즐기는 숲길

편도 3시간 30분의 거리를 하루에 다녀오고자 아침부터 서둘러 서해안 고속도로로 향한다. 휴게소에서 잠시 쉬며 커피 한 잔을 마시고, 운전도 서로 교대해가며 무사히 장성 진입에 성공한다. 고속도로를 벗어나자마자 시골의 한적함이 느껴진다. 정적인 풍경 속에서 경운기를 운전하며 농사 준비에 한창인 농부들의 움직임이 바쁘다.

추암주차장에 차를 세우고 짐을 챙겨 치유의 숲 안내센터로 천천히 발걸음을 옮긴다. 길가에 노란 유채꽃들이 활짝 웃으며 우리 부부의 방문을 환영한다. 어느 집엔가 수줍은 모습으로 붉게 물든 동백꽃 두 송이가 피어 지나는 사람들에게 인사를 한다. 그 모습이 참 소담스럽다. 포장도로를 벗어나 본격적인 산길로 들어서니 길 위에 떨어진 벚꽃들이 마치 우리의 가는 길을 안내하듯 이어진다.

안내센터 앞에서 오늘의 일정을 구상해 본다. 우리는 2개의 코스로 나뉜 숲내음숲길 중 편백나무 가득한 숲길을 먼저 선택한다. 숲길로 들어서자 하늘을 찌를 듯이 높고 곧게 뻗은 편백나무들이 나란히 늘어서 있다. 그 위엄에 나도 모르게 감탄을 연발한다. 피톤치드 향이 물씬 풍기는 숲내음을 맡으니 세상 근심을 모두 잊은 채 신선이 따로 없다. 편백나무 사이로 층층나무들의 연초록 푸른 잎이 햇빛에 반짝여 더욱 아름다운 모습이다.

푸르른 녹음과 화려한 봄꽃들의 앙상블이 어우러진 숲길

산새소리를 들으며 다시 안내센터 방향으로 걷는다. 안내센터 주변에는 봄꽃이 만개해 찾는 사람들의 기분을 상쾌하게 만든다. 정말 오랜만에 보는 고개 숙인 검붉은 할미꽃, 빨간 복주머니가 주렁주렁 달린 금낭화, 봄바람에 한들한들 흔들리는 제비꽃, 노란 민들레와 불면 날아갈 듯한 동그란 민들레 포자까지 화사한 봄꽃의 향연이 펼쳐진다.

또 다른 숲내음숲길 코스로 향하자 철쭉이 한창이다. 돌계단을 내려가니 작은 나무 조각들을 가지런히 깔아 만든 산책로가 나온다. 당장이라도 맨발로 걸어보고 싶다. 여러 갈래로 갈라진 숲길을 걸으니 이전과는 또 다른 맛이 느껴진다. 지나간 가을 낙엽 위에 떨어진 분홍 진

달래 꽃잎은 두 계절의 공존을 보여주는 것 같다. 갈라진 다른 오솔길은 푸르른 풀로 만든 초록색 카펫길이다.

쉼터에서 잠시 숨을 고르고 추암마을로 발길을 돌린다. 올라올 때와는 다른 초록 숲이 우거진 임도길이다. 오전에 잠시 내린 빗방울들이 나뭇잎에 대롱대롱 매달려 영롱하게 반짝인다. 길가의 작은 웅덩이는 올챙이로 가득하다. 주차장에 다다르자 눈앞에 나타난 축령산의 아름다운 풍광에 나도 모르게 황홀감에 빠져든다. 조금씩 채도와 명도를 달리한 초록 나뭇잎들이 만든 축령산의 아름다운 풍경을 수채화로 남기고 싶은 마음이 가득하다. 멀리서 들리는 새들의 지저귐을 여운으로 남기며 3시간여의 숲내음숲길 일정을 마무리한다.

tip

어르신과 함께 걷거나 유모차가 있는 경우에는 잘 정비된 임도로만 걸어도 좋은 산책 코스다. 국립장성숲체원에서는 다양한 교육과 산림치유프로그램이 있으니 온라인으로 예약을 하고 방문하면 된다.

재미있는 꽃 이야기

금낭화: 산지의 돌무덤이나 계곡에서 볼 수 있는 여러해살이풀로 꽃의 모양이 예쁘고 귀여워서 관상용으로도 많이 가꾼다. 볼록한 주머니 모양으로 붉은색 꽃이 줄기에 연이어 달린 모양으로 5~6월에 피는데 아주 앙증맞은 모양이다. 옛날에는 며느리들이 차고 다니는 주머니를 닮아서 '며느리주머니'로 불리기도 했단다. 꽃말은 겸손과 순종의 의미가 담긴 '당신을 따르겠습니다'이다.

조록 숲길과 황홀한 해안 절경이 어우러진

/

고하도 용오름길

난이도 중 분류 섬/숲 계절 여름

코스 이충무공유적지 - 용오름길 입구- 말바우 - 용머리 - 큰덕골저수지 - 용오름길 입구

길이 7km(유적지 1km + 용오름길 6km)(순환코스) 시간 3시간

출발지점 고하도복지회관; 전남 목포시 고하도안길 10

주차장 고하도복지회관주차장

'목포' 하면 떠오르는 유달산 앞바다에 용의 형상을 하고 떠 있는 고하도는 용섬으로 불리기도 한다. 고하도 복지회관 주차장에서 용머리까지 2.9km 용오름길로 가서 3.1km 둘레숲길로 돌아오는 용오름길은 멋진 바다 전망을 볼 수 있는 해안 데크와 아름다운 숲길이 이어지는 코스로 해상케이블카와 함께 많은 사람의 사랑을 받고 있다.

충무공의 유적과
멋진 바다 전망이 어우러진 용오름길

고하도로 연결해주는 목포대교를 건너 목표 지점인 주차장에 도착해서 이충무공 유적지로 향한다. 정유재란 때 이순신 장군이 머물면서 수군진성을 쌓고 전력을 가다듬었던 곳으로 역사적으로도 뜻깊은 유적이다. 고하도 선착장 입구에 들어서니 S자형 물길이 그려진 개펄 뒤로 푸른 바다와 하늘이 어우러진 멋진 풍광이 눈을 사로잡는다. 유적지로 오르는 길가에는 흰색 무궁화가 활짝 피어서 오는 손님들을 반갑게 맞아준다.

유적지를 둘러보고 넘어오니 본격적인 용오름길의 출발점임을 알려주는 안내판이 우리를 부른다. 숲속 오솔길을 따라 천천히 오르니 순차적으로 주변의 멋진 풍광이 보이면서 커다란 바위가 나타난다. 칼바위를 지나 말바우 정상에 오르니 뭉게구름에 푸른 하늘을 배경으로 한 목포 앞바다의 아름다운 풍경이 환상적인 작품으로 다가선다. 커다란 바위 위에 뿌리를 내린 분재 같은 작은 소나무가 신기하면서도 대견하다.

다시 이어지는 숲길을 따라 걷다 보니 멀리 보이던 신비한 모양의 전망대가 조금씩 가까워진다. 영화에서 보았던 움직이는 성을 떠오르게 하는 모양의 전망대는 나중에 알고 보니 이순신 장군이 전투에 사용한 판옥선을 여러 개 겹쳐서 만든 디자인이다. 유달산에서 고하도까지 바다를 횡단하는 해상케이블카의 모습도 점차 선명해진다. 전망 좋은 곳에서 잠시 휴식을 취하며 고하도 용머리에서 목포대교로 이어지는 시원한 풍경을 감상한다.

아름다운 해안 절경과 건강한 초록 숲이 이어지는 숲길

전망대 옆으로 용오름길의 하이라이트인 해안 데크로 가는 계단은 절벽을 따라 매우 가파르다. 쉬지 않고 계단을 내려와서 바라보이는 끝없는 해안 데크와 목포대교의 웅장한 모습이 인상적이다. 바다를 건너는 빨간 해상케이블카와 초록 유달산의 풍경 또한 정말 아름답

다. 해안 기암괴석 사이로 누군가 심어놓은 듯한 예쁜 야생화들이 지나는 사람들의 눈길을 끈다. 데크에서 뒤를 돌아보니 전망대와 푸른 하늘이 어우러져 멋진 풍경화를 그려준다.

해안데크에서 목포대교를 지나 유달산의 멋진 모습까지 파노라마 사진으로 남기고 이순신 장군 포토존으로 발길을 이어간다. 늠름한 장군상을 주인공으로 인증사진을 찍고 용머리 종착점에서 용의 승천 형상을 한 조각상과 함께 반환점 도착을 자축한다. 숲길로 올라가서 중간중간 나무 사이로 보이는 아름다운 바다 풍광을 감상하며 발걸음을 옮긴다. 전망대를 지나서 갈림길에서 숲길로 들어서니 피톤치드 풍부한 맑은 공기로 발걸음이 가볍다.

초록 잎으로 우거진 조용한 숲길에 붉은색의 작은 게가 부동자세로 길가에 멈춰 서 있는 것을 발견하고 사진으로 남긴다. 이런 숲길에 게라니 내가 잘못 본 게 아닌가 하고 휴대폰으로 조회해 보니 도둑게란다. 이 게들이 부엌에 몰래 들어와서 음식을 훔쳐먹어서 붙여진 이름이다. 큰덕골저수지를 지나 마지막 숲길로 합쳐져서 출발점에 무사히 도착한다. 7km, 3시간여의 섬 일주를 마치고 삼학도 포장마차에서 맛있는 메뉴로 일정을 마무리한다.

tip

어르신이나 어린이와 함께한 경우 목포해상케이블카를 타고 북항에서 유달산을 거쳐 고하도 승강장에 내려서 전망대와 해안데크를 걷는 짧은 코스도 좋다. 유달산 승강장에 내려서도 유달산 전망대와 등반 코스를 걸어 볼 수도 있다.

생활 속 건강상식

짜게 먹으면 콩팥 기능 악화를 가속화 할 수 있다. 콩팥 기능이 떨어지면 염분과 수분을 제대로 배설하지 못하여 혈액량이 많아지고 그 결과 몸이 붓고 혈압이 높아져 콩팥 자체뿐만 아니라 심장이나 다른 기관에도 나쁜 영향을 미친다.

자연과 문화를 품은 천년 세월의 명품 숲길

해남 달마고도

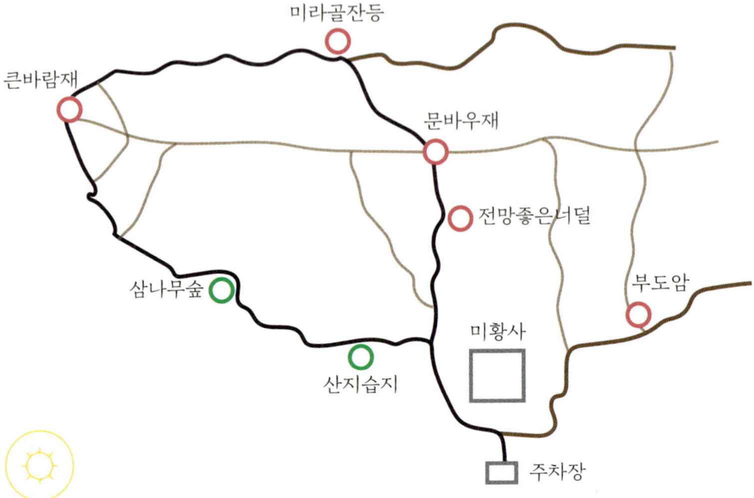

난이도 상 분류 산 계절 여름

코스 미황사 - 삼나무숲 - 큰바람재 - 미라골잔등 - 문바우재 - 전망좋은너덜 - 미황사

길이 8.5km(순환코스) 시간 4시간

출발지점 미황사; 전남 해남군 송지면 미황사길 164

주차장 미황사주차장

달마고도는 해남 달마산에 '천년의 세월을 품은 태고의 땅, 낮달을 찾아 떠나는 구도의 길'을 주제로 만들어진 명품 둘레길이다. 미황사에서 시작하여 달마산 주능선 전체를 아우르는 여행길로 많은 생태와 문화자원을 품고 있다. 기계를 쓰지 않고 순수 사람의 손으로만 길을 닦아 자연 훼손을 최소한 상태로 옛길을 복원한 아름다운 길이다.

아름다운 숲과 신비한 자연의 조화로 만들어진 달마고도

달마고도의 출발점인 미황사 주차장에 차를 세우고 일주문을 지나 절로 오르는 숲길을 따라 발걸음을 옮긴다. 여느 절처럼 부처와 불법을 지키는 수호신인 사천왕이 늠름히 서 있는 천왕문 옆으로 안내판이 오는 손님을 맞아준다. 4개의 코스로 이어지는 달마고도에서 오늘은 1코스를 지나 2코스 중반에서 봉우리로 넘어오는 일정이다.

시작점부터 아름다운 숲길이 이어지고 갈림길에는 나무 모양의 표지목들이 우리의 갈 길을 이끌어준다. 습한 날씨 때문인지 길가에는 이름을 알 수 없는 예쁜 버섯들이 낙엽 위로 모습을 드러낸다. 어디선가 들려오는 소프라노 톤의 아름다운 새소리에 잠시 발걸음을 멈추어 귀 기울인다. 차가 지날 수 있는 널따란 임도로 들어섰다가 다시 숲속 오솔길로 이어진다. 주변이 갑자기 환해지면서 눈앞에 커다란 돌들이 물 흐르듯 바위 계곡을 만든 풍광이 인상적이다. 돌이 많이 흩어져 있는 비탈이라는 의미의 '너덜'이 바로 이곳이다.

숲길을 지나 조그만 연못이 있는 옛 암자터 바위 위에서는 무당개구리 한 마리가 편한 자세로 여유를 즐긴다. 잠시 명상을 즐기고 산길을 따라 걸으니 분홍색 노루오줌꽃들이 바람과 함께 춤을 춘다. 숲길과 너덜이 반복되는 아름다운 둘레길을 감상하며 걷다 보니 1코스가 끝나는 큰바람재 표시가 나타난다. 고개 이름처럼 어디선가 큰 산바람이 불어와 온몸을 적신 땀을 시원하게 식혀준다.

정상의 멋진 풍광과 바위의 아름다운 형상이 이어지는 숲길

2코스로 이어지는 숲길을 따라 걷다가 길가에 핀 예쁜 야생화들이 발길을 멈추게 한다. 그중에도 빨간 꽃잎에 2개의 쌀알이 그려진 듯한 꽃이 더욱 눈에 들어온다. 처음 보는 꽃이라서 휴대폰으로 알아보니 '꽃며느리밥풀'이라는 재미있는 이름의 꽃이다. 또 다른 너덜을 지나 숲길로 들어섰는데 길 저편으로 검은 오소리 한 마리가 겁도 없이 우리에게 다가선다. 어느 순간 우리를 발견한 오소리는 쏜살같이 길옆 숲속으로 사라져버린다.

길가 바위에는 오랜 세월 누군가가 그린 듯한 연녹색의 재미있는 그림들이 눈길을 끈다. 흔한 둥근달 모양에서부터 가운데가 빈 도넛 모양, 동물이나 사람 모습까지 다양하다. 먹잇감을 따라가서 잡아먹는 추억의 전자오락 게임을 생각나게 하는 재미있는 모양은 인상적이다. 볼거리를 즐기며 걸으니 산 정상 코스로 갈라지는 지점인 미라골잔등이다. 문바위로 오르는 돌계단을 하나씩 오르니 확 트인 주변 풍광이 들어오면서 세찬 바람이 분다.

돌기둥으로 문처럼 생긴 바위들이 여기가 바로 문바우재 정상임을 알려준다. 정상 고개를 넘어서 처음 나타난 관문은 좁은 바위 사이를 통과해야 하는 난코스다. 겨우 빠져나와 밧줄을 잡고 조심스럽게 내려오면서 멋진 바위 풍광에 감탄을 연발한다. 숲길을 따라 내려오다가 전망이 좋다는 너덜에서 산 아래 풍경을 감상하고 발길을 이어간다. 처음 갈라진 숲길과 다시 만나 미황사 출발점으로 돌아와 4시간여의 숲길 여행을 마무리한다.

tip

달마고도는 4개의 구간, 17.7km, 6시간 정도 소요되는 코스로 시간이 가능하면 전체를 걸어볼 것을 추천한다. 매년 해남군에서 주최하는 달마고도 축제가 열리므로 시기에 맞춰 가보는 것도 좋다.

재미있는 꽃 이야기

꽃며느리밥풀: 산지의 숲 가장자리에서 서식하는 한해살이풀로 붉은 꽃잎에 2개의 하얀 밥풀 모양의 무늬가 특징적이다. 옛날 못된 시어머니가 며느리가 밥이 잘 되었는지 보려고 밥알을 입에 넣자 어른보다 밥을 먼저 먹었다는 이유로 며느리를 때려죽였고 나중에 죽은 며느리의 무덤가에 이 꽃이 피어 꽃며느리밥풀이라 했다는 전설이 있으며, 그래서 꽃말도 '여인의 한'이다.

초록 붕어섬과 호수 주변 풍광이 아름다운

옥정호 물안개길

난이도 중 분류 호수 계절 여름

코스 주차장 - 나무 데크길 - 전망대 - 내마마을 - 마을길 - 주차장

길이 5km(회귀/순환코스) 시간 2시간

출발지점 국사봉제2전망대 주차장; 전북 임실군 운암면 국사봉로 512

주차장 국사봉제2전망대 주차장

전북 임실에 옥정호는 섬진강 다목적댐을 만들면서 생긴 거대한 인공호수로 호남평야를 곡창지대로 만들어주는 젖줄이다. 국사봉과 오봉산이 호수를 감싸 안은 듯한 풍경과 함께 호수 위의 붕어섬은 사진작가들이 출사를 나오는 명소다. 아침 햇살을 받아 아지랑이처럼 피어오르는 물안개를 보며 걸을 수 있는 물안개길은 많은 뚜벅이의 사랑을 받고 있다.

숲길을 걸으며 호수 위 붕어섬의 아름다움과 함께하는 길

고속도로를 벗어나 목적지에 가까워지니 길가에 붉게 핀 배롱나무 꽃들이 아름다운 자태를 자랑하며 늘어서 있다. 호수를 따라 꼬불꼬불한 도로에 들어서니 나무 사이로 스쳐 지나가는 호수 풍광이 눈길을 끈다. 출발점인 국사봉 전망대 주차장에 도착 후 무더위에 대비한 복장과 마실 물을 챙겨서 제2전망대 쪽으로 이동한다. 숲길 입구에 들어서니 울창한 숲 사이로 잘 정비된 나무 데크가 우리를 기다린다.

한여름의 진한 초록 숲속을 맑고 건강한 공기를 듬뿍 마시며 활기차게 울어대는 매미들의 연주를 들으며 걸으니 발걸음이 가볍다. 주변이 점차 훤해지는 느낌이 들더니 산책로 앞으로 옥정호가 바라보이는 첫 전망대가 나타난다. 호수 위의 붕어섬과 함께 호수를 둘러싼 아름다운 풍광이 오늘의 걷기 일정을 기대하게 한다. 초록 숲속 계단을 따라 오르막과 내리막을 반복하다 잠시 마을 도로와 만나는 지점을 지나 데크로 다시 이어진다.

호숫가로 내려가는 계단 끝에서 진한 꽃향기가 발걸음을 멈추게 한다. 진한 향기의 주인공은 하얀 누리장나무로 나비들도 꿀을 찾아 꽃들 사이로 바삐 날아다닌다. 계단을 끝으로 평평하게 호수를 따라 이어지는 산책로에는 오른쪽으로는 풀과 나무들이, 왼쪽으로는 초록 붕어섬의 아름다운 풍광이 영화처럼 다가온다. 붕어섬 가운데에 동화속처럼 빨강 지붕의 하얀 집에는 누가 살고 있을지 궁금해하며 걷다 보니 어느덧 데크의 마지막이다.

아름다운 꽃들의 자태와 아기자기한 풍광이 이어지는 길

정겨운 마을 텃밭이 있는 샛길로 들어서니 영근 열매가 가득 달린 초록 물체가 일렬로 나란히 줄을 맞춰 서 있다. 가까이 다가가서 보니 손대면 톡 하고 터질 것만 같은 잘 영글어가는 참깨 열매와 분홍빛 참깨꽃이다. 가장자리로는 수박과 참외가 강렬한 햇볕을 받으며 무럭무럭 자라고 있다. 눈에 익숙한 고추밭에는 따가는 사람을 기다리는 빨간 고추가 주렁주렁 열려 있다. 노란 꽃 밑에 달린 호박도 탐스럽게 커가며 잎새 뒤에 숨어 숨바꼭질한다.

집들이 있는 마을 골목길에 들어서니 다목적으로 사용되는 경운기와 대문 너머로 보이는 마당 풍광이 정겹다. 담벼락 밑 화단에는 예쁘게 핀 꽃들이 서로의 자태를 자랑하며 늘어서 있다. 하얀 옥잠화와 노란 황매화에 눈길을 돌리는데 꽃대만 올라와서 핀 분홍빛 상사화의 화려한 자태에 더욱 빠져든다. 미로 같이 구불구불한 골목길을 앱 지도를 보며 따라가니 넓은 아스팔트 도로가 나타나고 다시 나무 데크 중간 지점과 만난다.

돌아가는 길에서 갈 때는 보지 못한 아름다운 꽃들을 발견할 때마다 마치 다른 길을 걷고 있는 듯 아주 신기한 느낌이다. 초록빛 조명 아래 맑은 공기를 마시며 예쁘게 노래하는 새소리를 들으며 걸으니 신선놀음이 따로 없다. 출발지점으로 돌아와 제2전망대에서 호수의 아름다운 풍광을 둘러보고 주차장으로 돌아와서 제1전망대로 부지런히 걷는다. 마지막으로 전망대에서 초록 붕어섬과 작별 인사를 하고 2시간의 나들이를 마무리한다.

tip

여유가 있으면 물안개길 전체나 이어지는 마실길을 걸어보아도 좋다. 국사봉 정상 쪽에 있는 국사봉 전망대에 도전해 보는 것도 추천한다. 옥정호의 운암 매운탕거리에서 이곳 최고의 메뉴인 매운탕을 먹는 것도 필수 코스다.

재미있는 나무 이야기

누리장나무: 가을에 산길을 걷다 보면 붉은색 열매받침을 배경으로 흑진주 같이 빛나는 까만 열매가 달린 나무를 발견할 수 있는데 이 나무가 바로 누리장나무이다. 마치 예쁜 브로치를 떠오르게 하는 보석 같은 느낌으로 지나는 사람들의 발걸음을 멈추게 한다. 나무 전체에서 누린내 같은 냄새가 난다고 해서 붙여진 이름으로 봄에서부터 꽃이 피기 전까지는 나무 근처만 가도 쉽게 느낄 수 있다. 하지만 꽃이 피면 언제 그랬냐는 듯이 향긋한 백합향으로 반전한다.

황홀한 풍경을 바라보며 하늘을 나는 느낌의

용궐산 하늘길

난이도 상 분류 산 계절 여름

코스 주차장 - 나무 데크길 - 정상 - 귀룡정갈림길 - 임도길 - 주차장

길이 8.5km(순환코스) 시간 4시간

출발지점 용궐산치유의숲; 전북 순창군 동계면 장군목길 540

주차장 용궐산치유의숲주차장

전북 순창에 있는 용궐산은 3면이 굽이굽이 흐르는 섬진강으로 둘러싸인 바위산이다. 원래 이름은 용골산(龍骨山)인데 뼈(骨)에는 죽었다는 의미가 있다는 이유로 대궐을 의미하는 궐(闕)자로 바꾸기를 원하는 주민들의 요구로 2009년 변경되었다. 아름다운 섬진강의 풍경과 함께 걸을 수 있는 하늘길이 개발된 후 많은 사람의 발걸음이 이어진다.

푸른 하늘을 따라 아름다운 섬진강 풍경이 어우러진 길

국도를 따라가니 하늘에 떠 있는 듯한 붉은 채계산 출렁다리가 위엄을 과시하며 반갑게 맞아준다. 잠시 후 도로가 좁아지면서 차 한 대가 겨우 지날 수 있는 길로 들어서서 1km를 가니 용궐산 치유의 숲주차장이다. 하늘길은 중국의 잔도(棧道) 형태로 깎아지른 듯한 거대한 절벽에 데크를 만든 길로 우리나라에서 잔도가 산에 만들어진 것은 이곳이 처음이다. 오르기도 전에 이미 멋진 풍광과 짜릿한 느낌에 대한 기대로 발걸음이 빨라진다.

입구부터 돌계단으로 시작하더니 오르면서 위를 보아도 계단의 끝이 보이지 않는다. 처음 만난 전망대에서 바라본 섬진강 주변의 아름다운 풍경이 눈을 뗄 수 없을 만큼 수려하다. 계단을 올라 잠시 평탄한 오솔길을 걸으면서 어디선가 불어오는 시원한 산바람에 땀을 식힌다. 다시 숨을 고르며 돌계단을 천천히 올라 하늘길의 시작점에 도착한다. 절벽 같은 바위에 만든 잔도를 따라 오르면서 눈앞에 보이는 황홀한 풍광에 사정없이 셔터를 누른다.

나무 데크 중간에는 아직도 공사 중인 자재들이 수북이 쌓여 있다. 삼각대를 놓고 기념사진을 찍고 쉬고 있는데 이곳의 공사담당자분이 먼저 인사를 하신다. 순창의 볼거리와 먹거리를 가르쳐 주시면서 쉽지 않은 잔도 공사의 무용담까지 들려주신다. 하늘길을 따라 걸으니 섬진강 주변의 멋진 풍경과 함께 끝없이 솟아난 산봉우리들이 푸른 하늘과 어우러져 또 하나의 작품이 되어준다.

산 정상의 멋진 풍광과 아기자기한 숲길이 이어지는 길

나무 데크가 끝나고 본격적으로 정상으로 향하는 등산코스로 진입한다. 처음부터 밧줄을 잡고 바위를 오르는 난코스가 우리를 기다린다. 힘들게 바위에 오르니 사방이 확 트인 아름다운 풍광이 땀으로 흠뻑 젖은 몸을 시원하게 해준다. 소나무들이 그늘을 만들어주는 오솔

길을 따라 걸어서 언덕 오르기를 반복하니 정상을 향한 마지막 암벽 등반이다. 머리 위로 푸른 하늘이 보이더니 해발 647m의 용궐산 정상이 모습을 드러낸다.

표지석을 모델로 사진을 남기고 전망대에 올라 사방으로 보이는 황홀한 풍경을 파노라마처럼 그려가며 여유를 즐긴다. 시원한 물 한 잔으로 목을 축이고 가슴을 펴서 건강한 정기를 들이마신다. 하산 코스로 발걸음을 옮겨 절벽 같은 바위에서 계단으로 내려오면서 바라보니 건너편 바위 위에 구름을 벗 삼아 독야청청 서 있는 소나무의 자태가 당당하다. 길가에 커다란 바위를 작은 나뭇가지들이 서로 힘을 합쳐 떠받치고 있는 모습이 재미있다.

산길을 따라 걷다가 삼거리에서 귀룡정 방향으로 내려오니 바위로 만든 계단이 끝없이 이어진다. 입을 벌리고 먹을 것을 기다리는 듯한 동물 얼굴 모양의 바위가 지나는 사람의 눈길을 끈다. 하늘을 향해 쭉쭉 뻗은 나무들의 호위를 받으며 계단을 내려오니 널따란 임도로 이어진다. 산바람을 맞으며 30여 분을 걸으니 붉게 핀 배롱나무꽃들이 목적지에 가까워졌음을 알려준다. 순창으로 가서 맛있는 한정식을 먹으며 4시간의 하늘길 여행을 마무리한다.

tip

시간적 여유가 있고 등산을 좋아하면 내룡재를 거쳐 요강바위를 보는 풀코스도 좋다. 아름다움과 스릴이 있는 채계산 출렁다리도 남녀노소 모두에게 추천한다. 순창에는 한정식을 비롯한 맛있는 메뉴가 다양하다.

재미있는 나무 이야기

배롱나무: 오래 피는 꽃을 상징하는 백일홍의 이름에서 유래된 것으로 추정되는 배롱나무는 꽃이 한 번에 피고 지는 것이 아니라 여러 날에 걸쳐 번갈아 피고 져서 오랫동안 펴있는 것처럼 보이는 것이다. 해마다 껍질을 벗으며 깨끗한 모습을 보여주는 특성 때문에, 선비의 거처인 종택이나 서원에 청렴한 성품을 닮으라는 의미로 많이 심어졌다. 나무의 나이가 800년 정도로 추정되는 부산 양정동 배롱나무는 천연기념물로서 보호를 받고 있다.

멋진 정원에 석양의 아름다움이 더해지는

순천만 정원

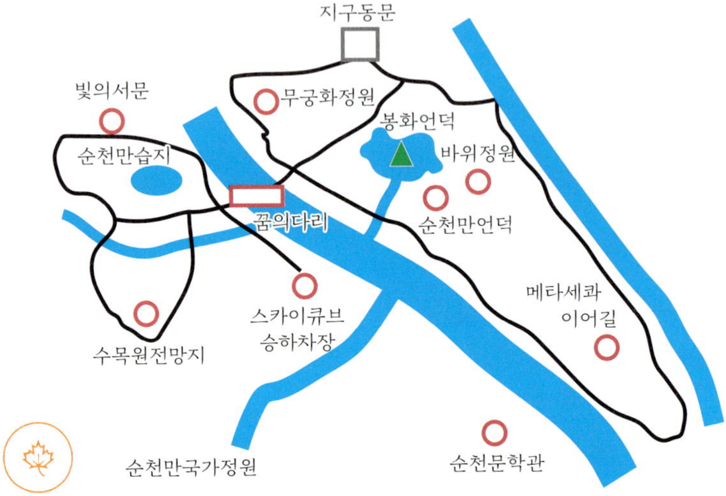

난이도 하(순천만정원) / 중(순천만습지) 분류 공원 계절 가을

코스 동문 - 바위정원 - 세계정원 - 메타세콰이어길 - 순천호수정원 - 꿈의다리 - 순천만습지 - 한국정원 - 수목원전망대 - 정원역 - 스카이큐브로 이동 - 문학관역 - 낭트정원 - 갈대밭 - 용산전망대 - 갈대밭 - 문학관역 - 정원역 - 꿈의다리 - 무궁화정원 - 동문

길이 15km(순천만정원 7km + 순천만습지 8km)(순환코스) 시간 5시간 30분

출발지점 순천만국가정원 동문; 전남 순천시 국가정원1호길 152-55

주차장 순천만국가정원동문주차장

순천만은 길게 뻗은 고흥반도와 여수반도로 에워싸인 큰 만으로 썰물 때에 드러나는 드넓은 갯벌 위에 펼쳐지는 30만 평의 거대한 갈대 군락지로 유명하다. 2013년 순천만 국제정원 박람회를 성공적으로 개최한 순천만국가정원은 남녀노소 즐기면서 멋진 정원과 자연을 감상할 수 있는 전국 명소다.

정원의 아름다운 풍광을 감상하며 즐기는 순천만국가정원

순천으로 향하는 기차의 창문 너머로 시골집 담장 위에 주렁주렁 열린 감들의 모습이 가을의 풍성함을 알려준다. 걷기에 좋은 날씨에 주말을 맞아 공원에는 아침부터 사람들로 가득하다. 세계의 다양한 정원을 맛보기로 둘러보기로 하고 발걸음을 옮긴다. 예쁜 분홍색 자가용을 화분 삼아 분재 장식을 한 차 앞에는 연인들이 순서를 기다리며 늘어서 있다. 제주도 암반 지역에서 이사를 온 600년 수령의 팽나무의 기세등등한 모습과 주변의 멋진 바위들로 꾸며진 바위 정원도 인상적이다. 하늘과 사람을 이어준다는 솟대 위의 새들이 푸른 하늘로 날아갈 듯하다. 멀리서 네덜란드를 대표하는 풍차가 우리에게 빨리 오라며 손을 흔든다. 풍차 주변으로는 튤립을 대신하여 오색찬란한 꽃들이 양탄자를 깔아 놓은 듯 화려하다.

호수정원이 한눈에 바라보이는 해룡언덕에 오른다. 호수와 함께 정상에서 바라보는 시원한 정원 풍광이 걸작이다. 우리 부부를 반겨주는 까치 한 쌍이 어디선가 나타나서 모델이 되어준다. 호수 가운데 봉화언덕에 형형색색의 사람들이 꼬리에 꼬리를 물고 오르는 모습은 어디선가 본 영화의 한 장면이다. 강강술래의 한 장면이 떠오르기도 한다. 도시숲길을 지나 물 위에 떠 있는 미술관인 꿈의 다리에 다다른다. 세계 16개국 14만 명의 어린이들의 예쁜 꿈과 희망의 그림으로 꾸며진 소중한 예술작품이다.

드넓은 갈대밭과 석양의 관능미가 인상적인 순천만 습지

순천만 습지로 연결되는 스카이 큐브를 타니 앞에 앉은 여고생들의 생기발랄한 모습에 빠른 속도감이 더해져 12분이 금방이다. 순천문학관을 지나 낭트쉼터에서 강행군에 지친 몸과 마음을 위해 잠시 쉬어간다. 메뉴판에서 과일과 향신료를 넣고 따뜻하게 데운 와인인 뱅쇼가 눈에 들어온다. 바람 불어 싸늘한 날씨에 얼어붙은 몸을 녹여주는 뱅쇼 한 잔이 전망대에 오를 에너지를 미리 충전해 주는 기분이다.

잘 정비된 둑방길을 따라 드넓게 펼쳐진 갈대들을 바라보며 빠른 걸음으로 발길을 재촉한다. 인파에 밀려 자연스럽게 전진하다가 멀리 갈대밭 사이로 사람들의 행렬을 바라보니 재미있는 생각이 든다. 일개미가 되어 나란히 일렬로 줄을 서서 목표물을 향해 열심히 움직이는 일꾼이 된 느낌이다. 나무 데크 밑 갯벌에는 조그만 게들이 바쁘게

움직이며 지나는 아이들의 시선을 끈다. 갈대밭 건너편 배 위에서 일하는 어부의 모습을 보니 한적한 어촌 풍경의 여유로움이 느껴진다.

일몰에 맞춰 멋진 석양의 풍광을 기대하며 용산 전망대를 향한 등산을 시작한다. 만만치 않은 언덕인데도 유모차를 앞세워 꿋꿋하게 오르는 젊은 부부의 모습을 보니 옛날이 생각난다. 전망대에 도착해서 보니 순천만의 굴곡진 S자 갯골에 드러난 석양 노을의 아름다움이 절경이다. 모든 여성의 로망인 S자 라인의 관능미가 이곳이야말로 잘 어울린다고 할 수 있다. 순천의 명물인 짱뚱어탕으로 3만 보, 긴 여정의 피로를 풀며 오늘의 일정을 마감한다.

tip

순천만국가정원 홈페이지에 1시간, 2시간, 4시간 추천코스가 있으니 사정에 따라 선택해서 걸어볼 수 있다. 어르신이나 아이들과 함께라면 관람차를 이용하여 둘러보는 것도 좋다. 다양한 체험프로그램과 정원해설사 프로그램도 예약 후 이용이 가능하다.

생활 속 건강상식

짠 음식이 위 점막 상피세포 손상을 촉진해 위염을 유발하고 이런 상태가 만성화되면 위궤양, 위암에 노출된다. 점막 상피세포 손상으로 위산이 감소해 헬리코박터균의 침입이 수월해지면서 위암 발생의 위험성을 높일 수 있다.

천년 주목과 아름다운 눈꽃의 향연이 깃든

덕유산 능선길

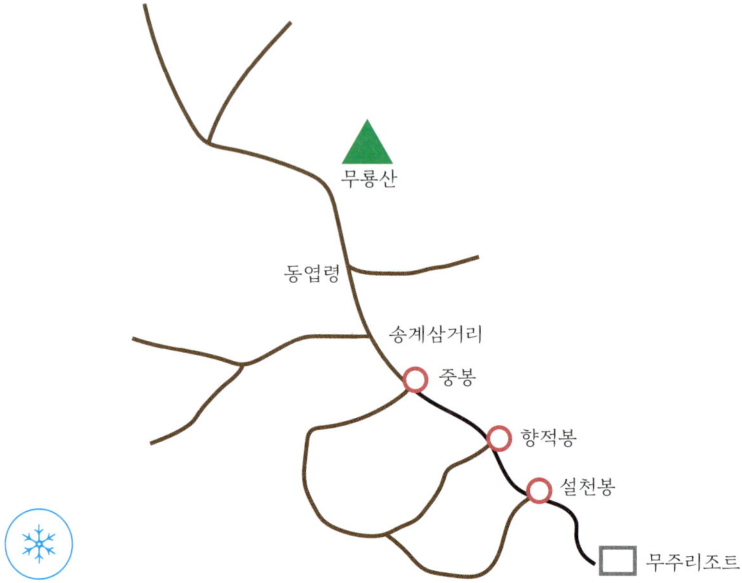

난이도 상 분류 산 계절 겨울

코스 설천봉 곤돌라탑승장 - 향적봉 - 중봉 - 전망대(반환점) - 중봉 - 곤돌라탑승장

길이 5km(회귀코스) 시간 2시간 30분

출발지점 무주리조트 곤돌라탑승장; 전북 무주군 설천면 만선로 185

주차장 무주리조트주차장

신년 새 희망에 어울리는 그곳, 설경이 아름다운 덕유산 능선길이 제격이다. 덕유산을 가기로 한 일주일 전 스마트폰 날씨 앱을 보니 당일에는 기온이 뚝! 떨어지겠다는 예보다. 새벽에 집을 나서려는데 뉴스 속의 기상캐스터가 낭랑한 목소리로 오늘이 올해 가장 추운 날씨라며 단단히 무장하란다. 최저 기온이 영하 10℃를 밑도니, 바람까지

분다면 체감온도는 영하 20℃까지도 거뜬히 내려갈 듯하다. 기상캐스터의 말에 손난로, 양말용 핫팩, 크리스마스 선물로 받은 귀마개까지 온갖 방한 장비에 비장한 각오까지 더해 무주로 향한다.

새해와 함께 덕으로 만인을 살리는 기를 받는 덕유산 산행

무주로 향하는 고속도로 주변을 감싸고 있는 산들은 하얀색이라고는 찾아볼 수 없을 만큼 모두 푸르다. '눈꽃 보기는 그른 거 아니야?' 하는 걱정은 주차장에 도착해서 주변의 하얀 설경과 함께 안심으로 변한다. 이미 스키시즌이 되어 겨울 스포츠를 즐기는 인파로 스키장은 발 디딜 틈 없이 대만원이다. 곤돌라를 타고 천천히 올라가면서 보니 창문 너머 아름다운 설경이 눈앞에 그려진다.

덕유산은 예로부터 덕으로 만인을 살릴 산이라 하여 붙여진 이름이라고 한다. 주봉인 향적봉은 높이 1,614m로 소백산맥의 중앙에 우뚝 솟아 있으며 해발 1,300m의 장중한 능선이 30km에 걸쳐서 이어진다. 덕유산 능선길은 봄에는 예쁜 철쭉으로, 여름에는 시원한 계곡으로, 가을에는 울긋불긋 단풍으로 사시사철 아름다운 길이다. 이곳에는 대표적 고산식물인 주목나무와 구상나무들이 군락을 이루며 살고 있다. 특히 살아서 천년, 죽어서 천년을 간다는 푸른 주목의 당당한 모습은 하얀 설경과 절묘하게 어우러져 장관을 이룬다. 껍질이 종이처럼 얇게 벗겨지는 은백색의 사스래나무들은 흰 눈 사이로 그 도도한 매력을 뽐낸다.

천년 주목의 기세와
아름다운 눈꽃 설경이 손짓하는 능선길

곤돌라 종착점이 있는 곳이 설천봉이고, 설천봉 왼편에 우뚝 솟은 봉이 덕유산 최고봉인 향적봉이다. 향적봉으로 가는 길은 눈이 쌓여 미끄럽고 오르막 계단이라 숨이 목까지 차오른다. 설상가상 정상을 향해 오를수록 바람이 세지는가 싶더니 그야말로 '칼바람'이다. 장갑을 벗고 사진기를 꺼내니 손가락이 금세 굳는 느낌이다. 주변의 아름다운 설경에 감탄하며 겨울 산행의 묘미를 즐기다 보니 어느새 최고봉에 다다른다.

향적봉 주변을 둘러본 후 준비해 온 아이젠을 차고 천천히 내려가서 향적봉 대피소로 방향을 튼다. 오늘 산행의 최종 목표인 중봉까지는 언덕이 거의 없는 전형적인 능선길로 걷기에 아주 좋다. 해를 등지고 있는 나무 위에서 아름다운 눈꽃들이 어서 오라고 우리를 반긴다. 고사목 안에는 추위를 피해 이사 온 이끼 식구들이 오밀조밀 모여 있고, 여름 나절 푸른 잎을 자랑했을 나뭇가지 끝에는 빛바랜 잎들이 눈과 함께 매달려 있다.

어느덧 중봉 전망대에 다다르고 전망대에서 저 멀리 보이는 산 정상들을 감상하고 아쉬움을 뒤로하며 발길을 돌린다. 아쉬운 마음을 달래고자 기념사진을 찍으려 사진기를 세워두니 바람에 카메라가 쓰러져 버린다. 추위로 잊고 있던 물을 한 모금 마시려고 배낭에서 꺼내 보니 통째 얼어 있다. "오늘이 제대로 추운 날이구나!" 하며 혼잣말로 중얼거린다. 3시간이 채 안 되는 여정으로 돌아와 다시 곤돌라 탑승장에 도착하니 눈가루의 반사로 만들어지는 환상적인 일곱 빛깔 무지개가 이별의 인사를 한다.

tip

걸을 수 있는 시간에 따라 다양하게 능선길의 코스를 조절할 수 있다. 시간 여유가 있다면 중봉에서 오수자굴, 백련사를 거쳐 다시 향적봉으로 돌아오는 코스를 따라가는 것이 일품이다.

재미있는 나무 이야기

주목: 주목이 '살아서 천년 죽어서 천년'을 갈 수 있는 이유는 나무의 가장 속 부분인 심재가 아주 치밀하고 단단하기 때문이다. 이러한 심재 부분의 색이 붉은색을 띠어 나무 이름도 주목(朱木)으로 붙여진 것이다. 고산지대에 고고한 자태로 우뚝 선 주목의 멋진 모습은 애국가의 배경 화면으로도 사용되었다. 단단한 재질 때문에 가구용 목재로서 으뜸이며 주목으로 만든 바둑판이 최고라고 한다.

푸른 바다와 하늘, 그리고 섬의 조화

고군산군도 구불길

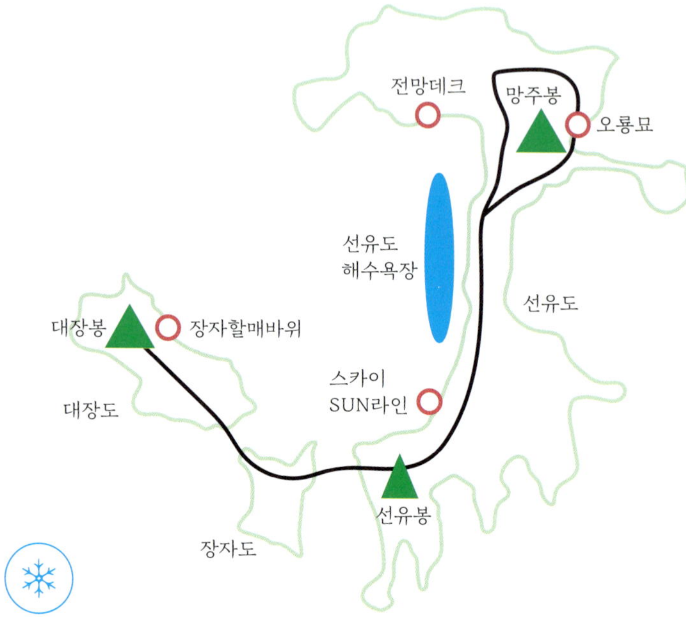

난이도 중 분류 섬 계절 겨울

코스 장자도 순환버스정류장 - 대장봉 - 장자도 - 선유도해수욕장 - 오룡묘 - 선유교 - 무녀도 순환버스정류장

길이 7.5km(편도코스) 시간 3시간

출발지점 장자도 순환버스정류장; 전북 군산시 옥도면 장자도1길 10

주차장 성수기: 비응항주차장 주차 후 순환버스(99번)로 이동
비수기: 장자도주차장 / 선유도주차장 / 신시도주차장

군산 구불길의 8코스인 고군산군도는 예로부터 '선유 8경'이라 하여 수려한 자연경관으로 유명한 곳이다. 고군산군도의 중심인 선유도는 군산도로 불리며 나라를 지키는 수군이 주둔했던 곳으로 조선시대 수군이 육지로 이동하면서 그곳이 군산진이 되고 이곳 군산도는 옛 군산이라는 의미의 고군산으로 불리게 되었다.

아름다운 고군산군도의 비경을 품고 있는 장자봉 가는 길

군산 앞바다의 크고 작은 섬 63개를 총칭하여 불리는 고군산군도는 서해 낙조가 아름다워 명승적 가치가 아주 높은 곳이다. 새만금 사업의 완성과 함께 국제 해양관광단지 추진으로 이제는 고군산군도의 여러 섬이 육지와 이어져 인기 관광지로 각광을 받고 있다. 이번 걷기 여행의 파트너로 해외 출장 중인 엄마를 대신하여 아들과 함께한다. 여행의 시작점인 비응항에서 섬까지 가는 수단은 배가 아닌 멋진 2층 순환버스다.

순환버스 2층에 타서 창문 너머로 보이는 멋진 바다 풍광을 감상하다 보니 어느덧 섬들을 지나 종착점인 장자도다. 우선은 이곳의 멋진 풍경을 감상할 수 있는 필수 코스인 대장도 장자봉으로 발길을 옮긴다. 초록 나무로 우거진 오솔길을 따라 오르다가 확 트인 바다가 바라보이는 바위 위에서 사진을 찍으며 잠시 휴식을 취한다. 울퉁불퉁한 바위를 따라 장자봉으로 오르니 숨이 가득 차면서 장자봉의 140m 높이가 믿기지 않는다.

드디어 정상에 도착해서 사방을 바라보니 힘들게 오른 것이 전혀 아쉽지 않게 너무너무 아름다운 비경이 눈 앞에 펼쳐진다. 푸른 하늘과 바다 사이에 떠 있는 섬들의 아름다운 자태에 다시금 감탄을 연발한다. 계단으로 조금 내려가니 금빛 모래사장을 배경으로 한 폭의 동양화 같은 풍경을 감상할 수 있는 전망대가 우리를 기다린다. 기다리던 남편의 배신에 돌이 되어버린 할매바위의 슬픈 전설에 아픈 마음을 달래며 선유도로 향한다.

끝없이 펼쳐진 백사장과 망주봉이 어우러진 선유도 둘레길

섬의 경치가 너무 아름다워 신선이 놀았다 하여 이름 붙여진 선유도는 고군산군도 중에도 으뜸이다. 선유도로 이어지는 다리에서 푸른 바다 수면에 비친 멋진 풍경을 바라보며 천천히 발길을 옮긴다. 높이 세워진 전망대에서 짚라인을 타고 내려오는 사람들의 탄성을 듣고 가 보니 대기열이 길게 늘어서 있다. 다음 기회를 약속하고 끝없이 펼쳐진 명사십리 해수욕장으로 방향을 틀어 아들과 함께 여유롭게 백사장을 걷는다.

그저 신기한 듯 이곳저곳을 뛰놀며 신나 하는 아이들의 모습이 한가롭다. 한쪽에서는 아빠와 함께 뭔가를 찾은 듯 열심히 모래를 파보는 어린이의 작은 손이 앙증맞다. 어릴 적 우리 아이들과 종일 나지막한 해수욕장에서 조개를 캤던 옛 추억이 떠오른다. 백사장 끝으로 선유도의 명물인 망주봉이 모습을 드러낸다. 옛날 유배되어 온 충신이 산봉우리에 올라가서 한양을 바라보며 임금을 그리워하였다고 하여 붙여진 이름이다.

우뚝 솟은 망주봉을 바라보며 동네 한 바퀴를 돌고 나니 배에서 식사 시간임을 알려준다. 이곳의 풍부한 해산물로 만든 선유도 해물짬뽕으로 맛있게 점심을 해결하고 선유도 바닷길을 따라 무녀도로 넘어가는 선유교로 향한다. 밀물의 물때로 흐름이 거세지고 이를 가르고 지나는 쾌속선의 모습이 아름답다. 버스를 기다리는 의자에서 아들과 이야기를 나누며 3시간, 1만 5천 보의 섬길 여행을 마무리한다.

tip

섬 안의 주차장이 협소하여 비응항에 주차하고 순환버스로 가는 것을 추천한다. 무녀도, 선유도, 장자도, 대장도의 코스를 시간 여유에 따라 선택해서 걸을 수 있다. 시간이 가능하면 바다를 온통 붉게 물들이는 선유낙조를 보는 것도 좋다.

생활 속 건강상식

신결석이란 콩팥이나 요관에 생긴 결석으로 칼슘 결석이 80% 이상을 차지한다. 소금 섭취가 늘어나면 소변으로 칼슘이 더 많이 배출되고 섭취를 줄이면 콩팥에서의 칼슘 배출도 낮아진다. 저염식이를 통하여 칼슘 결석의 위험성을 줄일 수 있다.

건강한 편백숲과 아름다운 능선길이 이어지는

고흥 마중길

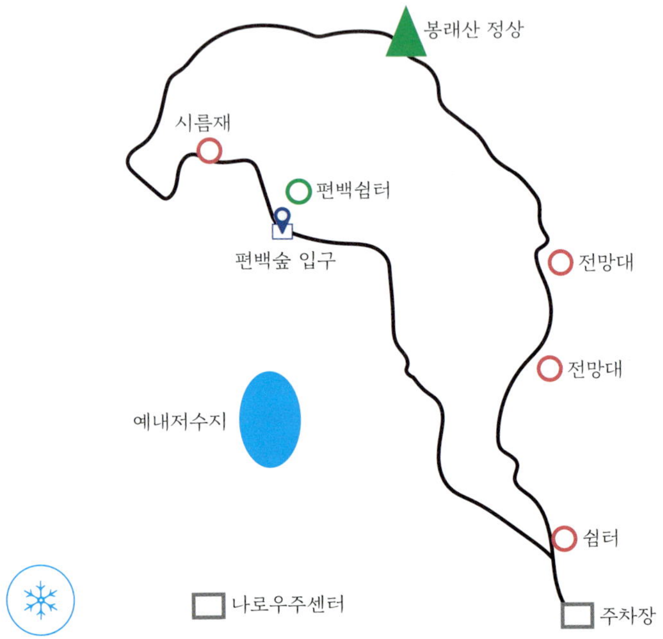

난이도 상　　분류 섬/산　　계절 겨울

코스 주차장 - 편백나무숲 - 시름재 - 봉래산 정상 - 전망대 - 주차장

길이 6km(순환코스)　　시간 3시간

출발지점 봉래산삼나무숲주차장; 전남 고흥군 봉래면 예내리 산212-15

주차장 봉래산삼나무숲주차장(전남 고흥)

다도해해상국립공원에 속하는 나로도는 내나로도와 외나로도로 이루어져 있다. 다리로 육지와 연결된 외나로도에는 대한민국 최초의 우주센터인 나로우주센터가 있다. 나로우주센터 뒤편에 있는 봉래산은 편백숲이 유명하고 정상에서의 다도해해상국립공원의 아름다운 풍경으로 많은 사람의 사랑을 받고 있다.

피톤치드 풍부한 편백나무들과 함께 걷는 건강한 숲길

외나로도 선착장에 있는 식당에서 맛있는 생선조림 정식으로 아침을 든든히 먹고 나로우주센터로 향한다. 우주발사대 모형이 있는 공원을 한 바퀴 둘러본 후 우주과학관 방문은 다음으로 약속하고 봉래산 주차장으로 출발한다. 차로 이미 주차장까지 상당한 높이를 올라온 덕분이라 처음 시작 길은 평지 같은 느낌이다. 오솔길 옆 나무 사이로 보이는 바다 풍광을 바라보며 걸으니 삼나무들이 하나둘 모습을 드러낸다.

커다란 아름드리 편백나무들이 빽빽이 늘어선 편백숲에 들어서니 잠시 세상이 어두워진다. 워낙 울창한 나뭇가지와 초록 잎으로 햇살이 들어올 조그만 틈도 주어지지 않는다. 고개 들어 하늘을 보니 해님의 후광을 받은 편백나무의 자태가 동화 속 나무 주인공처럼 아름답다. 든든한 편백나무들의 보살핌과 이들이 뿜어내는 피톤치드가 풍부한 공기를 마시며 걸으니 숲속에서 천연 아로마테라피를 받는 기분이다.

봉래산 정상으로 방향을 틀어 임도같이 넓은 길을 따라 천천히 오르니 시름재 쉼터가 기다린다. 본격적인 등산의 시작인 길가에 누군가 가지런히 쌓아놓은 예쁜 돌탑들이 지나는 사람들을 응원한다. 길을 따라 늘어선 은백색 나무 군락이 파란 하늘과 대조를 이뤄서 한 폭의 풍경화로 우리에게 다가온다. 이곳의 비경에 도취되어 승천하지 못한 용이 소나무로 변신하여 용송(龍松)으로 살다가 승천하였다는 터에는 커다란 표지석이 서 있다.

아름다운 자연 풍광과 화려한 복수초가 인상적인 탐방로

능선길을 따라 회갈색의 소사나무들이 울창하게 숲을 이뤄서 원시림 속을 걷고 있는 느낌이다. 오르막 내리막을 반복하다가 큰 바위를 끼고 돌아서니 끝없이 펼쳐지는 푸른 바다가 한눈에 가득하다. 작은 동백나무 한 그루에 달린 조그만 꽃봉오리가 탐스럽고 아름답다. 멀리 길가 나무 아래 낙엽 위로 노란색의 화려한 자태를 뽐내는 복수초들이 빨리 오라고 손짓을 한다. 조금 더 가니 또 다른 복수초 가족들이 옹기종기 모여서 꽃망울을 터트리고 있다.

봉수대의 흔적이 남아 있는 봉래산 정상은 돌들을 쌓아서 평평하게 쉼터를 만들었다. 섬 주변 사방이 모두 내려다보이는 정상에서는 다도해해상국립공원의 아름다운 풍광이 360도 파노라마처럼 펼쳐진다. 해안 풍경과 함께 우리가 지나온 편백숲과 나로우주센터의 모습도 사진으로 담아본다. 파란 하늘을 배경으로 정상 등반을 증명하는 사진을 만들고 산들산들 불어오는 산바람을 맞으며 잠시 명상에 잠긴다.

봉래2봉으로 향하는 능선길 옆으로 솟아난 바위의 모습은 멀리서 보면 영락없이 사람의 형상이다. 바위 위에서 보이는 3만여 그루의 편백나무와 삼나무 초록 군락은 은갈색 산색과 어우러져 멋진 작품을 만든다. 전망대 두 곳에서 멋진 해안 비경을 맘껏 감상한 후 하산길로 향한다. 야자 매트를 깔아 만든 산책로를 따라 내려가니 노란 복수초 군락이 종점에 다다름을 알려준다. 주차장으로 돌아와 3시간, 만 2천 보의 봉래산 숲길 여행을 마무리한다.

tip

어르신이나 어린이를 동반한 경우 숲길 끝 반환점에서 우회로로 편백숲을 한 바퀴 돌아보는 코스도 좋다. 여유가 있으면 나로우주센터 우주과학관이나 고흥우주발사전망대를 들려보는 것도 추천한다.

재미있는 나무 이야기

편백나무: 일본이 원산인 나무로 일본어로 '히노끼'라고 부르는데 내구성과 내수성이 좋고 항균 및 살균 작용이 우수하여 가구나 건축용 목재로 인기가 많다. 목재의 표면이 매끄럽고 향이 좋아서 니스를 칠하지 않고 원목 그대로 사용한다. 전체 나무 중에서도 피톤치드를 가장 많이 배출하는 수준으로 치유의 숲에서 중요 수목이다. 편백나무와 삼나무는 나무 모양이 아주 비슷하여 잎으로만 구분이 가능한데, 천주교에서 성지 가지로 사용하는 나무가 편백나무다.

아름다운 솔섬과 해안 풍광이 이어지는 길

부안 변산 마실길

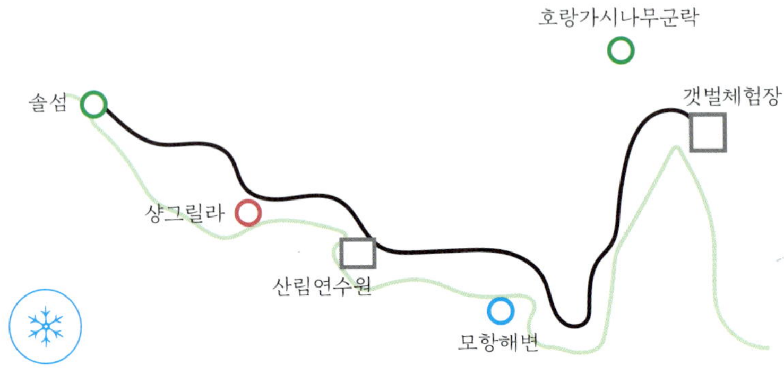

난이도 하 분류 바다 계절 겨울

코스 솔섬 - 쉼터 - 팔각정 - 산림연수원 - 모항해수욕장 - 갯벌체험장

길이 5.5km(편도코스) 시간 2시간

출발지점 솔섬; 전북 부안군 변산면 도청리

주차장 모항해수욕장주차장 주차 후 대중교통으로 이동

8개의 코스로 구성된 부안 변산 마실길은 새만금 전시관을 시작으로 서해안을 따라 부안 자연생태공원까지 멋진 해안을 감상하며 걸을 수 있는 길이다. 마실길은 바다와 대화하고 갯벌과 벗하며 마실 가는 길이라는 의미다. 마실길 5코스인 모항갯벌 체험길은 총길이 5.5km로 솔섬에서 모항갯벌 체험장까지 이어지는 코스다.

초록 솔섬의 아름다움과 마을의 여유로움이 함께하는 길

부안을 대표하는 먹거리인 백합죽 맛집에서 아침을 먹고 숙소 앞 버스 종점에서 버스를 기다린다. 비교적 긴 구간의 버스 한 정거장을

이동해서 솔섬이 있는 전라북도 학생해양수련원에서 하차한다. 시작점인 솔섬은 자갈 크기의 화산암편들로 만들어진 섬으로 화산활동이 일어나면서 만들어낸 기이한 지질 구조를 관찰할 수 있는 국가지질공원이다. 섬에 있는 몇 그루의 소나무와 함께 석양에 물든 풍경이 아름다워서 사진 출사로 사랑받는 곳이다.

마침 썰물로 모세의 기적과 같이 육지와 연결된 솔섬의 모습이 푸른 바다와 어우러져 더없이 아름답다. 갯벌에서 무언가를 열심히 캐는 아주머니의 모습을 뒤로하며 마실길 걷기를 시작한다. 해수욕장을 벗어나 언덕을 오르니 콘크리트길 주변으로 빈 컨테이너 집들이 덩그러니 놓여 적막감이 흐른다. 잠시 후 금빛 백사장 뒤로 보랏빛으로 예쁘게 단장한 건물들을 보니 한여름 밤의 여행 추억이 떠오른다.

도로변 휴게소로 이어져 미술작품 같은 화장실 팻말을 보고 계단을 따라 내려간다. 화장실 안에 들어서니 눈앞에 아름다운 바다 풍광이 펼쳐진다. 우리나라 아니 세계적으로도 가장 멋진 전망을 가진 화장실이라 생각한다. 해안가와 나란히 이어지는 오솔길을 따라 흙을 밟으며 걸으니 발걸음이 가벼워진다. 바다와 맞닿은 해안 바위로 가서 멀리 수평선을 바라보며 잠시 명상과 함께 마음을 비워본다.

푸른 바다와 산세가 만들어낸 해안 절경이 이어지는 길

해안가 바위 위로 잘 정비된 나무 데크를 따라 걸으면서 잔잔히 바위와 부딪히는 파도 소리를 감상한다. 바위 위에는 한가로이 낚싯대를 드리우고 입질을 기다리는 강태공의 모습이 한 폭의 동양화다. 계단을 올라 팔각정 쉼터에서 멋진 경치와 함께 커피 한 잔의 여유를 갖고 마실을 이어간다. 해안가를 따라 이어지는 붉은 나무 데크가 초록 해송과 어우러져 한가한 어촌의 나들길처럼 자연스럽다.

한적한 마을을 지나 도로로 이어지더니 호텔이 있었던 모항해수욕장으로 길을 안내한다. 썰물로 넓게 드러난 황금빛 모래사장에는 친

구끼리 온 아가씨 둘이서 바다를 친구 삼아 거닐고 있다. 호텔 앞 팔각정 전망대에서 푸른 바다와 멋진 해안 풍경을 천천히 둘러보면서 감탄을 연발한다. 그와 함께 나도 모르게 '겨울 바다로 그대와 달려가고파 파도가 숨 쉬는 곳에'를 흥얼거리며 하얀 파도를 넋 놓고 바라본다.

마을 어귀에 바다로 이어지는 길을 따라가니 멋진 조각상 같은 바위가 오는 사람을 기다린다. 수천 년을 거쳐 자연이 만든 작품으로 보는 방향에 따라 다양한 모양이 상상된다. 동화 속 마귀의 모습 같기도 하고 날카로운 부리를 가진 새의 모습 같기도 하다. 어촌마을인 모항마을에 들어서니 바다 내음과 함께 어디선가 갈매기들이 나타나서 우리를 반긴다. 쉬엄쉬엄 최종 목적지인 모항갯벌체험장에 도착해서 2시간의 마실길 여행을 마무리한다.

tip

인터넷을 통해 eBook으로 부안변산마실길 책자를 무료로 볼 수 있다. 마실길 홈페이지(http://www.ibuan.co.kr/tour05/)에서도 자세한 정보를 얻을 수 있다. 모항갯벌 체험장의 운영 일정을 확인 후 가족과 함께 즐거운 추억을 만들어보는 것도 좋다.

생활 속 건강상식

흡연의 위험성은 아주 다양한데, 그중에서도 후두암, 폐암, 구강암, 식도암, 췌장암, 방광암, 자궁경부암 등 다양한 암의 발생 위험을 높인다. 특히 우리나라 남성 폐암의 90%는 흡연으로 인한 것이라는 충격적인 보고도 있다.

PART 6

경상도

붉은 동백터널과 푸른 바다가 어우러진

지심도 동백길

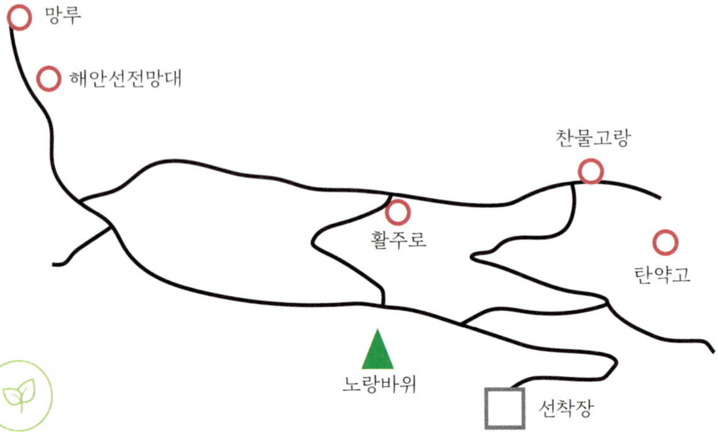

난이도 중 분류 섬 계절 봄

코스 선착장 - 탄약고 포진지 - 활주로 - 해안선전망대 - 망루 - 동백숲 - 선착장

길이 3km(순환코스) 시간 1시간 30분

출발지점 지심도선착장; 경남 거제시 일운면 옥림리

주차장 동백섬지심도터미널(경남 거제시 장승포로 56-22)

앙상한 가지, 바싹 마른 풀잎들, 찬 기운을 막으려 코트를 여미며 단단히 경직된 행인들의 모습이다. 동장군이 물러가기를 거부하고 있는 겨울의 끝에서 문득 추위 속에서도 아름다운 자태를 자랑하며 요염한 붉은 꽃망울을 터뜨리는 동백꽃이 보고 싶어진다. 한겨울에 만나는 친구라 하여 세한지우(歲寒之友)라 불리는 동백꽃, 동백꽃이 피는 섬은 우리나라에 몇 군데 있지만, 조금이나마 봄과 더 가까운 거제도의 지심도로 떠난다.

동백꽃과 함께 색다른 매력으로 손짓하는 휴식의 섬 지심도

지심도(只心島)는 하늘에서 내려다보면 섬의 모양이 마음 心자를 닮았다 해서 붙여진 이름이다. 거제 8경 중 하나이자, 원시 상태가 가장 잘 보존된 곳이기도 하며, 전국에서 걷고 싶은 길 17선에도 선정된 바도 있다. 한 방송국의 간판 프로그램인 '1박2일'에도 소개돼 관광객들 사이에서 더 유명한 걷기 코스로 자리 잡았다. 지심도의 동백꽃은 12월 초부터 4월까지 피고 짐을 반복해 아름다운 동백섬을 만들어준다. 오솔길을 따라 아름드리 동백나무가 터널을 이루고 있어 바다에 떠 있는 천혜의 자연 휴양섬이다.

서울에서 출발하면 5시간이 족히 걸려 운전으로 인한 부담이 만만치 않지만 지심도 주변을 더 둘러보고 보고 싶은 마음에 1박 2일의 자동차 여행으로 결정한다. 고속도로 휴게소에서 잠시 휴식을 취하고 다시 출발하기를 반복하다 보니 어느새 거제도라는 반가운 표지판이다. 다음 날 아침, 관광객들이 몰리는 것을 피해 일어나자마자 지심도 선착장으로 향한다. 8시 30분 첫 배를 타니 20분도 채 지나지 않아 지심도에 도착한다.

지심도 일주도로 코스를 확인 후 발걸음을 옮겨서 지그재그로 올라가는 가파른 콘크리트 벽의 민박촌을 지난다. 민박촌을 벗어나자 방송이나 사진 이미지로 많이 봐왔던 익숙하고 반가운 해안 절벽의 풍광이 펼쳐진다. 포진지와 탄약고로 향하는 길은 동백나무와 금솔나무가 어우러져 환상적 숲길의 완성체다. '걷기에 참 좋은 길이구나!' 연신 감탄을 금치 못하며 지나가는 이 길은 사실 우리의 뼈아픈 역사가 남아 있는 곳이다. 일제 강점기 시절 섬의 위치 때문에 군사 요새로 사용됐고 아직도 잔재가 남아 있다.

아름다운 해안 절경과
동백 숲터널이 어우러진 지심도 오솔길

활주로 길을 지나 환상적인 해안선 절경을 바라볼 수 있는 해안선 전망대에 다다르니 파도와 숲, 해안 절벽의 하모니가 정말 아름답다. 지심도 일주도로의 끝 지점이자 반환점인 그곳에 서서 바닷바람 맞으며 끝없는 수평선을 바라보니 몸안에 쌓인 스트레스가 모두 사라지는 느낌이다. 어디선가 들려오는 이름을 알 수 없는 섬새들의 노랫소리까지 어우러지니, 지심도는 그야말로 자연의 축복이라는 생각이 든다.

유별난 2월 한파로 인해 아쉽게도 아직은 동백꽃이 만개한 상황은 아니지만 군데군데 꽃망울을 터뜨려 피어 있거나 터뜨릴 준비를 하는 동백꽃망울들이 지나는 사람들의 눈길을 끈다. 동백길 주변 초록 대나무들은 하늘을 향해 꼿꼿이 뻗어서 곧은 절개를 자랑하며 늘어서 있다. 겨울에 만나 더 아름다운 지심도의 자연, 감히 그들에게 세한지우의 연을 맺고자 청해본다. 자연의 아름다움에 취해 걷다 보니 어느덧 다시 지심도의 선착장을 향한다. 여유롭게 즐겼는데 지심도 일주도로를 감상한 시간은 딱 2시간, 약속이나 한 듯이 정기 운항 배편이 우리를 기다리고 있다.

tip

낚시를 좋아하는 사람에게는 지심도의 민박촌에서 하루를 묵으며 즐기는 바다낚시를 추천할 만하다. 시간 여유가 있으면 유람선으로 한려수도 국립공원을 감상하는 것도 좋고 배가 싫다면 통영의 한려수도 조망 케이블카를 타고 올라가는 것도 좋다.

생활 속 건강상식

흡연은 심혈관 질환의 발생 위험을 높인다. 흡연은 혈압과 맥박수를 높이고 허혈 상태를 유발하며 혈관 벽에 죽상반이 쌓여 동맥경화를 악화시킨다. 결과적으로 심근경색에 의한 급사나 뇌졸중의 위험성을 올리게 된다.

벚꽃의 화려한 자태와 역사의 숨결이 함께하는

경주 벚꽃길

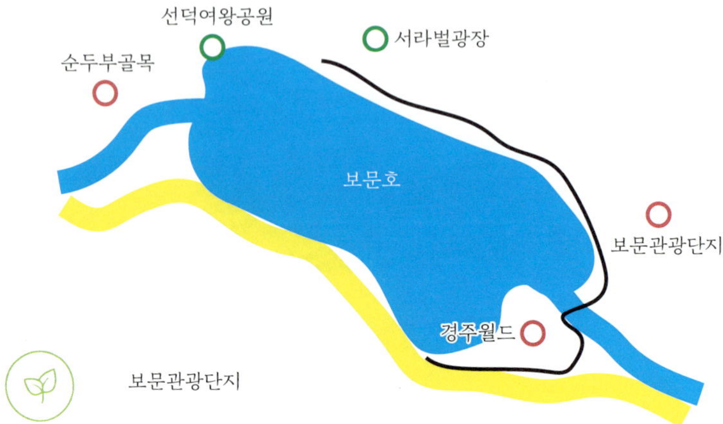

난이도 하 **분류** 호수 **계절** 봄

코스 보문관광단지주차장 - 보문수상공연장 - 보문호수길 - 경주월드 - 보문관광단지주차장 - 차로 이동 - 반월성 걷기 - 차로 이동 - 국립경주박물관 둘러보기

길이 7km(보문호 4km + 반월성 2km + 박물관 1km)(회귀/순환코스) **시간** 3시간

출발지점 보문관광단지주차장; 경북 경주시 신평동 375-5
반월성주차장; 경북 경주시 인왕동 491-4
국립경주박물관; 경북 경주시 일정로 186

주차장 보문관광단지주차장 / 호반광장주차장 → 반월성주차장 → 국립경주박물관주차장

천년 신라 역사의 비밀을 고스란히 간직하고 있는 고도 경주는 언제 가든 볼거리가 많은 곳이다. 대도시의 빌딩 숲에서 느껴지는 화려함과는 대조적으로 신비한 역사의 숨결이 자연과 어우러진 내밀한 아름다움이 느껴지는 도시다. 발길 닿는 곳이 모두 유적지인 경주는 문화를 테마로 한 걷는 길로는 최적의 장소다. 겨울 동안 조용했던 경주는 연분홍의 어여쁜 벚꽃과 함께 동면에서 깨어나 오는 손님들을 기다린다.

푸른 호수와 화려한 벚꽃이 어우러진 아름다운 보문호 길

날씨 변덕이 심한 요즘에는 봄꽃 개화 일정을 미리 정확히 맞추기란 쉽지 않은 일이다. 그만큼 봄꽃축제를 준비하는 지방자치단체들의 고민이 크다. 경주도 마찬가지여서 벚꽃축제는 1주 후인데 벌써 꽃이 만개하고 있다는 소식이 들린다. 경주행 KTX 차창 밖 풍광은 남쪽으로 내려갈수록 완연한 봄을 느끼게 한다. 신경주역에서 내려 버스를 타고 화려한 벚꽃 가로수들이 만개한 경주 시내를 창문 너머로 감상하다 보니 어느덧 보문단지다.

길가의 벚나무들로 만들어진 벚꽃터널을 지나 보문호수 산책길로 향한다. 입구에서부터 보이는 수많은 인파는 벚꽃축제를 즐기려 전국에서 모여든 느낌이다. 푸른 보문호수를 둘러싼 산책길에 늘어선 벚나무들이 화려하게 옷을 갈아입고 우리를 반갑게 맞아준다. 아름다운 배경으로 멋지게 사진 작품을 만드느라 모두 정신없다. 우리 부부도 화려한 풍광에서부터 조그마한 들꽃까지 알뜰히 사진기에 담는다. 바람을 타고 호수에 떨어진 꽃잎들이 떠다니는 모습을 보니 수면에 비추어진 꽃들을 마치 자기의 집으로 착각하여 찾아 헤매고 있는 듯하다. 길에는 꼬마자동차를 모는 아이들의 웃음소리가 가득하고 호수 위에서는 어른들이 오리보트를 타며 봄나들이를 즐긴다.

반월성의 하얀 벚꽃 숲과 역사의 보고 경주국립박물관 여행

시내로 가는 버스로 첨성대쪽으로 이동하여 두 번째 코스를 시작한다. 먼발치에서 첨성대를 눈으로 감상하면서 벚꽃 숲이 있다는 반월성으로 걸음을 옮긴다. 이곳은 신라시대 궁궐이 있던 곳으로 지형이 초승달처럼 생겼다 하여 신월성 또는 월성이라 불렸으며 조선시대부터 반월성(半月城)이라 불려 오늘에 이른다. 성벽 사이 길을 오르니 눈앞에 하얀 숲이 화려한 자태를 자랑하며 나타난다. 벚나무들이 군락을 이뤄 상상할 수 없는 하얀 숲 세계를 만든다. 사람들은 아름다운 풍경에 빠져들어 저마다 영화 속의 한 장면에 나오는 배우가 되어본다. 어떤 사람은 무대감독이 되어 나뭇가지를 살짝 흔들어 하얀 꽃눈을 만들기도 하고 또 다른 사람은 총감독이 되어 사진 구도를 잡으며 포즈를 명령하기도 한다.

경주국립박물관으로 이동해서 정원에 있는 아담한 석탑과 석불을 잠시 감상하고 봄꽃을 배경으로 사진을 찍는다. 커다란 얼굴만 남아 있는 불상을 꽃과 함께 미인 각도인 45도로 찍어 예쁜 증명사진을 만들어본다. 박물관에 들어가서 신라의 화려한 역사를 한눈에 보여주는 왕관을 비롯한 많은 유물을 천천히 둘러보고 미술관으로 향한다. 미술관 바닥을 유리로 마감해 예전에 이곳을 발굴하면서 나온 수레바퀴 자국을 그대로 보존해서 보여준다. 마지막에는 유물에 등장한 동물의 다양한 형상들을 기획전 형태로 전시 중이다. 그중에도 개구리의 뒷다리를 물고 있는 뱀의 모양이 재미있으면서도 인상적이다. 미술관을 나와 선덕여왕신종 앞 의자에 앉아 봄바람을 맞으며 경주 일정을 마무리한다.

tip

어르신이나 아이가 있어 오래 걷기가 부담스러울 때는 보문수상공연장에서 선착장 입구까지만 둘러보고 유람선을 이용해 호수 주변을 감상할 수 있다. 주요 관광지를 연결하는 버스 노선이 잘 되어 있어 버스 여행도 부담 없이 즐길 수 있다.

재미있는 꽃 이야기

애기똥풀: 봄에 마을 주변의 산이나 길가에서 흔히 볼 수 있는 두해살이풀로 젖풀이나 씨아똥으로도 불린다. 노란 꽃잎과 꽃술을 가진 예쁜 꽃이 피며 줄기를 자르면 애기똥처럼 노란 액체가 나온다 해서 붙여진 이름이다. 줄기에서 진액이 나오는 것을 실질적으로 보면 인상적이라서 이름도 쉽게 기억된다. 예로부터 민간에서 피부병에 유용하다고 알려졌지만, 유독성 식물이므로 사용하면 위험하다.

재미난 이야깃거리가 숨어 있는

금강소나무 숲길

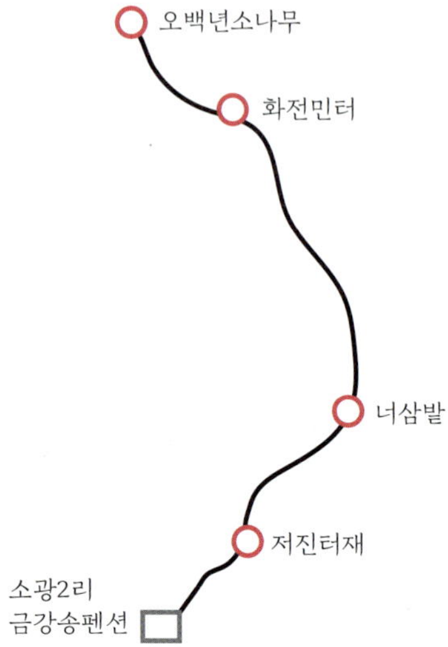

난이도 상 분류 산 계절 봄

코스 금강송펜션 - 저진터재 - 너삼밭 - 화전민터 - 금강송관리사 - 오백년소나무

길이 17km(편도코스) 시간 6시간 30분

출발지점 소광2리금강송펜션; 경북 울진군 금강송면 소광1길 336

주차장 소광2리금강송펜션

금강소나무는 우수한 목재로 예로부터 궁궐을 짓거나 왕실의 장례용 관을 짜는 데 사용했던 매우 고귀한 나무다. 금강소나무 숲길은 옛날 보부상들이 울진에서 해산물이나 소금을 구입해서 봉화나 영주 등 내륙지방에서 판매하고 그곳에서 담배나 곡물들을 사들여 다시 울진으로 내다팔기 위해 다녔던 십이령길을 코스별로 조성한 곳이다.

재미난 이야기 속에 지나는 소나기마저도 반가운 숲길

구간별 특징을 알아보고 고민 끝에 다른 코스와 마찬가지로 총 7시간 정도가 소요되나 난이도는 중간인 3구간을 예약한다. 울진에 도착해 숙소에 짐을 풀고 가까운 후포항으로 직행한다. 후포항은 대게로 유명한 곳으로 내일의 장시간 행보를 위한 영양 보충으로는 이만큼 좋은 것이 없다. 아침에 출발해 불영계곡에 들어서니 언제 봐도 아름다운 계곡의 풍광이 눈에 들어온다. 아이들이 어렸을 때 손잡고 왔던 민물고기 생태체험관을 지나니 감회가 참 새롭다. 구불구불 좁은 시골길을 지나 금강송펜션에 도착해서 출석 체크를 한다.

첫 번째 가이드분의 구령에 맞춰 몸풀기 체조를 하고 숲길로 들어서 첫 번째 고개인 저진터재에 오른다. 여기까지 올라오는 동안 흘린 구슬땀이 벌써 온몸을 적신다. 하지만 골짜기 사이로 불어오는 산바람 덕에 기분은 상쾌하다. 화전민터에서 잠시 휴식을 취하는 동안 가이드분이 우리 조상들이 이곳에서 얼마나 힘들게 살아왔는지 맛깔스럽게 이야기를 풀어나간다.

두 번째 가이드분이 평소 아무 생각 없이 지나갔던 산길의 의미와 숨은 이야기를 들려준다. 산길 주변의 파인 흔적들은 오소리들의 화장실 겸 쉼터란다. 또한 바닥에 흙이 약간씩 올라온 것은 두더지들의 땅굴길이니 밟지 않는 배려를 베풀란다. 숲속에 마련된 통나무 의자에 앉아 숲 이야기를 들으며 커피 한잔을 하는데, 난데없이 소나기가 내린다. 예기치 못한 손님이었지만 마음의 여유가 넘치니 소나기마저도 반갑다. 우비를 챙겨 입고 떨어지는 빗방울 반주에 맞춰 콧노래를 불러본다.

도도한 오백 년 금강소나무와 아름다운 야생화들의 축제

마을 주민들이 정성 들여 만든 점심 식사 시간이다. 산나물, 손두부를 주재료로 한 맛있는 도시락이다. 나무 그늘 밑 돌판 위에 차려진 맛있는 점심은 진수성찬이 따로 없다. 참가한 사람들도 모두 연신 맛있다는 감탄사를 내뱉는다. 내리는 비도 아랑곳하지 않고 다들 젓가락질에 바쁘다.

세 번째 가이드분은 미니 스피커까지 준비한 열정 넘치는 분이다. 소나무는 암수 동체이나 절대로 근친교배는 하지 않게 만들어져 있다고 한다. 또한 산딸나무의 하얀 꽃은 사실 꽃이 아니라 꽃받침이라고 한다. 꽃이 너무 작아서 벌과 나비가 찾아오지 않자 가짜 꽃을 만든 거라는 재미있는 이야기를 풀어내는 데 막힘이 없다. 오늘의 하이라이트, 보호송인 500년 소나무를 보며 울진 금강소나무의 우수성과 나무의 감별법을 재미있게 가르쳐준다. 금강소나무 중에서도 더 잘생긴 소나무들이 모여 있다는 미인송 군락도 아름답다.

산길 가에는 형형색색 야생화들이 만개했다. 하얀 까치수염들이 벌과 나비를 반기고, 보랏빛 엉겅퀴와 꿀풀, 노란색 달맞이꽃과 애기똥풀, 개울가의 물봉선과 노루오줌, 이름도 알 수 없는 꽃까지 화려한 꽃들의 향연이 펼쳐진다. 비가 그치고 멀리서 들려오는 뻐꾸기 노랫소리의 환송을 받으며 소나무 숲길 일정을 마감한다.

tip

숲나들e 내 숲길 - 숲길정보 - 탐방로 - 금강소나무숲길 홈페이지에 가면 코스에 대한 자세한 안내와 예약정보를 볼 수 있다. 현재 1~5, 3-1, 가족탐방로까지 7개 구간을 개발했고, 숲길의 생태 보존을 위해 7개 구간 중 일부를 인터넷 예약제로 개방하고 있다.

재미있는 꽃 이야기

개망초: 국화과의 두해살이 귀화식물로 늦봄에서 여름까지 길가에서 흔히 볼 수 있다. 노란 가운데를 둘러싸고 흰색 꽃잎들이 둥글게 피어 있어 아이들 사이에는 계란프라이 꽃으로 통한다. 이름의 유래는 짐작하듯이 주로 나라가 망할 때 전파되었다고 해서 붙여졌는데 이와 관련된 전설은 중국의 초나라 시기까지 올라간다. 우리나라에는 국권피탈 때 들어온 꽃이라 하여 망국초나 왜풀이라고도 불린다. 꽃말은 이름과는 달리 화해라는 좋은 의미이고, 들이나 산자락에 군락을 이루어 핀 꽃들이 아주 아름답다.

초록 봄! 개울물 소리가 어우러진

내연산 폭포길

난이도 중 분류 숲 계절 봄

코스 보경사 - 상생폭포 - 관음폭포 - 연산폭포(반환점) - 관음폭포 - 상생폭포 - 보경사

길이 6.5km(회귀코스) 시간 3시간

출발지점 보경사; 경북 포항시 북구 송라면 보경로 523

주차장 보경사주차장

경북 포항에 있는 내연산은 예전부터 폭포와 산세, 주변 풍광이 아름다워 선비들로부터 극찬을 받던 명소로 경북의 금강산으로 불린다. 푸른 계곡을 따라 이어지는 열두 폭포 중 최고의 절경을 자랑하는 관음폭포는 경북 팔경 중에 하나다. 내연산의 보경사는 신라 진평왕 시절에 지명법사가 창건한 오래된 고찰로 많은 보물과 역사를 지닌 사찰이다.

따스한 봄 햇살 아래
초록 계곡을 따라 이어지는 폭포길

포항으로 향하는 도로 주변은 벌써 초록으로 덮여 생명의 활기가 느껴진다. 며칠 전 내린 봄비로 논밭에는 농사를 준비하는 농부들의 일손이 바쁘다. 보경사 표지판을 따라 들어서서 한적한 시골길을 달리니 쌓인 피로가 눈 녹듯이 사라진다. 주차 후 걸어서 일주문을 지나니 본격적인 산길이 우리를 반겨준다. 산길을 따라 만들어진 수로를 보니 수로에서 멋진 물놀이 기구를 타고 신비의 세계로 떠나고 싶은 느낌이다. 눈앞에 바위 뒤로 넓게 트인 계곡이 나타나고, 맑은 계곡 물속에는 말 그대로 물 반, 고기 반으로 물고기들이 우글우글하다.

산길 주변의 나무들은 예쁜 꽃망울을 터트리며 미소를 가득 머금고 반긴다. 길 한편에 누군가 소원을 빌며 쌓아 놓은 돌탑이 눈길을 사로잡는다. 드디어 첫 번째 폭포인 상생폭포가 우리 부부에게 힘찬 폭포 소리로 인사를 한다. 두 개의 폭포 줄기를 가지고 있어 쌍둥이 폭포라는 의미의 쌍폭이라고도 불린다. 여러 각도에서 사진을 담아보고 잠시 시원한 개울물에 손을 담그는 여유를 누린다.

병풍 같은 바위 절벽이 유유히 흐르는 맑은 물에 거울처럼 비치는 아름다운 풍경 뒤에 숨어 있는 보현폭포가 두 번째이다. 계단을 오르니 갈림길에 보현암과 함께 '갓부처 2분'이라는 알림판이 발걸음을 당긴다. 조그만 암자에 있는 갓부처님은 중생들의 질병 치료와 수명 연장 등 중생을 구제하는 약사여래부처님이시다. 안타깝게도 꼭 한 가지 소원만 들어주신다는데, 한 가지 소원이라면 나는 어떤 소원을 빌어야 하나 정말 행복한 고민이다.

자연의 신비와 멋진 폭포수가 어우러진 산속의 무릉도원

모습을 볼 수 없는 삼보폭포를 지나 네 번째 폭포인 잠룡폭포다. 이름 그대로 아직 승천하지 못하고 물속에 숨어 있던 용이 폭포수 아래 협곡에 숨어 살다가 어느 날 승천했다는 전설이 있는 곳이다. 다섯 번째는 폭포수가 바위틈 사이에 형성된 길을 따라 흘러 바람을 맞지 않는다는 의미의 무풍폭포가 규모도 아담하게 수줍은 모습을 드러낸다.

드디어 오늘의 하이라이트인 관음폭포다. 주변의 경치가 너무 빼어나서 관세음보살이 금방이라도 나타날 것 같은 극락정원 같은 신비한 곳이다. 천연동굴인 관음굴과 어우러진 두 개의 폭포 줄기와 만물상을 연상케 하는 암벽은 말로 표현할 수 없을 정도로 황홀경이다. 출렁이는 구름다리를 건너면 규모가 가장 큰 연산폭포가 우렁찬 폭포 소리와 함께 위엄을 자랑하며 물보라를 휘날린다.

되돌아오는 길에는 강렬히 비치는 봄 햇살에 계곡의 초록빛이 더욱 아름답다. 하늘을 향해 뻗은 나무를 사진에 담아보니 봄의 기지개를 켜는 모습이다. 냇가에서 아빠와 돌던지기 놀이를 하는 아이의 모습이 천진난만하다. 보경사에는 부처님 오신 날을 맞아 달아놓은 오색 연등으로 경내가 화사하다. 여기에 화단에 핀 아름다운 함박꽃들이 화려함을 더한다. 3시간여의 걷기를 마감하고 시골의 향이 가득한 더덕구이 정식으로 오늘의 일정을 마무리한다.

tip

시간 여유가 있으면 등산 코스로 문수암에서 문수봉을 거쳐 삼지봉으로 가서 폭포길로 돌아오는 것도 좋다. 단풍 절정 시기에는 계곡물에 투영된 단풍 풍경이 아름다운 명소로 가을 방문도 강력히 추천한다.

재미있는 꽃 이야기

씀바귀: 산과 들의 풀밭이나 주변 길가에서 흔히 볼 수 있는 여러해살이풀이다. 잎이나 줄기에서 쓴맛이 강한 흰즙이 나와서 고채(苦菜)로 불린다. 겨울에도 죽지 않는다고 하여 유동(遊冬)이라고도 부른다. 5~7월에 노랗게 피는 꽃은 같은 시기에 피는 고들빼기꽃과 아주 유사한데 수술이 검은 것이 구분 점이다. 이른 봄에 뿌리줄기나 어린잎을 데쳐서 나물로 무쳐 먹는다.

푸른 숲길과 선인들의 역사가 함께하는

문경새재 옛길

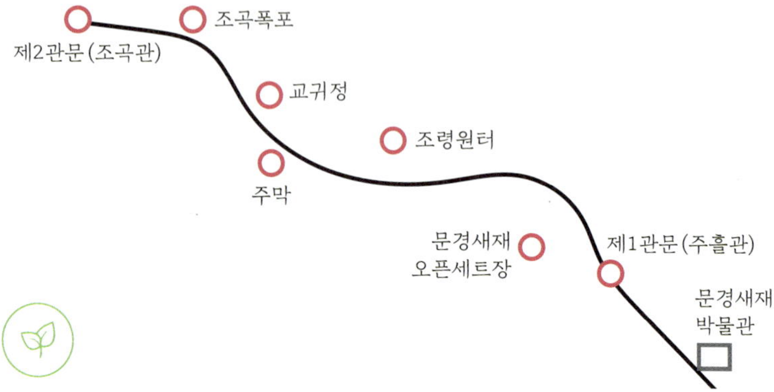

난이도 중 분류 숲 계절 봄

코스 관리사무소 - 주흘관 - 조령원터 - 교귀정 - 조곡관(반환점) - 교귀정 - 조령원터 - 주흘관 - 관리사무소

길이 9km(회귀코스) 시간 3시간 30분

출발지점 문경새재 공원관리사무소; 경북 문경시 문경읍 새재로 932

주차장 문경새재도립공원 주차장

문경새재는 백두대간의 마루를 넘는 고개로 역사적으로 사회, 경제, 문화의 교류지이자 군사적 요새 지역이다. 새재라는 말에는 '새도 날아서 넘기 힘든 고개', '억새가 우거진 고개', '하늘재와 이루릿재 사이의 고개', '새(新)로 만든 고개'라는 의미가 있다. 문경새재 옛길은 한국관광공사에서 조사한 '꼭 가봐야 할 국내 관광지 100선'에서 당당히 1위를 차지할 정도로 대중적으로도 인기 만점의 관광지다.

초록 숲길을 따라 맑은 계곡 소리가 어우러진 새재 옛길

주흘산과 조령산 사이에 새재 계곡을 따라 만들어진 문경새재 옛길은 총길이 6.5km로 제1 관문인 주흘관에서 시작하여 제2 관문인 조곡관을 거쳐 제3 관문인 조령관까지 이어진다. 조선팔도에서 대표되는 고갯길로 옛날 한양으로 과거 시험을 치르러 오르내리던 선비들의 청운의 꿈이 서려 있는 곳이기도 하다.

문경새재 입구에 도착하여 맑게 갠 푸른 하늘과 뭉게구름들을 배경으로 신장내과 과원들과 기념사진을 남긴다. 문경을 대표하는 과일인 사과를 테마로 만든 작품들과 함께 추억의 한 장면을 만들어본다. 조금 걸어가니 길을 중심으로 탁 트인 공간에 저 멀리 제1 관문인 주흘관이 양옆에 성벽의 지지를 받으며 기세 당당하게 서 있다. 왠지 모르게 답답했던 마음까지 뻥 뚫리는 기분이다.

이곳의 볼거리 중에 하나인 오픈세트장을 지나 본격적인 숲길로 들어선다. 오늘 모임의 유일한 어린이 주인공인 샘이도 이모들 속에서 신나고 행복한 표정이다. 엄마의 손을 잡고 걷기도 하고 가끔은 엄마의 등을 그리워하며 업어달라 한다. 길옆 나뭇잎을 만지고 싶다며 조르는 샘이의 목등 태우기 도전자로 오늘은 내가 나선다. 목등을 타고 신난 아이의 표정만큼이나 나도 동심으로 돌아간 기분이다.

시원한 산바람을 맞으며 걷다 보니 과거 이 길을 지나던 많은 사람이 쉬어갔던 주막이 추억의 향기를 날리며 발걸음을 끈다. 화려한 단청이 아닌 나무 고유의 색으로만 꾸며진 교귀정의 모습이 더욱 단아하고 아름답다. 길 왼편으로 곱게 쌓인 여러 개의 돌탑이 눈에 들어온다. 문경새재를 넘나들던 길손들이 저마다의 소원을 빌며 얹어놓고 간

돌들이 쌓여 만들어진 소원성취탑이다. 옛 선인들의 고귀한 힘을 빌려 모두 잠시 소원을 빌어본다.

아름다운 천혜의 자연경관과 볼거리가 함께하는 하산길

오늘의 목표지점인 제2 관문인 조곡관에 가까워지자 아름다운 조곡폭포가 맵시를 자랑하며 우리를 반긴다. 어제 내린 비로 맑은 선율의 폭포 소리도 제법 우렁차고 산 위에서 떨어지는 물줄기도 유리처럼 맑고 투명하다. 삼삼오오 모여서 폭포를 배경으로 사진을 찍고 발길을 재촉한다. 조곡관에 먼저 도착한 젊은 멤버들은 재미있는 이야깃거리를 만들 수 있는 포즈를 취하며 열심히 촬영 중이다. 어느 드라마에서 본 듯한 한 장면을 패러디한 작품은 우리의 추억거리로 영원히 남을 것 같다.

잠시 휴식을 취하고 되돌아오는 길은 또 다른 맛이다. 정신없이 오를 때 보지 못했던 주변 풍경이 더욱 눈에 잘 들어온다. 바위벽에 이제까지 보았던 것 중 가장 큰 민달팽이도 보이고 개울에서는 우글우글 올챙이 무리를 볼 수 있다. 이곳의 명물인 고추장 양념 석쇠구이에 오미자 동동주를 서로 건네며 모두 웃음과 행복이 가득하다.

tip

옛길박물관과 문경새재 오픈세트장, 자연생태전시관과 자연생태공원 등 다양한 볼거리가 있다. 제3 관문인 조령관이 있는 조령산 휴양림에서 출발해서 제1 관문까지 내려오는 코스도 좋다.

재미있는 꽃 이야기

큰까치수염: 주변 산이나 들에서 흔히 볼 수 있는 여러해살이풀로 까치수영, 꽃꼬리풀, 개꼬리풀이라고도 한다. 까치라는 단어를 들으면 당연히 새를 생각해서 과연 까치가 수염을 가지고 있는지 우선 궁금해진다. 하지만 여기서 까치라는 접두어는 본래의 것과 비슷하다는 의미로 까치독사의 경우 독사와 비슷해서 붙여진 이름이다. 여러 개의 작고 예쁜 하얀 꽃들이 피는 까치수염의 꽃말은 '잠든 별'이나 '동심'으로 꽃의 이미지와 잘 어울린다.

수평선과 해안절경이 어우러진 아름다운 길

부산 갈맷길

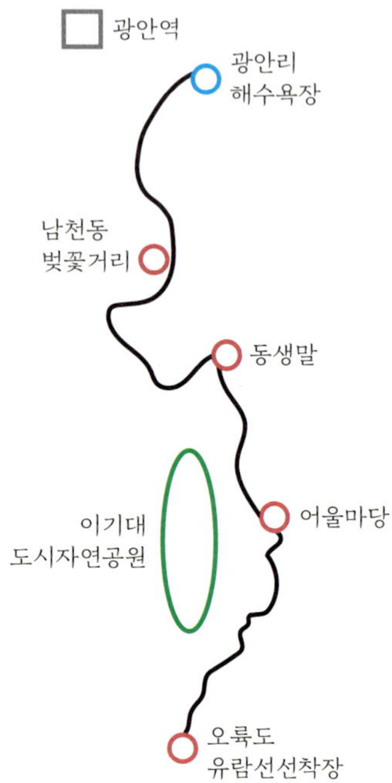

난이도 중 분류 바다 계절 봄

코스 광안리해수욕장 - 남천동벚꽃거리 - 동생말 - 어울마당 - 오륙도유람선선착장

길이 11km(편도코스) 시간 4시간

출발지점 광안리해수욕장(광안역 3번출구); 부산시 수영구 광안해변로 219

주차장 편도코스로 대중교통 권장(오륙도주차장 주차 가능)

갈맷길은 부산의 시조인 '갈매기'와 '길'의 합성어로 시민공모를 통해 만들어진 예쁜 이름이다. '갈매'는 순수 우리말로 '깊은 바다'를 뜻하기도 한다. 해안길, 강변길, 숲길, 도심길로 구성된 총 21개의 코스로 총연장이 무려 302km에 이른다. 6개의 해안길 중에 경치가 아름

다운 광안리에서 오륙도 구간을 걸어본다. 2코스 중에도 이기대 해안길은 멋진 해안 절경이 펼쳐지는 소문난 명소다.

백사장 모래 위에 펼쳐진 풍광이 아름다운 광안리 해수욕장

시작점인 광안역에 도착해서 보니 오늘부터 광안리 어방축제란다. 예로부터 어로활동이 활발했던 이곳의 전통을 이어받아 광안리 해변의 테마거리와 활어축제가 어우러진 봄축제다. 수백 개의 연등으로 만들어진 터널을 지나면서 보니 연등마다 가족들의 소중한 소망들이 적혀 있다. 아직은 한적한 해변 백사장에 연인 두 사람이 나란히 앉아 있는 모습이 한 폭의 그림이다. 아마 행복한 속삭임을 주고받으며 예쁜 사랑을 무럭무럭 키우고 있나 보다. 길가에는 아이들의 조그만 신발 세 쌍이 나란히 늘어서 있다. 모래사장에서 시간 가는 줄 모르고 즐겁게 뛰놀고 있는 꼬마 친구들이 바로 주인이다.

해수욕장을 벗어나 코너를 돌아서니 곧게 뻗은 포장길이 우리를 맞아준다. 길 옆 벽에는 이곳의 유래와 역사에 대해 그림과 함께 자세히 설명되어 있다. 처음 들어보는 민속놀이인데도 길게 이어지는 그림으로 보니 이해가 빠르다. 조그만 공원 동산에는 이곳 수영의 마스코트인 수아와 영이가 나란히 손잡고 지나는 사람들에게 인사한다. 화단에는 울긋불긋 솔잎채송화가 만개해 있고 길가에는 아주 작은 별꽃들이 밤하늘의 별처럼 피어 있다.

기암절벽과 어우러진 해안 절경을 따라 걷는 이기대 해안길

이기대공원 입구에서 뱃속 시계의 알림에 따라 숯불갈비와 냉면으로 배를 채운다. 언덕을 올라 입구에 세워진 안내판을 상세히 공부하고 발걸음을 옮긴다. 이기대(二妓臺)라는 명칭은 두 기생의 무덤이 있는 곳이라는 의미다. 임진왜란 때에 수영성을 함락시키고 축하연을 열고 있던 왜장을 끌어안고 바다에 투신한 의로운 기녀를 기리는 곳이다. 군사작전 지역으로 통제를 해오다가 1993년부터 개방되어 뚜벅이들의 사랑을 듬뿍 받는 길이다.

전망대에서 바라보이는 광안대교와 빌딩 숲의 풍광이 푸른 바다와 함께 정말 아름답다. 반대편으로는 이제부터 걸을 해안길의 풍광이 더욱 멋있게 펼쳐진다. 잘 정비된 나무 데크와 구름다리로 이어진 길 위를 걷는 행복한 사람들의 얼굴에는 미소가 가득하다. 멀리 바위 위에는 물고기와 기다림의 사투를 벌이는 낚시꾼들의 모습도 보인다. 흔들리는 출렁다리를 건너는 어른들도 모두 동심으로 돌아간 해맑은 모습이다. 바위에 부딪쳐 산산이 조각나는 파도들의 울음소리와 어우러진 갈매기들의 합창이 메아리쳐 온다.

푸른 나무들이 만들어준 숲길을 따라 이름 모를 봄꽃들이 아름답게 피어 있다. 넓은 바위들 위로는 수천만 년 전에 살았던 공룡의 발자국들이 남아 있다. 이곳으로 현장학습을 나온 중학생들은 해설사의 설명을 들으며 진지한 표정이다. 어울마당을 지나 치마바위 전망대에서 잠시 휴식하며 끝이 없는 수평선을 바라본다. 마지막 명소인 농바위는 2개의 바위가 떨어질 듯 얹혀져 있어 보는 사람의 마음을 조아리게 한다. 오륙도 섬이 보이는 해맞이 공원까지 4시간, 2만여 보의 갈맷길 걷기를 마감한다.

tip

2코스는 민락교부터 오륙도까지 구간으로 18.3km, 6시간이 소요된다. 일정에 따라 코스 조절이 가능하며 이기대공원 안에도 자동차 순환도로가 있어 짧게 둘러볼 수도 있다. 시간이 가능하면 광안대교 야경을 보는 것도 필수 코스다.

생활 속 건강상식

흡연은 만성 폐쇄성 폐질환의 주된 원인이며 이 질환의 예방을 위해 금연은 매우 중요하다. 흡연자에서 호흡기 증상의 발생과 폐 기능 이상 소견을 더 자주 볼 수 있으며, 사망률 또한 높다. 이러한 차이는 흡연량에 따라 직접적으로 비례한다.

멋진 해안 비경과 초록 숲길이 어우러진

/

울릉도 해담길

난이도 상 분류 섬/산 계절 여름

코스 내수전일출전망대 - 청매화곡쉼터 - 석포독도전망대 - 두리봉 - 관음도 -섬목선착장

길이 12km(편도코스) 시간 5시간

출발지점 내수전일출전망대; 경북 울릉군 울릉읍 저동4길 438

주차장 편도코스로 택시 이동 권장(내수전일출전망대주차장 주차 가능)

울릉해담길은 동해의 외로운 섬인 울릉도에 개척민들이 다니던 옛길을 발굴해서 섬 전체를 둘러볼 수 있게 만든 둘레길이다. 9구간 중 3구간인 내수전에서 석포까지 코스는 신비스러운 원시림 같은 초록 숲길과 아름다운 해안 절경을 감상할 수 있는 길로 많은 사람의 사랑을 받고 있다.

신비스러운 숲과 아름다운 바다 풍광을 품고 있는 해담길

이른 아침 도동항으로 가서 울릉도 특산품인 산나물밥으로 식사를 하고 해담길의 시작점인 내수전 일출전망대까지 택시로 이동한다. 입담 좋으신 기사분의 울릉도 역사 이야기를 듣다 보니 어느덧 전망대 앞이다. 전망대로 향하는 완만한 경사의 숲길은 동백나무와 소나무로 만들어진 초록 터널이다. 맑고 신선한 공기를 마시며 걷노라니 피로에 지친 몸과 마음에 생기가 솟는다. 언덕을 올라 숨이 턱 밑까지 차오를 무렵 전망대가 우리를 반겨준다.

전망대에서 바라보는 사방 풍경은 모두가 아름답다. 푸른 바다 위에 등대와 방파제가 어우러진 저동항의 풍광은 외국의 어느 유명한 항구와 견주어도 뒤지지 않는다. 해안을 따라 푸른 바다와 초록 숲이 어우러진 경치도 한 폭의 동양화이다. 해안 끝 다리로 이어지는 관음도와 건너편 바다 위 죽도의 풍경도 말로 표현할 수 없을 만큼 절경이다. 구름이 걷힌 푸른 하늘과 바다의 모습을 상상 속에 그려보며 출발점으로 되돌아간다.

포장도로를 벗어나서 숲길로 들어서니 자연 그대로 잘 보존된 원시림 사이의 초록 오솔길이 우리를 반겨준다. 쉬어가는 쉼터로 만들어 놓은 전망대에서 커피 한 잔을 마시며 신선한 숲 향기에 취해본다. 어디선가 지저귀는 산새들의 노랫소리가 합쳐져 숲 카페의 분위기를 한층 더 띄워준다. 동백 숲길을 지나 돌계단을 따라 천천히 오르니 주변이 하얀 물안개로 신비한 분위기다. 마치 눈앞에 산신령님이 '뿅' 하고 나타나서 소원을 물어볼 듯하다.

쪽빛 바다 위에 초록 숲길과 기암괴석이 어우러진 관음도

팻말에 있는 예쁜 섬초롱꽃을 열심히 찾아보니 길가에서 숨바꼭질하며 자기를 찾아보란다. 땅을 향해 고개를 숙이고 있는 초롱꽃을 밑에서 사진기로 바라보니 꽃분홍의 주근깨가 매력적인 소녀의 얼굴이다. 이름을 알 수 없는 꽃들과 나무들을 친구 삼아 걷다 보니 숲길의 끝자락이다. 우리의 땅 울릉도와 독도를 지켜내신 안용복의 업적을 기념하여 세운 안용복기념관을 둘러보고 관음도로 천천히 발길을 옮긴다.

해안도로를 따라 걸으니 푸른 바다 위에 삼선암이 나란히 서 있다. 하늘에 오르지 못한 세 선녀에 대한 전설을 품고 있는 바위들로 울릉

도 3대 비경 중 하나이다. 신비한 색을 지닌 바다에서 스쿠버다이빙을 즐기고 있는 사람들을 보니 부럽다. 엘리베이터로 5층 높이를 오르니 깎아지른 절벽이다. 관음도로 넘어가는 연도교에서 보이는 바다 빛깔은 그 어떤 보석보다도 아름다운 색이다.

관음도 건너편으로 방사성 주상절리 바위들과 부딪치는 하얀 파도의 형상은 또 다른 매력 포인트다. 섬으로 들어서니 울창한 동백나무들이 터널을 이뤄서 길을 안내해준다. 첫 전망대에서는 우리가 걸어온 울릉도 숲을 감상하고 다음 전망대에서는 바다 위에 떠 있는 죽도의 아름다운 모습에 감탄한다. 억새 길을 지나 섬을 한 바퀴 돌아오니 삼선암이 보이는 멋진 풍광이 초록 풀밭과 어우러진다. 주차장으로 이동해서 버스를 기다리며 5시간여의 해담길 걷기를 마무리한다.

독 도 방 향
(Dok Do direction)
독도까지 거리 87 4Km

tip

내수전 일출전망대 앞까지는 택시로 이동하고 어르신과 온 경우에는 가파른 일출 전망대는 피하고 둘레길을 천천히 걸어보고 관음도 전망대에서 풍경을 감상해도 좋다. 울릉도 일주도로가 개통되어 관음도에서 저동항 이동이 쉬워졌다.

재미있는 꽃 이야기

초롱꽃: 산지의 풀밭에서 자라는 여러해살이풀로 꽃의 모양이 초롱(호롱)같이 생겨서 붙여진 이름이다. 여름에 피는 꽃은 흰색 또는 연한 홍자색으로 긴 꽃줄기 끝에 여러 개의 꽃송이가 아래를 향해 달린다. 한국의 특산종으로 울릉도에서 발견된 섬초롱꽃과 금강산에서 발견된 금강초롱꽃이 있다. 밑에서 바라본 섬초롱꽃은 붉은 주근깨가 있는 얼굴의 다소곳한 모습으로 귀엽고 예쁘다.

아름다운 풍광의 숲길과 마을길이 이어지는

지리산 둘레길

난이도 상 분류 산 계절 여름

코스 추모공원 - 상사폭포 - 쌍재 - 산불감시초소 - 고동재 - 가현마을 - 추모공원

길이 11km(순환코스) 시간 4시간 30분

출발지점 산청함양사건추모공원; 경남 산청군 금서면 화계오봉로 530

주차장 산청함양사건추모공원주차장

남한 내륙에서 가장 높은 1,915m의 천왕봉을 주봉으로 하는 지리산(智異山)은 '어리석은 사람이 머물면 지혜로운 사람으로 달라진다' 하여 붙여진 이름이다. 화엄사 등 유서 깊은 사찰과 많은 문화재를 품고 있으며 지리산 12동천의 아름다운 경치와 다양한 동식물상으로 1967년 국립공원 제1호로 지정되었다.

예쁜 야생화들과 함께
멋진 폭포 풍경이 어우러진 숲길

지리산 둘레길은 전북, 전남, 경남의 3개 도에 걸쳐 100여 개의 마을을 잇는 300여km의 장거리 코스를 느림의 미학으로 천천히 성찰하며 걷는 길이다. 2012년에 전 구간이 개통된 지리산 둘레길은 현재 21개 구간으로 5코스인 동강-수철 코스에 도전한다. 지리산의 아름다운 계곡을 따라 걸으며 멋진 풍경을 음미하며 걷는 12.1km의 코스다. 이번에는 추모공원에서 출발하여 고동재에서 가현마을 거쳐 다시 돌아오는 원점회귀 코스를 선택한다.

고속도로를 벗어나 초록빛 가득한 산길로 들어서니 멋진 드라이브 코스다. 목적지인 산청 함양 추모공원에 도착해서 6·25 전쟁 중 지리산 공비토벌 작전으로 억울하게 희생된 705명의 영령 앞에 묵념하고 마을로 향한다. 길 건너 마을 입구에 지리산 둘레길에서 갈 길을 알려주는 이정표인 '벅수'라 불리는 장승형 이정목이 우리를 반긴다. 마을을 지나 다리를 건너서 개천 옆길을 따라가니 아름다운 숲길의 시작이다.

초록 숲길에 바람 소리와 새소리와 함께 개천을 흐르는 물소리까지 더해져 자연이 만든 멋진 오케스트라 연주가 완성된다. 길가에 핀 야생화들이 서로 먼저 눈길을 끌려는 듯 예쁜 자태를 뽐낸다. 노란 달맞이꽃들은 키 자랑을 하듯 하늘 높이 피었다. 분홍빛 무릇꽃, 하얀 꿩의다리, 노란 원추리와 씀바귀, 보랏빛 칡꽃 등 다양한 꽃들이 반갑게 맞아준다. 상사폭포 안내판을 따라 내려가니 시원한 낙수 소리와 함께 멋진 폭포 풍광이 눈앞에 다가온다.

정상에서 멋진 풍광과 아기자기한 마을길이 이어지는 길

가파른 계단을 따라 오르니 상사폭포 위에 통나무로 쉼터를 만들어 놓은 공간이다. 잠시 숨을 고르고 숲의 건강한 기운을 받으며 걷기를 이어간다. 길 주변에 사람들의 접근을 막아놓은 철조망은 이곳 사람들이 약초 농사를 짓는 곳이다. 산길을 벗어나 널따란 임도를 따라 천천히 발걸음을 옮겨서 쌍재를 지나 갈림길에서 고동재로 방향을 튼다. 흙길의 바닥까지도 초록 비단이 깔린 숲터널에 들어서니 고갈된 에너지가 다시 충전되는 느낌이다.

숲길을 따라 천천히 정상을 향해 가는데 호랑나비 한 마리가 사뿐히 내려앉아 날개를 움직이며 춤을 춘다. 노란 원추리꽃이 예뻐서 사진에 담아보니 꽃을 향해 질주하는 꿀벌의 역동적인 모습이 보인다. 계단을 오르면서 머리 위로 푸른 하늘이 보이더니 드디어 산불감시탑이 있는 정상이다. 사방으로 펼쳐진 초록 산세의 아름다운 전망을 천천히 감상하고 나무 그늘에서 준비해간 오이를 먹으며 쉬는 시간을 갖는다.

내려가는 코스도 능선을 따라 오르막과 내리막을 반복하면서 지루하지 않게 숲길이 이어진다. 큰 잎사귀 위에 메뚜기는 선탠을 하듯 햇볕을 받으며 한 자세로 앉아 있다. 고동재 삼거리에서 회귀하는 코스인 가현마을 방향으로 우회전한다. 넓은 임도를 따라 맑은 공기를 마시며 걸으니 꽃향기 가득한 가현마을이다. 마을 정자에 어르신들이 반갑게 맞아주시고 길을 따라 목적지인 추모공원에 도착하여 4시간 반, 2만 보의 지리산 걷기를 마무리한다.

tip

아름다운 연못과 카페가 있는 산청의 수선사에서 연꽃과 어우러진 멋진 사찰 풍경과 차 한 잔의 여유를 즐겨보는 것도 좋다. 산청의 최고의 메뉴인 어탕국수를 먹는 것도 필수 코스다.

재미있는 꽃 이야기

달맞이꽃: 전국의 양지바른 물가나 길가에서 흔히 볼 수 있는 노란 꽃으로 칠레가 원산지인 귀화식물이다. 여름에 피는 탐스러운 꽃이 저녁에 피어서 달빛을 받으며 밤새 유지되었다가 아침이면 이슬과 함께 시들어서 붙여진 이름으로 꽃말도 '기다림'이다.

자연의 소리와 함께하는 문화유산의 길

가야산 소리길

난이도 중 분류 숲 계절 가을

코스 소리길 입구 - 탐방지원센터 - 해인사 일주문 - 농산정 - 제월담 - 낙화담 - 치인주차장

길이 7.5km(편도코스) 시간 3시간

출발지점 소리길 입구; 경남 합천군 가야면 황산리

주차장 대장경기록문화테마파크주차장

경남 합천의 가야산 소리길은 고려시대에 몽골군의 격퇴를 기원하여 만들어진 팔만대장경을 봉안한 해인사로 향하는 길이다. 팔만대장경은 16년에 걸쳐 조상들의 피땀으로 만들어진 세계에서 가장 오래된 대장경판이다. 고귀한 가치를 인정받아 1995년에 세계문화유산으로 지정되었으며 이곳으로 향하는 소리길은 역사와 자연이 함께하는 아름다운 길이다.

아름다운 산새와
여유로운 시골 풍광이 어우러진 길

소리길은 가야산 홍류동 계곡을 따라 걷는 길로 사계절 걷기 좋지만 특히 단풍이 아름다운 가을이 적격이다. 홍류동이란 붉은 가을 단풍에 흐르는 물까지 붉게 보인다고 해서 붙여진 이름이다. 시작점인 테마파크에서 종점인 영산교까지 약 7.5km의 길을 물소리, 새소리, 바람 소리를 들으며 걸을 수 있는 치유의 길이다. 아름드리 푸른 소나무들의 어울림으로 숲속 청량함이 더해져 지나는 사람들의 발걸음을 가볍게 해준다.

가야산 입구에 다다르자 오색 단풍 옷으로 갈아입은 우뚝 솟은 봉우리가 우리를 반겨준다. 축제가 열리고 있는 대장경 테마파크 주차장에 차를 세우고 소리길 시작점으로 향한다. 소리길 표지석 아래에 '우주 만물과 소통하고 자연과 교감하는 완성된 세계를 향하는 깨달음의 길'이라는 말이 마음에 와닿는다. 처음 시작 구간은 한적한 시골 풍광을 즐기며 걷는 여유의 길이다. 고개를 숙인 벼들이 황금물결을 이루어 바람 소리를 들려준다.

파란 하늘을 배경으로 서 있는 감나무에는 잘 익은 감들이 금방이라도 떨어질 듯 아슬아슬하다. 어디선가 떨어지길 기다리며 입을 벌리고 있을 강아지의 모습을 떠올리며 미소를 짓는다. 숲길의 길가에는 숲에 대한 궁금증을 한꺼번에 풀어주는 다양한 안내판들이 늘어서 있다. 나무들의 재미있는 이름 중에 때죽나무는 나무의 열매를 찧어 물에 풀면 물고기가 떼로 죽었다고 해서 붙여진 이름이라니 조상들의 재치가 정말 기발하다.

자연의 소리와
오색 단풍의 향기가 가득한 아름다운 길

나무 그늘 아래에서 편안히 옆으로 누워 명상에 잠겨 있는 석불님께서 지나는 사람들을 바라보며 미소를 지으신다. 명상 속에 소리길에서 세월 가는 소리를 듣고 있는 듯 여유로운 표정이다. 흙길을 따라 바닥에 글이 새겨진 돌판들이 눈길을 끈다. 이어질 듯 알 수 없는 내용의 글자들이 나란히 쓰여 있다. 사람의 장기가 이어진 글판에서 '콩팥'이 먼저 보이는 것은 직업병인가 보다. 글판을 읽으며 걸어가니 조그만 연못에 징검다리가 나타난다.

계곡을 따라 곱게 물든 단풍이 푸른 하늘과 어우러져 물 위에 비친 그림은 저절로 감탄이 나오게 한다. 계곡을 가로지르는 다리를 4번 넘나드니 해인사 일주문이다. 햇빛에 반사된 새빨간 단풍잎의 색감이 너무 아름답다. 다시 숲길로 들어서니 신라시대 최치원 선생의 자취가 남아 있는 농산정이 계곡과 함께한다. 자연의 소리를 벗 삼아 명상에 잠겨 잠시 쉬어가는 곳이다. 길을 따라 언덕 끝에 오르니 멀리 산봉우리의 단풍이 더욱 가깝게 느껴진다.

계곡을 따라 길게 나무 데크로 만들어진 길에 단풍의 멋진 배경이 어우러지니 모두 작품 사진을 만드느라 정신없다. 동심으로 돌아가 재미있는 포즈를 취하며 웃고 있는 어른들을 보니 나이를 거꾸로 먹는 기분이다. 해인사 갈림길에서 치인교로 향하는 길의 가로수는 노랗게 물든 은행나무들이다. 주차장을 둘러싼 은행나무들의 멋진 풍광을 감상하며 3시간의 단풍 나들이를 마무리한다.

tip

시간 여유가 있으면 출발점에 있는 대장경 테마파크를 들러서 대장경의 제작 과정과 역사에 대해 알아보는 것도 좋다. 화엄종의 근본 도량이자 팔만대장경 등 많은 유물이 있는 해인사를 천천히 둘러보는 것도 필수 코스다.

생활 속 건강상식

흡연은 위장관 질환의 발생 위험을 높인다. 흡연은 위산 분비 증가, 위 점막의 혈액 순환 저해, 하부식도조임근의 기능 감소 등에 관여한다. 속쓰림 증세와 함께 역류성 식도염, 소화성 궤양이나 소화기 암 등을 유발할 수 있다.

아름다운 정원과 금강송 숲길로 이어지는

백두대간 수목원

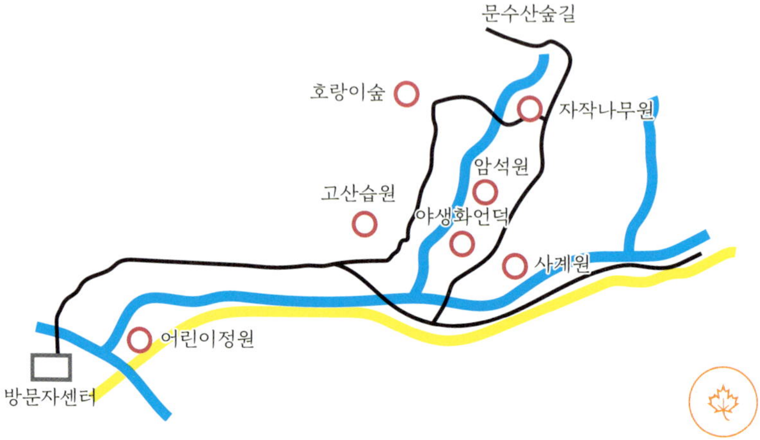

난이도 중 분류 공원 계절 가을

코스 방문자센터 - 사계원 - 야생화언덕 - 암석원 - 호랑이숲 - 문수산 금강송 숲길탐방 - 수목원 정원 - 방문자센터

길이 7.5km(순환코스) 시간 3시간

출발지점 백두대간수목원; 경상북도 봉화군 춘양면 춘양로 1501

주차장 백두대간수목원주차장

국립백두대간수목원은 한반도의 뼈대 역할을 하는 백두대간을 체계적으로 보호하고 보전 가치가 높은 식물자원을 전시 및 연구하는 아시아 최대 규모의 수목원이다. 이곳의 상징동물인 백두산 호랑이들을 가까이서 만날 수 있는 곳이기도 하다. 여의도 면적의 17.8배인 5,179ha의 부지에 7년간에 걸친 조성사업 후 탐방객들에게 개방되었다.

어여쁜 정원과
늠름한 호랑이의 기상이 함께하는 수목원

예약한 금강송 숲길 트레킹 시간보다 30분 일찍 도착해서 방문자센터 여기저기를 둘러본다. 인원을 확인 후 수목원에 입장해서 트램으로 출발점인 사계원까지 이동하는 동안 함께하는 세 가족이 서로 인사하며 웃음꽃이 가득하다. 트램에서 내려서 언덕을 오르니 초록 도화지에 붉은 물감을 풀어놓은 듯한 풍경이 눈길을 사로잡는다. 야생화 언덕의 아름다운 경치에 어른들이 심취해 있는 동안 아이들은 돋보기로 꽃과 잎을 열심히 관찰하며 좋아한다.

암석원으로 들어서니 시원한 분수와 함께 잘 정리된 바위들이 오는 손님을 반갑게 맞아준다. 길가에 있는 괭이풀을 한 줌 뜯더니 맛을 보라는 해설사분의 말에 조금 주저하다가 모두 입에 넣는다. 약간은 씁쓸하면서도 새콤한 맛에 모두 놀라며 먹을 만하다는 표정이다. 호랑이 우리로 다가서니 육중한 몸매의 호랑이 한 쌍이 어슬렁어슬렁 움직이는 모습이 철창 너머로 멀리서부터 보인다. 늠름한 백두산 호랑이 모습을 사진에 담고 발길을 옮긴다.

자작나무원에 들어서니 열을 맞춰 일렬로 늘어선 은빛 자작나무들이 빨리 오라 손짓한다. 자작나무가 은빛인 이유는 햇빛을 반사하여 나무 온도를 유지하기 위해서라니 정말 자연의 신비는 끝이 없다. 백두산에 오르면 가장 흔히 보이는 나무가 아름드리 자작나무로 순수함과 고고함의 상징이다. 길가 호박 넝쿨에 달린 호박의 모양이 정말 신기하고 재미있게 생겼다. 윗부분 반은 참외를 닮았고 아래는 영락없는 수박이다.

맑은 숲과 대자연의 신비로움이 조화를 이룬 금강송 숲길

수목원 철문을 나오니 넓은 임도로 이어지고 바로 배후에는 금강송이 있는 문수산이 당당히 서 있다. 금강송은 예로부터 궁궐을 짓거나 왕실의 물품을 만드는 데 쓰인 나무로 춘양목이라고도 불린다. 예로부터 질 좋은 소나무의 집산지였던 춘양면의 이름을 따서 붙여진 이름이다. 임도를 따라 숲길안내소에 다다르니 춘양목의 나이테를 확인할 수 있는 샘플이 전시되어 있다. 단단한 속심과 윤기 흐르는 절단면이 목재로서의 우수성을 한눈에 보여준다.

울창한 숲길로 들어서니 더욱 맑아진 공기와 함께 발걸음이 가벼워진다. 쓰러진 소나무 곁으로 하얀 톱밥이 여기저기 쌓여 있는 재미난 모양이다. 어느 곤충들이 알을 낳거나 먹이감을 찾으며 만들어 놓은

작품이다. 본격적으로 오르막이 시작되어 앞만 보고 걷다가 반가운 쉼터에서 잠시 숨을 고르며 커피 한 잔을 마시고 천천히 들숨과 날숨을 반복한다. 다음에는 주변에 있는 마음에 드는 나무와 포옹하며 서로의 정기를 주고받는 진정한 휴식이다.

숲길을 따라 내려와서 다시 널따란 임도에 와서 해설사분이 주시는 나무거울 하나씩을 받아든다. 거울을 눈썹 위에 대고 바라보면 무슨 느낌일까? 시야에 바로 아랫면들이 한눈에 들어오는 새의 눈이 되는 것이다. 수목원으로 들어서 산길을 따라 내려오다 냇가를 만나 잠시 동심의 세계로 돌아간다. 어른들은 시원한 냇물에 발을 담그고 쉬는 동안 아이들은 자갈을 들춰내며 숨은 생물을 찾느라 정신없다. 마지막으로 풀잎을 잘라서 만든 작은 배를 물 위에 띄워보는 것으로 체험을 마치고 출발점으로 돌아와 3시간여의 수목원 투어를 마무리한다.

tip

국립백두대간수목원에는 1박 2일 프로그램까지 다양하게 있어서 미리 홈페이지를 통해 알아보고 예약해서 체험을 즐길 수 있다. 수목원 내에 투어 코스도 다양하고 트램이 정기적으로 순환하므로 동반자에 따라 선택해서 걸어보면 좋다.

재미있는 버섯 이야기

노랑망태버섯: 예쁜 노란색 치마를 차려입은 모델의 이미지를 생각나게 하는 노랑망태버섯은 가장 화려하고 아름다운 버섯 중에 하나다. 아주 빨리 자라는 버섯으로 땅 위로 솟아나기 시작해서 불과 3~5시간이면 성장이 완성되어 하루도 안 돼 생을 마감한다. 망태버섯은 흰색과 노란색이 있는데 흰색은 식용이 가능하나 노란색은 독성이 강한 독버섯이다. 대부분의 화려한 색의 버섯은 독버섯으로 섭취를 위한 채취는 금물이다.

PART 7

제주도

울창한 숲과 동백이 만든 환상 숲길의 귀환

한라산 동백길

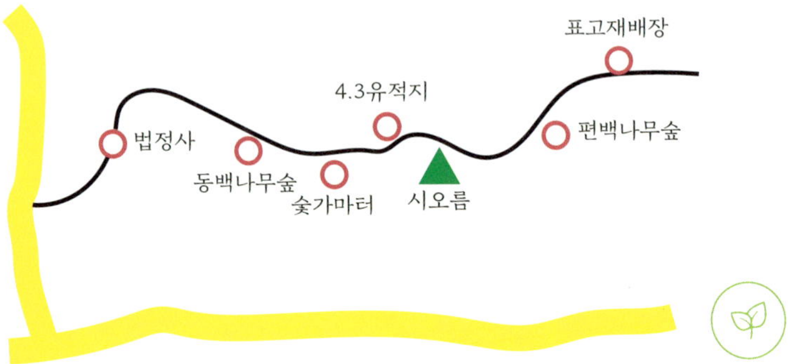

난이도 중 분류 숲 계절 봄

코스 동백길 입구 - 동백나무숲 - 표고재배장(반환점) - 동백나무숲 - 동백길 입구

길이 6.5km(회귀코스) 시간 3시간

출발지점 무오법정사항일운동발상지; 제주 서귀포시 도순동

주차장 무오법정사항일운동발상지주차장

때 이른 무더위로 연일 낮 최고 기온이 하루가 멀다하고 경신되는 뉴스를 접하니 '올여름은 또 얼마나 더울까' 하는 시름이 앞선다. 작열하는 태양 사이로 뿜어져 나오는 자외선까지 감내하기 쉽지 않은 시기에 초록 숲길은 최고의 선택이다. 한라산의 둘레길은 천아숲길을 시작으로 돌오름길, 동백길, 수악길, 사려니숲길 등 9개 코스로 구성되어 있다. 코스를 따라 한라산의 오름이나 생태 숲, 휴양림을 둘러보고 역사와 산림문화를 직접 체험할 수 있어 아름다운 섬 제주를 알리는 또 다른 아이콘으로 비상하고 있다.

제주의 또 다른 비경과 함께 역사 속 아픔을 간직한 둘레길

한라산 둘레길은 지금은 한없이 아름다운 곳이지만 우리나라의 아픈 역사가 스며들어 있는 길이다. 일제 강점기, 제주도의 울창한 산림과 표고버섯을 수탈하기 위해 만들어진 병참로 '하치마키 도로'와 임도, 표고버섯 운송로를 연결해 만든 길이다. 동백길의 시작인 법정사도 뼈아픈 역사의 현장이다. 3.1운동보다 5개월 먼저 전국 최대 규모의 항일운동이 일어났던 법정사는 항일지사들의 체포와 동시에 일본에 의해 불태워졌고 지금은 건물의 흔적만 남아 있다. 이들의 넋을 기리는 항일 기념탑을 지나면 한라산 동백길의 시작이다.

동백길은 시작인 법정사에서 동쪽 돈내코 계곡까지 11.3km 구간으로 일반인들에게는 40여 년 만에 개방되었다. 아침 일찍 동백길의 시작인 법정사로 향하면서 비가 많이 온다는 예보에 걱정하다 안개비를 만나니 처음에는 그렇게 반가울 수가 없다. 그런데 안개를 너무 무시했던 건지 한라산 중턱으로 갈수록 안개가 더욱 심해져 여정이 끝날 때까지 나의 주변을 맴돌아 시야를 흐린다. 물론 그 덕분에 이번 걷기에서는 색다른 분위기의 멋진 사진들이 선물로 주어진다.

원시림 같은 울창한 숲이 우산이 되어주는 환상 속 동백길

이정표를 지나 숲길에 들어서니 동백길의 첫인상은 '환상 숲길'이다. 자연의 길을 그대로 살리면서 오솔길을 만들어 놓은 것이 자연과 하나된 듯한 착각을 일으킨다. 마치 사랑하는 연인과 함께 아름다운 미지의 세계로 발을 들여놓는 기분이다. 이정표를 최소화하다 보니 가끔씩 방향이 헷갈리기도 했지만, 그때마다 나뭇가지에 달린 예쁜 리본을 보고 방향을 잡는다. 환상 속 자연에 심취돼 걷는데 빗방울이 굵어지기 시작한다. 다행히도 울창한 수풀이 거대한 우산이 되어 비를 막아준다.

이윽고 다다른 곳은 우리나라 최대의 동백나무 군락지다. 길을 따라 드문드문 붉게 핀 동백꽃들이 이곳에는 확연히 많아진다. 뽀송뽀송한 흙이나 미끈미끈한 자갈들이 그대로 보존돼 걷는 길에 맛을 더해 준다. 길의 중간중간에는 크고 작은 하천들이 만남과 헤어짐을 반복한다. 검은 바위들과 울창한 숲 사이로 비치는 계곡의 풍경은 그야말로 별천지다.

어느 정도 걸었을까, 표고재배장 안내판을 보고 아쉽지만, 이번에는 여기서 돌아가기로 한다. 왔던 길 그대로 돌아가면 지루할 수 있지만, 햇빛의 각도에 따라 자연은 또 다른 색깔로 옷을 갈아입고 맞아준다. 푸르름이 더해지고 오면서 길을 찾느라 놓쳤던 주변 경치를 감상하는 여유로움까지 더해진다. 물고기 머리를 닮은 바위, 마치 뱀처럼 나무를 휘감아 오른 나무 넝쿨, 원숭이 얼굴을 한 나무줄기가 어디선가 나타나 눈길을 끈다. 내리던 빗방울이 굵어질 무렵 황홀했던 환상 숲길 여행을 마무리한다.

tip

한라산 둘레길 홈페이지(www.hallatrail.or.kr)를 방문하면 다양한 코스 정보를 알 수 있다. 시간적 여유가 있다면 은은한 숲의 향기를 만끽할 수 있는 편백나무 숲의 시오름 구간을 지나 전체를 걷고 되돌아오는 것도 좋다. 되돌아오는 길이 부담스럽다면 택시나 버스를 이용하는 것도 좋다.

재미있는 나무 이야기

동백나무: 붉은 동백꽃은 세 번 피는 꽃으로 잘 알려져 있는데, 첫 번째는 추운 겨울을 이겨내면서 나무에서 피고, 두 번째는 꽃송이가 시들지 않고 떨어져 땅 위에서 피고, 마지막으로는 우리의 마음속에서 핀다고 한다. 겨울에 꽃을 피우는 동백은 꽃가루의 수분을 도와줄 나비와 벌이 없어서 대신에 동박새가 해주는데 보답으로 달콤한 꿀을 제공해준다.

한라산의 건강한 정기와 숲이 공존하는

장생의 숲길

의 숲 길

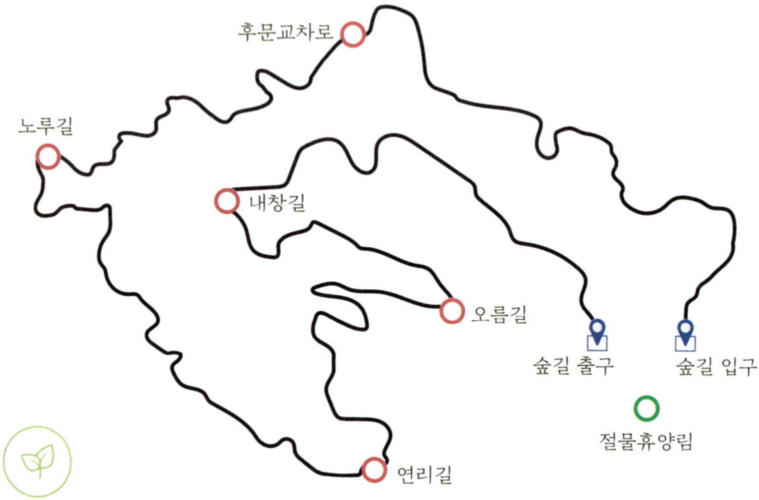

난이도 중 분류 숲 계절 봄

코스 숲길 입구 - 후문교차로 - 노루길 -연리길 - 오름길 - 내창길 - 숲길 출구

길이 11km(순환코스) 시간 3시간 30분

출발지점 절물자연휴양림; 제주 제주시 명림로 584

주차장 절물자연휴양림주차장

제주도를 대표하는 절물휴양림에는 푸른 숲내음을 맡으며 걷기 좋은 다양한 숲길이 있다. 그중에도 장생의 숲길은 한라산의 맑고 깨끗한 숲의 정기를 온몸으로 느끼며 푹신푹신한 흙길을 편하게 걸을 수 있는 코스다. 이 길을 걷고 난 사람이면 마치 모든 인간의 염원인 불로장생을 이룰 수 있는 듯한 이름이 잘 어울리는 길이다. 2009년 제주시가 선정한 숨은 명소 31곳 중에도 이름을 올린 유명한 숲길이다.

초록 숲의 아름다움과 건강한 산의 정기가 이어지는 길

절물휴양림에 들어서니 한라산의 푸르름을 받으며 우뚝 서 있는 돌하르방 내외가 반겨 맞아준다. 울창한 삼나무 숲길의 나무 데크를 따라 천천히 발길을 옮기며 건강한 숲과 함께 맘껏 호흡한다. 길가에 늘어선 활짝 웃는 장승들을 따라 나도 한 번 크게 웃어본다. 지나는 아이들은 장승들을 모델 삼아 사진도 찍고 엄마 아빠와 숨바꼭질도 한다. 숲길의 시작점임을 알려주는 현무암 기둥의 현판 앞에서 사진을 남기고 오늘의 일정을 구상한다.

푹신한 숲길에 야자나무 매트까지 깔린 길은 예전에 걷던 것과는 또 다른 느낌이다. 햇살을 머금은 이름을 알 수 없는 초록 나무와 풀들의 환대를 받으며 따라 걷다 보니 발걸음이 가볍다. 잠시 후 하늘을 찌를 듯한 삼나무 장정들이 일렬로 늘어서서 우리 부부를 반겨준다. 길가의 현무암에도 이끼들이 가득 차올라 말 그대로 사방 천지가 초록이 동색이다. 초록 세상을 배경으로 하얀 꽃을 길게 뽑아 올린 야생화가 지나는 사람의 눈길을 끈다.

길 주변에 나무를 직접 깎아서 만든 의자와 탁자들은 주인을 기다리며 늘어서 있다. 커다란 나무를 잘라 세워놓은 원탁 위로는 향기로운 내음을 풍겨줄 찻잔이 금방이라도 나타날 태세다. 제주도의 상징인 조릿대들이 큰 무리의 군락을 만들어 길을 안내한다. 커다란 잎을 양옆에 두고 한가운데로 깔때기 모양의 줄무늬 꽃이 올라오는 천남성은 사람의 손길을 유혹한다. 하지만 잘 알려진 독초이므로 모른 척하고 지나는 것이 최선이다.

자연이 내려준 다양하고 멋진 작품들을 감상하며 걷는 길

사랑의 상징으로 사랑나무라고도 불리는 연리목은 서로 다른 두 나무가 맞닿아 서로를 희생하여 하나의 나무가 되는 현상으로 부부가 만나 한 몸이 되는 것과 정말 흡사하다. 두 손을 꼭 잡고 다정하게 서 있는 천생연분의 부부를 떠오르게 하는 모습이 너무 아름답다. 자연이 만들어준 숲터널을 따라가는데 흙 위로 드러난 나무뿌리들의 모양이 재미있다. 방사선 모양으로 사방으로 세력을 떨치며 뻗어나가는 모양은 금방이라도 세계를 지배할 기세다. 낮은 언덕에서는 뿌리들이 고맙게도 지나는 사람들의 계단이 되어주기도 한다. 십자가 고상을 떠오르게 하는 뿌리의 모양도 특이하다. 이렇게 지상으로 나와 있는 뿌리들도 공기뿌리라 하여 저마다의 역할이 있다고 하니 자연의 신비로움에 새삼 감탄 연발이다.

검은 현무암 위에 하얗게 떨어진 꽃송이들의 모습을 보니 밤하늘에 반짝반짝 빛나는 별님들이 생각난다. 고인 물 위로 비친 한 장의 수채화는 어느 유명 화가의 작품보다 멋지다. 조릿대들을 배경으로 나무의자에 나란히 앉아 한 장의 추억을 만들어본다. 절물오름의 입구라는 안내판을 보니 목적지에 거의 다다름을 알 수 있다. 나무 난간에 야자나무 매트가 깔린 길의 끝에는 목표 달성을 환영하는 장승이 들어오는 사람들을 맞아준다. 휴양림의 아름다운 야생화들을 사진에 담으며 11km, 4시간여의 오늘 일정을 마무리한다.

tip

절물휴양림에서는 잘 정비된 관람로나 다양한 숲길의 선택에 따라 1시간에서 4시간 정도의 다양한 걷기 탐방이 가능하다. 장생의 숲길은 날씨에 따라 폐쇄하는 경우가 많으므로 사전 확인이 필요하다.

재미있는 꽃 이야기

박새: 우리나라 깊은 산지의 그늘이 지고 습기가 많은 곳에서 자라는 여러해살이풀이다. 여로, 대화여로, 종려초, 동운초라고도 불리는 백합과 식물이다. 5~8월에 연한 황백색의 꽃이 꽃줄기를 따라 촘촘히 피는데 수꽃과 암꽃이 구분되어 있다. 청초함을 지닌 하얀 꽃과는 달리 알뿌리에 맹독을 지니고 있어 사약의 재료로도 사용하였다고 하니 감상하는 것으로 만족해야 한다.

자연의 아름다움을 간직한 천국의 숲

삼다수 숲길

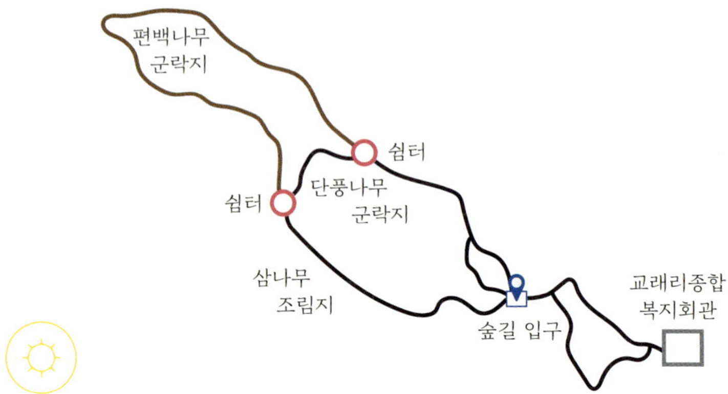

난이도 중 분류 숲 계절 여름

코스 삼다수숲길 입구 - 쉼터 - 갈림길 - 쉼터 - 삼나무조림지 - 삼다수숲길 입구

길이 8.2km(숲길 5.2km + 주차장까지 왕복 3km)(순환코스) 시간 3시간

출발지점 삼다수숲길 입구; 제주 제주시 조천읍 교래리

주차장 삼나무숲길주차장(신)(제주시 조천읍 남조로 1793)
삼나무숲길주차장(구)(교래리종합복지회관 주차장)

우리에게는 생수 이름으로 익숙한 '삼다수 숲길'은 제주도 삼다수 마을에서 과거 임도로 사용하던 길을 활용해 조성한 숲길이다. 봄에는 복수초 군락, 여름에는 산수국 군락, 가을에는 하천을 따라 물든 단풍이 명품이다. 자연스레 형성된 분재형 숲의 경관과 낙엽활엽수림의 교육적 활용 가치를 인정받아 2010 '제11회 아름다운 숲 전국대회 천년의 숲 부문 어울림상'을 수상했다.

푸른 초원을 달리는 말과 멋진 풍경이 이어지는 목장길

삼다수 숲길 걷기를 시작하는 것은 다소 복잡하다. 초입에서 걸어서 약 30분 거리인 삼다수숲길 주차장에 차를 세우고 출발해야 하기 때문이다. 시작 지점에 목장이 많아 말과 소에게 차량 소음을 최소화해야 하기 때문이라고 하니 다소 불편하긴 하지만 수긍이 간다. 초입까지 가는 길도 나쁘지 않다. 개울가에는 대나무들이 늘어서 길을 안내해주고, 현무암 돌담장에 만개한 꽃들이 환한 미소로 우리를 환영한다. 잠자리를 잡겠다고 따라서 뛰어가는 개구쟁이 사내아이의 웃음 가득한 얼굴이 귀엽다.

야생화 감상에 푹 빠져서 걷다 보니 어느새 눈앞에 펼쳐진 푸른 초원 위를 마음껏 달리는 말들이 보인다. 초원에 서 있는 한 그루의 나무와 늘씬한 몸매의 말들이 한 폭의 그림을 연상케 한다. 초원 옆 오른편 개울물이 모이는 곳은 예전에 마을 주민들의 생활용수와 농업용수로 쓰였던 소중한 곳으로, 물의 이름도 예쁜 '파란물'이다.

시골길 군데군데 어제 내린 빗물이 고여 호수를 이루고 있다. 수풀 그림자와 어우러져 예쁜 하트모양을 만든 빗물, 거인 발자국을 만든 빗물은 자연이 만든 예술작품이다. 숲길 입구가 가까워졌는지 길옆으로 가로수들이 울창해진다. 빨간색 리본의 삼다수 숲길 표지가 우리의 발걸음을 더욱 재촉한다.

마음속 깊은 곳까지 시원해지는 숲의 정기가 가득한 길

삼나무 병정의 호위를 받으며 숲길에 들어서니 찌푸린 날씨가 무색할 정도로 환한 초록빛에 가슴까지 시원해진다. 숲은 방문객들이 걷기 편하도록 야자나무 매트를 깔아놓았다. 천천히 발걸음을 옮기며 건강한 숲의 향을 들이키니 '천국의 숲'이라는 생각이 든다. 이끼가 내려앉은 삼나무 그루터기는 마치 천국의 밤하늘을 수놓은 초록별 같다.

고개를 넘어서니 다양한 나무들이 어우러진 분재가 보인다. 대자연이 선물해 준 신비하고 아름다운 분재다. 오솔길 양편으로 나무 밑에서 제주조릿대 군락이 만들어졌다. 습한 날씨를 좋아하는 버섯들이 어디선가 나타나 화려한 색상으로 방문객들을 유혹한다. 전형적인 우산 모양부터 나무 테이블을 연상시키는 버섯, 투구 모양의 버섯까지 모양도 크기도 다양하다. 잠시 쉼터에 앉아 커피 한잔을 마시며 천국 숲이 뿜어내는 신비로움에 취해본다.

잠시 후 갈림길이 나타나고, B코스인 테우리길로 방향을 돌리자 또 다른 매력의 세계가 펼쳐진다. 오솔길 주변으로 산수국들이 만개해 함박웃음을 짓고 있다. 그 웃음에 나도 모르게 발걸음이 가벼워진다. 숲의 매력에 빠져 걷다 보니 길 말미에 다다른다. 시원하게 쭉쭉 뻗은 삼나무들과 아쉬운 작별 인사를 나누고, 다시 목장길을 따라 야생화를 사진에 담으며 주차장으로 향한다. 3시간을 열심히 운동한 보상으로 교래 별미인 닭샤브샤브를 즐기며 삼다수 숲길 여행을 마무리한다.

tip

시간에 따라 짧게 둘러보는 A코스 꽃길(1.2km), 중간에 돌아오는 B코스 테우리(말몰이꾼)길(5.2km), 전체 코스를 둘러보는 C코스 사농바치(사냥꾼)길(8.2km)을 선택할 수 있다. 6월 말부터 7월에 방문하면 활짝 핀 산수국을 볼 수 있어 더욱 좋다.

재미있는 꽃 이야기

송엽국(솔잎채송화): 남아프리카 원산인 여러해살이풀로 솔잎채송화나 사철채송화라고도 한다. 잎의 생김새는 솔잎을 닮았고 꽃은 국화를 닮았다고 해서 송엽국이라 부른다. 4~10월에 예쁘고 화려한 색감의 자홍색 꽃이 피며 키가 작고 번식이 잘 돼서 화단가에 많이 심어 이제는 주변에서 흔히 볼 수 있는 꽃이다. 꽃말은 꽃의 예쁜 모습과는 달리 '나태, 태만'이라고 한다.

아름다운 해안 절경이 이어지는 명품길

송악산 둘레길

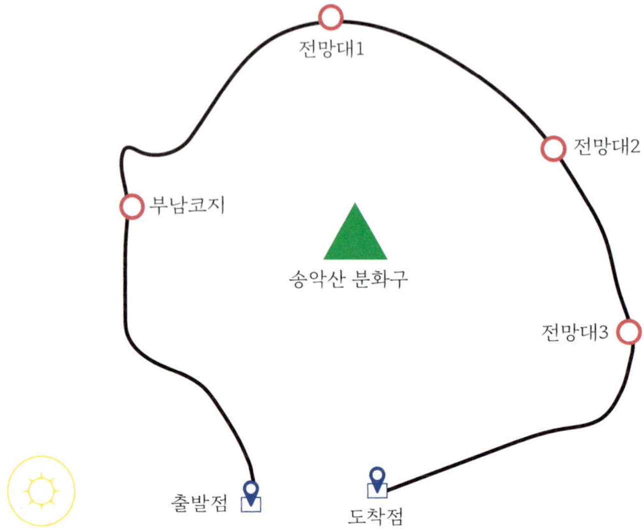

난이도 중 분류 바다 계절 여름

코스 송악산둘레길 입구 - 부남코지 - 전망대1 - 전망대2 - 전망대3 - 송악산둘레길 출구

길이 3.5km(순환코스) 시간 1시간 30분

출발지점 송악산둘레길 입구; 제주 서귀포시 대정읍 상모리 165

주차장 송악산공영주차장

제주도 섬 최남단의 송악산은 소나무가 많이 자라는 오름(기생화산)이라서 붙여진 이름이다. 오름의 해안 절벽에 부딪치는 절(물결의 제주 방언)의 울림소리가 범상치 않아서 절울이오름이라고도 불린다. 송악산 둘레길은 제주 올레길 10구간의 일부 구간으로 온 가족이 걸으면서 끝없이 펼쳐지는 해안 절경을 즐길 수 있는 명소다.

푸른 바다와 아름다운 해안 절경이 끝없이 펼쳐지는 길

푸른 하늘과 뭉게구름 너머로 오늘의 시작점을 알려주는 산방산이 우리를 반겨 맞아준다. 송악산 둘레길이 시작되는 공용주차장 옆에 푸른 잔디밭을 바라보니 갑자기 우리 부부의 신혼여행 모습이 떠오른다. 벌써 30여 년 전 일이지만 그때 모습을 상상하며 나도 모르게 입가에 웃음이 가득하다. 우뚝 서 있는 송악산 표지석을 사진에 담고 천천히 발길을 옮긴다.

해안을 따라 바닷가 절벽에 15개의 동굴이 늘어서 있는 '일오동굴'과 하얀 파도의 모습은 너무 아름답다. 하지만 이곳의 슬픈 역사를 알고 나면 파도의 부서짐이 모두 선조들의 피눈물이 아닌가 싶다. 동굴은 제2차 세계대전 당시 일본군이 제주 사람을 동원해서 군사기지로 인위적으로 뚫어놓은 것이다. 예전에는 산에 나무들도 무성하였으나 일제가 군사기지를 만드느라 불태운 뒤 지금의 모습이라 하니 정말 슬픈 역사의 길이다.

길을 따라 천천히 오르면서 바라보이는 산방산의 모습이 오늘따라 정말 아름답다. '아! 이래서 영주 10경의 하나구나' 하면서 나도 모르게 감탄사 연발이다. 바다 한가운데에는 바위 둘이 나란히 마주보며 서 있다. 크고 작은 두 섬이 형제처럼 있어서 형제섬이라 한단다. 언덕에 올라서니 초원 위에 말들이 한가로이 풀을 뜯고 있고 멀리 망망대해의 모습이 웅장하게 다가선다.

푸른 해안선과 초록 벌판이 하나 되어 만든 수채화 풍광

송악산 지도를 보면 사람의 코처럼 바다로 돌출한 부위가 있는데 이곳이 부남코지다. 코지는 곶의 제주도 방언으로 바다로 돌출한 육지를 일컫는 말이다. 훤히 트인 바다를 바라보는 전망이 일품이다. 동쪽으로는 산방산과 형제섬이 보이고, 서쪽으로는 최남단 섬인 마라도와 그 사이에 가파도가 초록 잔디 구장처럼 바다 위에 떠 있다. 해안절벽에는 과거에 분출된 용암이 바다로 흘러들며 만들어낸 검은 주름들이 장관이다. 이곳은 세계적으로도 유례가 드문 이중분화구로 지질학적으로 소중한 유산이다.

잘 정비된 나무 데크 계단으로 발걸음을 옮기니 제1 전망대가 우리를 반긴다. 초록 벌판을 끝으로 우뚝 솟은 송악산 정상이 푸른 하늘과 어우러져 한 폭의 풍경화다. 망망대해가 바라보이는 바로 코앞으

로 가파도 섬이 손에 잡힐 듯하다. 소나무들이 만들어 준 그늘에서 커피 한 잔을 마시며 잠시 여유를 부린다. 이름을 알 수 없는 예쁘게 핀 야생화들 사이로 노랑나비 한 쌍이 어디선가 날아와 사랑의 날갯짓을 하며 우리의 시선을 잡아끈다.

나무들이 늘어서 있는 숲길로 들어서기 직전 마지막으로 보여주는 곡선 해안절벽과 바다의 풍경은 이 길의 클라이맥스다. 나무들이 울창한 숲길에 흙을 밟으며 걸으니 발걸음이 가볍다. 숲길이 끝나고 올레 표지판이 보이더니 멀리서 산방산이 오늘 걷기가 끝났음을 밝은 미소로 알려준다. 넉넉잡고 2시간이면 되는 3.5km의 짧은 코스지만 아름다운 추억은 그 어느 때보다 많이 남는 아름다운 길이다.

tip

아이들과 함께라면 송악산 언덕에서 말타기 체험을 해보는 것도 좋다. 송악산 정상 탐방로는 자연휴식년제로 탐방이 제한되어 있으므로 확인이 필요하다. 시간 여유가 있으면 주변에 있는 사계 해변이나 산방산을 가보는 것도 추천한다.

재미있는 꽃 이야기

며느리밑씻개: 길가나 들에서 흔히 볼 수 있는 한해살이 덩굴 초본이다. 작고 예쁜 분홍색 꽃과는 달리 줄기에 갈고리형 가시가 무시무시하게 거꾸로 솟아나 있다. 옛날에 시어머니가 며느리를 미워해서 부드러운 풀잎 대신 가시가 있는 이 풀로 뒤를 닦도록 했다는 데서 붙여진 이름이다. 이렇게 아름다운 꽃에 무서운 고부 갈등의 숨은 이야기가 있다니 재미있으면서도 한편으로는 서글프다.

송악산
SONGAK M.T.
松 岳 山

초록 숲길과 아름다운 풍광이 어우러진

한라산 여름 산행

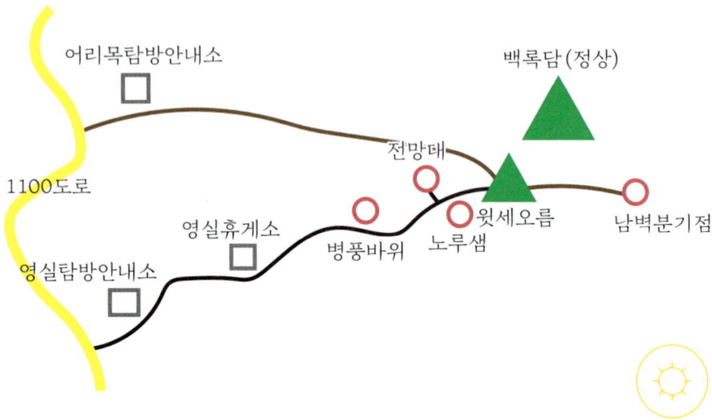

난이도　상　　　분류　산　　　계절　여름

코스　영실휴게소 - 병풍바위 - 윗세오름(반환점) - 병풍바위 - 영실휴게소

길이　12km(회귀코스)　　　시간　4시간

출발지점　한라산영실휴게소; 제주 서귀포시 영실로 226

주차장　한라산등산로 영실탐방로주차장

남한에서 가장 높은 산인 한라산은 용암이 분출되어 생긴 화산으로 정상에는 화구호인 백록담이 있다. 아름다운 화산지형이 펼쳐지고 고도에 따른 다양한 식생이 분포하는 자연의 보고로 1970년 국립공원으로 지정되었다. 봄에는 철쭉과 진달래, 여름의 숲길, 가을의 단풍, 겨울에는 설경이 아름다운 곳으로 사계절 내내 사람들의 사랑을 받고 있다.

맑은 정기의 소나무 숲과 웅장한 영실기암이 이어지는 길

아침 식사를 서둘러 마치고 출발점인 영실 주차장으로 향한다. 아직은 이른 시간이라서 여유로운 공간에 차를 세우고 숲길로 발걸음을 옮긴다. 입구부터 우거진 나무들이 내뿜는 초록 숲 내음에 나도 모르게 발걸음이 가벼워진다. 최근 며칠 동안 내린 비로 시냇물 소리가 이전보다 우렁차게 메아리친다. 검게 물기를 머금은 나무줄기들은 초록 잎과 함께 아침 햇살에 반사되어 숲길의 품격을 한층 높여준다.

습한 날씨를 좋아하는 예쁜 버섯들이 죽은 나무 틈 사이로 고개를 내밀어 자신들의 자태를 자랑한다. 예쁜 버섯일수록 독버섯일 확률이 높으니 보는 것으로 만족하고 사진에 담아본다. 길 안쪽 시냇가에 줄기를 따라 층층이 하얗게 핀 꽃송이들이 햇살의 조명을 받으며 지나는 사람들의 눈길을 끈다. 우리에게는 새 이름으로 더 익숙한 '박새'라는 야생화다. 숲속을 환히 밝혀주는 이렇게 아름다운 박새가 3대 독종 식물이라니 믿기지 않는다.

본격적으로 돌계단을 오르기 시작해서 이제는 익숙한 길을 천천히 오르니 머리 위로 푸른 하늘이 나타난다. 멋진 영실기암을 주인공으로 한 황홀한 한라산 풍경화를 보여주는 첫 번째 전망대다. 물 흐르듯이 흘러가는 구름과 어우러진 기암괴석의 풍경에 잠시 넋을 놓고 보면서 이곳이 바로 낙원이라는 결론을 낸다. 오르막길 주변에 가시덤불 사이로 하얀 찔레꽃들이 뒤늦게 피어서 가는 봄을 아쉬워한다.

초록 벌판과 푸른 하늘이 빚어낸 풍광이 함께하는 능선길

천천히 계단을 올라서 산능선에 가까워지니 구름이 걷히면서 한라산의 웅장한 모습이 한눈에 들어온다. 살아서 천년, 죽어서도 천년을 간다는 주목들이 군락을 이뤄 푸른 하늘을 배경으로 늘어선 풍광이 정말 아름답다. 길가 나무 위로 하늘을 향해 늘어서 있는 까만 열매들의 자태가 신비하고 멋지다. 우리나라에만 있는 구상나무로 태양을 보고 전진하는 기상과 안정된 모습을 인정받아 88 올림픽 심벌나무

로 지정되었다고 한다.

초록 벌판 사이로 나무 데크가 길게 이어지고 멀리 백록담의 웅장한 모습이 파란 하늘을 배경으로 다가선다. 능선 중간 지점에 전망대로 향하는 나무계단을 하나씩 오르면서 보이는 주변 풍경은 이번 여행 최고의 절경이다. 전망대에 올라 천천히 360도 돌아가면서 한라산의 아름다운 풍광을 맘껏 감상한다. 파란 하늘을 배경으로 날개를 편 새 두 마리의 모습 같은 구름도 있고 하얀 솜사탕을 연상케 하는 둥근 구름도 인상적이다.

윗세오름으로 가는 중간 지점에 있는 노루샘에서 새벽부터 발걸음을 재촉한 사람들이 샘물을 마시며 갈증을 달랜다. 능선길 주변에 철쭉은 대부분 지고 마지막 남은 꽃송이들이 잎 사이에 숨어서 숨바꼭질한다. 목표지점인 윗세오름 광장에서 맑은 공기와 함께 잠시 명상에 잠긴다. 하산 길에는 예쁜 함박꽃나무 꽃들의 응원과 함께 가벼운 발걸음으로 출발점에 무사히 도착해서 4시간의 행복한 여름 산행을 마무리한다.

tip

시간 여유가 있으면 윗세오름에서 어리목 탐방로로 내려와서 택시나 버스로 영실 탐방로 입구로 이동하는 것도 좋다. 날씨에 따라 입산 통제가 될 수 있으니 출발 전에 확인이 필요하다. 백록담 정상은 성판악이나 관음사 탐방로로 등반이 가능하다.

재미있는 나무 이야기

산딸나무: 가을에 새빨간 산딸기 모양의 열매가 달려서 붙여진 이름이다. 봄에 아름답게 피는 흰 꽃은 꽃잎이 넉 장으로 십자가를 닮아서 십자나무꽃으로도 불리며 기독교인들 사이에서는 성스러운 나무로 여긴다. 초록 잎들 사이로 하얀 꽃들이 무리 지어 피면 예쁜 나비가 사뿐히 내려앉은 듯한 멋진 풍경이 만들어진다. 예수님이 지고 가신 십자가를 만든 나무로 알려져 있으며 꽃말도 이를 의미하듯 '희생'이다.

울긋불긋 단풍과 함께 즐기는 가을 나들이

/

한라산 천아숲길

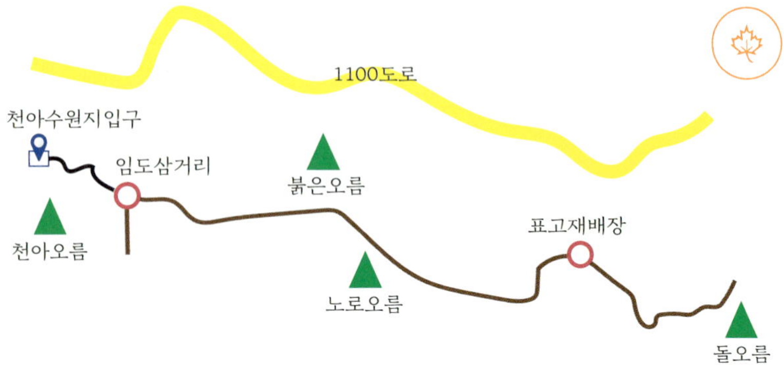

난이도 상 분류 산 계절 가을

코스 천아수원지 입구 - 임도삼거리(반환점) - 천아수원지 입구

길이 3.5km(회귀코스) 시간 2시간

출발지점 천아수원지 입구; 제주 제주시 애월읍 광령리

주차장 천아숲길 입구(천아수원지)

두 어머님을 모시고 떠나는 가을을 아쉬워하며 제주의 가을을 즐길 수 있는 곳으로 천아숲길을 간택한다. 천아숲길은 한라산 둘레길 중에 한 코스로 남녀노소 단풍을 감상하며 걷기에 아주 편한 곳이다. 천아숲길 코스는 천아수원지에서 시작하여 천아오름, 노로오름, 한대오름, 돌오름까지 10.9km의 구간으로 제주 가을 여행지로 주목받고 있다.

제주의 가을을 대표하는 단풍 명소 한라산 천아숲길

한라산을 횡단하는 차로에서 벗어나 차 한 대가 겨우 지날 수 있는 도로에 들어서니 길옆 나무들이 우리를 호위하며 안내한다. 도로 끝

수원지에 차를 세우고 숲길 입구로 다다르니 단풍잎으로 수를 놓은 길이 오는 손님들을 반갑게 맞아준다. 어제의 비바람으로 예쁘게 물든 나뭇잎들이 많이 떨어져 아쉽긴 했지만 아름다운 주변 풍광에 감탄하며 오늘 여행을 기대해 본다.

포장도로가 끝나고 큰 하천 건너편으로 천아숲길 시작 표지가 눈에 들어온다. 첫 번째 난코스는 바로 눈앞에 보이는 큰 바위들을 짚고 하천을 건너는 것이다. 한라산 계곡은 현무암의 특성 때문에 대부분의 나날을 물이 마른 건천으로 보낸다. 하천의 바위 위에는 누군가가 소원을 빌며 쌓아 올린 돌탑들이 셀 수 없을 만큼 많이 늘어서 있다. 우리가 돌탑을 모델 삼아 사진을 찍는 동안 두 어머님께서는 조심스럽게 바위를 넘어 무사히 횡단에 성공한다.

숲길로 들어서 멋진 단풍을 배경으로 단체사진을 만들고 조금 이동하니 두 번째 난코스인 절벽 같은 언덕이 우리를 기다린다. 천천히 숨을 고르면서 중간중간 쉬면서 오르니 걱정했던 것보다 쉽게 전원 등반에 성공한다. 이제부터는 낙엽 쿠션이 깔린 평탄한 숲속의 오솔길로 새소리와 바람 소리가 합쳐져 자연과 우리가 하나가 된 느낌이다. 어제 내린 비로 보통은 물이 흐르지 않던 하천에 작은 폭포까지 만들어져 감미로운 물소리까지 더해진다.

한라산 원시림과 함께 가을의 영상을 감상하며 걷는 길

본격적으로 숲길이 시작되면서 길옆으로 초록빛 조릿대 군락이 가득하다. 조릿대를 따라 오르막과 내리막 오솔길이 이어지면서 바닥에는 울긋불긋 단풍잎들이 물감처럼 퍼져 있다. 갑자기 환해지더니 두 갈래 큰 하천이 합쳐지는 곳이 나타난다. 어디선가 굴러내려 온 검은 얼굴의 바위들이 초록 이끼로 한껏 멋을 부리며 지나는 사람들의 눈길을 끈다. 환상적인 풍광에 잠시 빠져들어 '아름다운 강산' 노래를 콧소리로 흥얼거리며 감탄을 연발한다.

오솔길을 따라 숲길의 아름다움에 흠뻑 취해 발걸음을 옮기니 이번에는 커다란 개울물이 우리를 기다린다. 평소 같으면 물이 흐르지 않아 그냥 지났을 터인데 어제 내린 비로 징검다리를 건너야 하는 세 번째 난코스다. 두 어머님께서는 나뭇가지로 만든 지팡이로 돌다리를 두들겨 보듯 징검다리를 점검해 주신다. 징검다리를 건너다가 개울 속에 가라앉은 낙엽들과 물 위에 비친 나무들이 합쳐진 신비스러운 영상을 물끄러미 바라본다.

징검다리를 건너자 이제부터는 차가 다닐 수 있는 임도처럼 넓어진 길로 숲속 여행이 이어진다. 숲속의 맑은 공기와 함께 나란히 걸으면서 오늘의 점심 메뉴를 주제로 열띤 토론을 벌인다. 잠시 후 갈림길이

나타나고 오늘의 목적지인 임도삼거리임을 표지판이 알려준다. 아쉽지만 어르신들의 걷는 시간을 고려해서 여기를 반환점으로 되돌아간다. 가벼운 발걸음으로 출발점에 무사히 도착해서 2시간 반의 행복한 단풍 숲길 여행을 마무리한다.

tip

천아숲길 단풍은 10월 말에서 11월 초가 절정으로 시간적 여유가 있으면 전체 구간을 걸어보는 것도 좋다. 자가용으로 가는 경우 천아수원지로 검색하면 된다. 가을 산행은 온도 차가 심하므로 입고 벗기 편한 겉옷을 준비하는 것이 필수다.

생활 속 건강상식

흡연은 콩팥 질환과도 밀접한 관련이 있다. 흡연은 콩팥 기능을 보다 빠르게 악화시키고 단백뇨도 증가시킬 수 있으므로 콩팥 환자에서는 금연이 필수다. 흡연자에서 신장암은 2배, 방광암은 4배 정도 발병 위험도가 높다.

신비한 돌과 아름다운 자연의 조화가 어우러진

돌문화공원

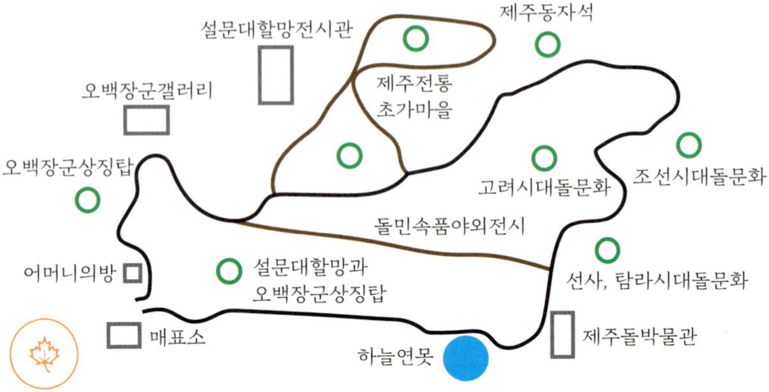

난이도 하 분류 공원 계절 가을

코스 입구 - 하늘연못 - 제주돌박물관 - 제주돌문화전시관 - 돌하르방 - 어머니의방 - 입구

길이 3.5km(순환코스) 시간 2시간

출발지점 돌문화공원 입구; 제주 제주시 조천읍 남조로 2023

주차장 돌문화공원주차장

제주도의 별칭인 삼다도는 바람, 여자, 돌이 많아서 붙여진 이름으로 돌은 그만큼 제주와 밀접한 관련이 있다. 돌문화공원은 제주도 생성과 제주 인류문화의 원천이 되어온 돌에 관련된 역사와 문화를 집대성한 아름답고 소중한 공간이다. 100만 평의 드넓은 대지 위에 제주 섬을 만든 여신 설문대할망과 오백장군의 돌에 관한 전설을 테마로 아름다운 자연과 문화가 조화롭게 어우러져 조성된 문화공원이다.

아름다운 하늘연못과
신비한 암석 여행으로 이어지는 길

가을의 상징인 억새들이 푸른 하늘과 어우러진 멋진 풍광에 모두 감탄하며 시작부터 정신없이 셔터를 누른다. 뒤를 돌아서니 거대한 바위들이 의장대처럼 일렬로 늘어서서 오는 손님들을 반가이 맞아준다. 바위 사이사이로 보이는 원시림의 풍광이 이곳이 제주의 자연을 잘 보존하여 보여주고 있음을 깨닫게 해준다. 숲길로 들어서 차츰차츰 주변이 밝아지더니 터널을 벗어나 훤히 뚫린 광장이 눈앞에 다가온다. 광장 한편에 커다란 그릇으로 만들어진 연못 위에 햇빛이 반사된 에메랄드빛 수면이 우리의 눈길을 사로잡는다. 하늘연못은 전설 속의 설문대할망이 빠져 죽었다는 죽 솥을 상징적으로 디자인한 수상무대다. 연못을 따라 한 바퀴 돌면서 해님의 방향에 따라 수면 위에 그려지는 작품을 보면서 상상의 나래를 펼친다.

제주돌박물관에 들어서서 제주도 생성과 용암에 대해 열심히 공부하고 길게 늘어선 바위들의 안내를 따라 다음 전시관으로 이동한다. 용암이 분출하면서 만들어낸 재미있고 신비한 모양의 암석들을 하나하나 감상하다 보니 시간 가는 줄 모른다. 악어 같기도 하고 가야금이 연상되기도 하는 바위, 눈과 코가 있어서 사람의 얼굴을 떠올리게 하는 암석, 멀리서 보면 마치 나무 위에 새가 앉아 있는 형상을 한 바위 등 다양한 모양의 작품이 전시되었다. 모든 것이 신비함의 연속으로 자연의 위대한 탄생이 생각 속에 계속 맴돈다.

선사시대부터 근현대까지의 제주도 돌문화와 함께하는 길

박물관을 나오니 길가에 늘어선 연자매 돌판들과 가을 억새들의 모습이 푸른 하늘과 어우러져 멋진 사진 작품이 되어준다. 입구부터 대나무들이 빽빽이 늘어서서 새로운 세계로의 방문을 열렬히 환영한다. 화산송이로 만들어진 붉은 길을 따라 걸으니 초가지붕을 엮어서 만든 제주 특유의 집들이 마을을 이루고 있다. 제주를 대표하는 검은 현무암으로 만들어진 화단과 담장에 가지런히 정리된 돌절구들이 정겨운 모습으로 다가온다.

가을의 중심으로 들어서서 마당에는 예쁘게 물든 낙엽들이 뒹굴고 나무에는 먹음직스러운 감이 주렁주렁 달려 있다. 현무암으로 만든 맷돌과 네모난 돌기둥들이 초가집 옆에 보이더니 예쁜 동자승 석상들이 우리를 반겨준다. 의젓하게 생긴 조천석이라는 석상이 개천이 범람하여 피해를 주는 일을 막아줬다는 이야기도 흥미롭다. 숲길을 따라 동자승 가족들이 지나는 사람들을 반겨주고 보랏빛 투구꽃들이 반갑게 인사를 한다.

드넓은 벌판 위에 갈대들이 바람을 따라 황금파도를 만들어 멋진 풍광을 자아낸다. 길 한편으로 다양한 크기의 옹기들이 줄을 맞춰 가지런히 늘어서 인사를 한다. 다음에는 제주를 상징하는 돌하르방이 두 줄로 늘어서 손님들의 모델이 되어준다. 오백장군을 상징하는 군상과 상징탑들도 푸른 하늘을 배경으로 멋지게 늘어서 있다. 용암석굴에 있는 모성애의 화신이 된 설문대할망 용암석을 마지막으로 3시간여의 제주 돌문화 여행을 마무리한다.

tip

돌문화공원은 제1코스 신화의정원, 제2코스 제주돌문화전시관, 제3코스 제주전통한옥마을로 다양하게 구성되어 있어서 상황에 맞춰 둘러볼 수 있다. 해설 신청은 3일 전까지 미리 신청이 필요하며 공연이나 행사는 홈페이지를 통해 확인할 수 있다.

재미있는 꽃 이야기

투구꽃: 깊은 산골짜기에서 자라는 여러해살이풀로 로마 병정이 머리에 쓴 투구를 닮아 붙여진 이름이다. 꽃의 빛깔은 짙은 보랏빛이 주된 색이나 흰색을 띠기도 한다. 예쁜 꽃 모양과는 달리 마늘쪽 모양의 뿌리에는 독성이 있는데, 식물의 독 중에서 가장 독하므로 주의가 필요하다. 과거 독화살이나 사약의 재료로 쓰였던 무시무시한 식물로 꽃말도 '나를 건드리지 마세요'이다.

아름다운 설경을 간직한 하늘호수

/

한라산 사라오름

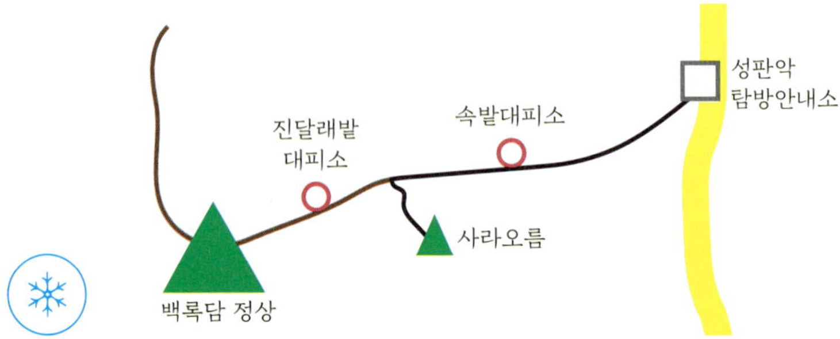

난이도 상 분류 산 계절 겨울

코스 성판악탐방안내소 - 속밭대피소 - 사라오름갈림길 - 사라오름(반환점) - 성판악탐방안내소

길이 13km(회귀코스) 시간 5시간 30분

출발지점 성판악탐방안내소; 제주 제주시 조천읍 516로 1865

주차장 성판악탐방안내소주차장

사라오름은 한라산의 산정호수로서 정상인 백록담을 제외하고 가장 높은 곳에 있는 오름(기생화산)으로 명승 제83호로 지정된 곳이다. 오름 중심으로 둘레 250m 크기의 호수에 물이 고여 고층 습원을 이루고 있다. 노루들의 여유로운 모습이 그려지는 호수 풍광과 오름에서 바라보는 한라산 정상과 주변 경관이 아름다워 한라산을 찾는 탐방객들의 등산코스로 사랑을 듬뿍 받고 있다.

온통 하얀 눈 세상으로 바뀐 한라산 등반길 성판악 코스

정들었던 한 해를 마감하고 새로운 해를 맞이하는 1월에 멋진 설경을 감상할 수 있는 길을 찾아서 한라산의 사라오름으로 향한다. 한라산 성판악 코스의 시작점인 매표소로 향하는 동안에는 안개가 너무 심해 비상등을 켜고 힘겹게 도착한다. 산행을 시작하려고 하니 신기하게 안개도 걷히고 빗방울도 가늘어진다. 정확한 일기예보에 감탄하며 감사의 마음으로 눈길 산행을 시작한다. 돌길이었던 등산길은 뽀드득 발소리가 정겨운 눈길이 되어 우리 부부를 반겨준다. 일부 구간에서는 어제 내린 비와 따뜻한 날씨 때문에 눈길도 빙판길도 아닌 '빙수길'이다. 질척거리는 빙수길의 고민거리는 앞서 올라간 선구자분들이 닦아놓은 길을 따라가면서 다행히 어느 정도 해소된다.

하얀 눈 세상으로 바뀐 한겨울에 독야청청 푸른 잎을 자랑하며 사는 굴거리 나무들이 인상 깊다. 따뜻한 지역에 살았던 활엽수가 1,200m 넘는 고산지대에 적응해 살고 있다니 자연의 힘은 위대하다. 아무도 밟지 않은 눈 위로 여기저기 노루 발자국들과 까마귀 발자국들이 선명하다. 세계지도 같기도 하고 목을 길게 뺀 자라처럼 보이기도 하는 개울가의 아름다운 풍경에 흠뻑 빠져 잠시 걸음을 멈추었다가 다시 오른다.

속밭에 다다르자 쭉쭉 하늘로 뻗은 푸른 나무 위에 눈이 쌓여 만들어진 천연의 '크리스마스트리'가 일렬로 서 있다. 예전에는 우마를 방목했던 목장이었는데 지금은 삼나무가 가득한 삼림욕장이다. 삼나무숲으로 들어서자 맑았던 날씨에 갑자기 비가 내린다. 삼나무에 쌓였던 눈들이 살며시 녹아내려 피톤치드가 풍부한 나무비를 뿌려주는 것이다. 처음으로 맞아보는 피톤치드 비에 감격하고 있는데 가끔 하얀 눈폭탄도 떨어져 긴장감을 더한다.

푸른 하늘과 맞닿은 산정호수의 풍경이 아름다운 사라오름

속밭대피소에서 잠시 휴식을 취하며 몸을 추스르고 수많은 나무계단이 보이는 사라오름 입구에 도착한다. 눈으로 덮여 계단은 보이지 않고 눈 쌓인 언덕길이 되어 우리의 발걸음을 조심스럽게 만든다. 계단의 끝에 다다르자 말로 표현할 수 없는 아름다운 풍광이 우리를 반겨준다. 여기까지 오느라 쌓였던 피로를 한 방에 날려주는 사라오름의 황홀한 설경을 바라보며 잠시 걸음을 멈춘다. 겨울철 영하의 기온에서 수증기가 나무에 얼어붙은 상고대와 눈 덮인 하얀 호수 면이 푸른 하늘과 맞닿은 하늘호수의 풍경을 보고 감탄을 연발한다.

사라오름의 아름다운 모습을 사진에 여러 장 남기고 한라산 정상을 조망하는 전망대로 향한다. 전망대에서 바라본 한라산 백록담 정상은 하얀 구름을 배경으로 당당하게 솟아 있다. 구상나무 군락지 너머로 피어나는 멋진 구름 풍광에 정말 말문이 막힌다. 사라오름의 아름다움을 맘껏 감상하고 즐거운 마음으로 내려오니 발걸음이 더욱 가볍다. 해 질 무렵이 되어 6시간, 13km의 눈과 함께한 여행을 마무리한다.

tip

겨울철 산행을 할 때는 준비물을 철저히 챙겨야 한다. 아이젠, 스패치, 스틱, 장갑, 모자와 함께 핫팩을 준비해야 하며 옷은 여러 벌을 겹쳐 입는 것이 좋다. 한라산은 내려오는 시간을 고려하여 입산 시각을 통제하므로 미리 확인하고 늦지 않게 출발해야 한다.

생활 속 건강상식

남이 피우는 담배 연기를 마심으로써 생기는 간접흡연은 질환의 위험성을 높인다. 특히 독성이 높은 생담배 연기를 마시는 것이라 더욱 위험하다. 간접흡연은 다양한 암, 심혈관 질환, 호흡기 질환의 발병 위험도를 높이며 아이들에게도 피해를 줄 수 있다.

위대한 자연이 빚어낸 생명의 보고

거문오름 탐방

난이도 중 분류 숲 계절 겨울

코스 입구 - 정상 - 용암협곡 - 숯가마터 - 용혈 - 용암함몰구 - 수직동굴 - 입구

길이 5.5km(순환코스) 시간 2시간 30분

출발지점 거문오름; 제주 제주시 조천읍 선교로 569-36

주차장 거문오름주차장

밝은 희망을 품은 새해의 시작과 함께 걸어보기로 마음먹은 곳은 예전부터 가보고 싶었던 제주도 거문오름이다. 거문오름은 분화구 내 울창한 산림이 어둡고 음산한 기운을 띤 데서 유래되었으며, '신령스러운 산'이라는 의미를 포함하고 있다. 천연기념물이기도 한 거문오름 용암동굴계는 2007년 우리나라 최초로 세계 자연유산에 등재되었다.

삼나무 오솔길과
멋진 오름 경치가 어우러진 전망대 코스

어제부터 내린 비로 걱정하는 우리의 근심을 아는 듯, 날이 밝으면서 점차 빗줄기는 가늘어진다. 탐방안내소에 들러 예약자 확인을 한 후 해설사분의 거문오름 역사를 귀 기울여 열심히 듣는다. 빽빽이 늘어선 삼나무들의 호위를 받으며 오솔길을 따라 걷다가 잠시 쉬어 가는 시간이다. 삼나무를 제주도에서는 예전부터 '쑥대나무'라고 부른단다. '쑥쑥 대나무처럼 잘 자라는 나무'라는 의미라는데 요즘 젊은이들이 쓰는 약어만큼이나 재미있다.

끝이 보이지 않는 나무계단을 오르는 시작점에서 여유를 가지고 한 걸음씩 천천히 오른다. 엄마와 함께 온 초등학생이 경치가 멋있다며 엄마를 모델 삼아 열심히 사진 작품을 만든다. 몇 개의 계단인지 세어보지는 못했지만, 숨이 턱 끝까지 차오르려니 전망대가 기다린다. 흐린 날씨 탓에 아름다운 풍광을 볼 수는 없었지만, 해설사분의 재미있는 설명을 들으니 선명한 풍광이 눈앞에 선하다.

나무들이 늘어선 데크 길을 따라 발걸음을 옮기니 또 다른 전망대가 우리를 반겨준다. 이곳은 주변의 많은 오름을 한눈에 감상할 수 있는 중요한 곳인데, 아쉽지만 오늘은 사진으로 대신한다. 오름의 이름에도 나름대로 의미가 있다는 해설사분의 청산유수 같은 이야기를 들으며 다음 방문을 다짐한다. 백약이오름은 백 가지 약초가 자라고 있는 오름이고 그 옆의 칡오름은 칡이 많아서 붙여진 오름이란다.

용암 협곡과 곶자왈의 신비함이 이어지는 분화구 코스

전망대 코스를 내려와서 이제는 분화구 코스의 시작이다. 보통은 산골의 계곡이라고 생각하는 곳이 20여만 년 전 이곳으로 용암이 흘러 만들어진 작품이라니 믿기지 않는다. 울창한 숲이 우거진 사이로 만들어진 신비한 오솔길 여행의 시작이다. 길 주변으로 김이 모락모락 올라오는 풍광은 이곳이 살아 있는 땅속의 힘으로 꾸며진 위대한 곳임을 말해준다. 나무와 바위들과 함께 초록 이끼들의 속삭임에 나도 모르게 귀를 쫑긋 세워본다.

곶자왈 지형으로 지열이 유지되어 겨울에도 초록의 아름다움이 충만한 동화 속 나라에 있는 느낌이다. 곶자왈은 숲을 의미하는 곶과 넝쿨을 의미하는 자왈이 합쳐진 제주도 말로 예전에는 바위와 자갈만 있어 쓸모없는 땅으로 천대를 받은 곳이다. 하지만 지금은 사시사철 나무와 함께 이끼들이 풍성한 자연의 보고로서 숲의 허파 역할을 해주는 곳으로 사람들의 주목을 받고 있다. 다양한 식물들과 함께 동물들에게도 낙원으로 사랑을 받는 곳이다.

지열의 따스함이 끝나고 이제는 천연에어컨인 풍혈이 기다린다. 여름에는 이곳에서 무더위를 식혀주는 시원한 바람이 나와 지나는 사람들의 발길을 멈추게 한다. 전망대 건너편 언덕에는 A, B, C, D 스펠링과 함께 일본군의 본부 진지로 사용했던 슬픈 역사의 흔적이 남아 있다. 마지막 코스인 수직동굴은 해설사분의 탐험기로 동굴을 한 바퀴 둘러본 느낌이다. 해설사분의 유창한 입담과 함께 쏜살같이 지나간 3시간의 거문오름 여행을 마무리한다.

tip

거문오름 탐방을 위해서는 인터넷 예약이 필수다. 체력이 허락된다면 능선 코스까지 둘러보는 전체 코스(10km)를 걸어보는 것도 좋다. 제주세계자연유산센터 내에서 용암동굴을 체험해보고 4D 상영관에서 동영상을 감상하는 것도 권장 코스다.

재미있는 나무 이야기

머귀나무: 나무줄기 표면에 험한 가시가 돋친 인상적인 나무로 산초나무와 비슷하게 생겼으나, 잎이나 나무줄기가 훨씬 크다. 꽃은 암수딴그루로 여름에 황백색으로 피고, 바닷가에서 자라며 추위에 약해서 내륙지방에서는 월동이 힘들어 남쪽 해안가에서 주로 자란다. 제주도에서는 어머님이 돌아가시면 험한 가시를 통해 어미를 잃은 슬픔과 아픔을 느끼라는 의미로 상주가 지팡이로 사용한다고 한다.

느림의 미학과 아름다운 치유의 숲

/

사려니숲길

난이도 하 분류 숲 계절 겨울

코스 교래방면 입구 - 천미천 - 물찻오름 입구 - 월든삼거리 - 붉은오름 입구

길이 10km(편도코스) 시간 2시간 30분

출발지점 사려니숲길 교래방면 입구; 제주 제주시 봉개동

주차장 사려니숲길 소형주차장(붉은오름방향)에 주차 후 대중교통으로 이동

사려니숲길은 한라산 둘레길 중에 한 코스로 비자림로에서 물찻오름을 지나 사려니오름까지 약 15km의 아름다운 숲길이다. 사려니는 제주도말로 '신성한, 신령스러운'이라는 뜻으로 사려니숲길이 곧 신역의 숲길이라 할 수 있다. 유네스코가 지정한 제주 생물권 보존 지역이자 제주시가 선정한 숨은 비경 31선 중에 하나로 많은 이의 사랑을 받고 있다.

붉은 화산송이 길에
초록 나무의 호위를 받으며 걷는 숲길

다음날 일기예보를 보니 아침부터 심한 비바람으로 한라산은 입산이 통제될 수도 있는 날씨다. 점심을 먹고 일정을 하루 앞당겨 사려니숲길까지 강행군하기로 하고 출발한다. 주차가 가능한 붉은오름 쪽에 차를 세우고 교래 방면으로 가는 버스에 오른다. 사려니숲길 정거장에 내려서 길을 건너 입구로 들어선다. 가늘게 비가 흩날리는 흐릿한 날씨로 인해 약간 스산한 느낌에 인적도 드물어 잘못 온 것은 아닌지 의심이 든다.

본격적인 숲길로 들어서니 유명 시상식장의 레드 카펫을 연상시키는 붉은 화산송이 길이 우리를 안내한다. 길가에 널따란 쉼터에는 나무를 깎아서 만든 버섯 조각상들이 가족처럼 다정하게 옹기종기 모여 있다. 가늘게 내리는 비를 벗 삼아 우산을 쓰고 걷고 있는데 길가에 군락을 이뤄 핀 노란 꽃들이 눈길을 사로잡는다. 빗방울을 머금은 노란 얼굴이 너무 예쁜 복수초들을 사진에 담고 길을 따라 발걸음을 재촉한다.

숲길을 가로지르는 하천에는 검은 현무암들이 초록 원시림과 어우러져 멋진 풍경을 선사한다. 넓고 평온한 숲길을 따라 나지막한 언덕들이 오르락내리락 이어진다. 천천히 길을 걷다가 만나는 사람들은 모두가 행복한 표정으로 몸과 마음의 치유를 받은 느낌이다. 길가 표지목 위에 사진기를 올려 아름다운 숲길을 배경으로 우산과 함께 기념사진을 촬영한다. 걷기 시작해서 1시간이 지나니 중간 지점인 물찻오름 안내판이 우리를 반겨준다.

아름다운 힐링 숲길과 예쁜 산수국이 어우러진 치유 숲길

물찻오름은 분화구에 물이 고여 있고 산등성이가 둘러싸인 모습이 성과 같아서 붙여진 이름으로 찻은 성(城)을 뜻하는 옛말이다. 안타깝게도 사람들에 의한 오름 훼손이 심해서 지금은 치유를 위한 휴식년제를 하고 있다. 삼나무의 붉은 낙엽이 길 위에 떨어져 색칠하듯 원을 남기고 채워진 모양이 아름답고 신비하다. 자연이 우리에게 선사하는 멋진 예술작품을 감상하며 느림의 미학을 즐긴다.

흙길이 아닌 콘크리트 길이 이어지면서 싫증이 날 무렵 길옆으로 삼림욕을 즐기며 걸을 수 있는 오솔길 안내판이 보인다. 쭉쭉 뻗은 삼나무 사이로 깔아놓은 야자 매트를 따라 걸으니 몸과 마음의 힐링이 저절로 이루어지는 기분이다. 삼나무에 초록 이끼들이 어우러져 햇빛을 받은 숲속이 온통 연초록 빛으로 물들었다. 하늘을 향해 뻗은 삼나무들을 올려보니 키 큰 모델들이 경쟁하듯 몸매 자랑을 하는 모습이다.

본격적인 산수국 길로 들어서니 길가에 산수국들의 꽃 모양과 잎 모양 그대로 마른 모습이 너무 예쁘다. 형형색색의 산수국이 만발한 여름에 오면 정말 아름다울 숲길을 상상하며 걷다 보니 또 다른 미로 숲길이 우리를 오라고 손짓한다. 미로 숲길을 지나 열병식을 하듯 좌우로 길게 서 있는 삼나무들의 호위를 받으며 입구로 향한다. 10km, 2시간 30분의 숲길 걷기를 마치고 수목원 테마파크 야시장에서 맛있는 메뉴로 오늘의 일정을 마감한다.

tip

사려니숲길은 9시부터 입장이 가능하고 마감은 5시다. 붉은오름 입구 쪽은 주차가 가능하나 교래 입구 쪽은 주차장이 따로 떨어져 있다. 매년 5월에서 6월 사이 제주 사려니숲 에코힐링체험 기간에만 미개방 사려니오름 구간과 물찻오름 탐방이 가능하다.

재미있는 꽃 이야기

복수초: 겨울이 끝나기도 전 이른 봄부터 피는 노란색의 꽃으로 눈 속에서 핀다는 의미의 설연화(눈색이꽃), 설날에 핀다는 의미의 원일초, 황금색 잔 모양 의미의 측금잔화로도 불린다. 복수의 한자어는 복 복(福) 자에 목숨 수(壽) 자로 우리가 흔히 상상하는 원수에게 복수한다는 의미와는 전혀 다르다. 맹독성의 풀이므로 주의가 필요하고 눈으로 감상하는 것으로 만족해야 한다.

계절별 코스

계절	코스	지역권	세부지역	분류	난이도	페이지
여름	안산 자락길	서울/인천	서울	산	상	20
	남산 둘레길	서울/인천	서울	숲	하	29
	고궁 나들길	서울/인천	서울	공원	하	37
	무의바다누리길	서울/인천	인천	섬	중	45
	융건릉 숲길	경기도	화성시	공원	중	85
	강릉 바우길	강원도	평창군	숲	중	146
	곰배령길	강원도	인제군	산	상	153
	만항재길	강원도	정선군	숲	중	159
	부여 사비길	충청도	충남 부여군	숲	중	214
	화인산림욕장	충청도	충북 옥천군	숲	중	221
	호반낭만길	충청도	대전	호수	하	227
	고하도 용오름길	전라도	전남 목포시	섬/숲	중	267
	해남 달마고도	전라도	전남 해남군	산	상	273
	옥정호 물안개길	전라도	전북 임실군	호수	중	281
	용궐산 하늘길	전라도	전북 순창군	산	상	287
	울릉도 해담길	경상도	경북 울릉군	섬/산	상	363
	지리산 둘레길	경상도	경남 산청군	산	상	371
	삼다수 숲길	제주도	제주시	숲	중	403
	송악산 둘레길	제주도	서귀포시	바다	중	409
	한라산 여름 산행	제주도	서귀포시	산	상	417

계절	코스	지역권	세부지역	분류	난이도	페이지
겨울	군포 수릿길	경기도	군포시	숲	중	121
	물향기수목원	경기도	오산시	공원	하	127
	백운산 하늘길	강원도	정선군	산	상	177
	오대산 천년의 숲	강원도	평창군	숲/산	하/상	183
	바다호숫길	강원도	강릉시	바다/호수	하	189
	산막이옛길	충청도	충북 괴산군	호수	중	253
	덕유산 능선길	전라도	전북 무주군	산	상	299
	고군산군도 구불길	전라도	전북 군산시	섬	중	305
	고흥 마중길	전라도	전남 고흥군	섬/산	상	311
	부안 변산 마실길	전라도	전북 부안군	바다	하	317
	한라산 사라오름	제주도	제주시	산	상	434
	거문오름 탐방	제주도	제주시	숲	중	441
	사려니숲길	제주도	제주시	숲	하	447

재미있는 꽃과 나무이야기

걸을수록 건강해지는

전국 걷기 명소 70

이유경 김진국 의사부부의

행복한 걷기예찬

2023년 9월 18일 인쇄
2023년 9월 25일 발행

지은이 | 김진국

임프린트 | 북앤에듀
발행인 | 신은주
책임편집 | 황인애
출판등록 | 2003년 9월 27일 제 25100-2014-000011호
발행처 | ㈜에스앤씨퍼블리싱
주소 | 서울특별시 구로구 디지털로 288 대륭포스트타워1차 1209호
전화 | (02)921-0653
e-mail | medbook2000@daum.net
홈페이지 | www.dhmbook.co.kr

정가 | 20,000원
ISBN | 979-11-5590-261-5 03980